JN176609

上：善元幸夫による研究授業、ベトナム・タイグェン省クックドゥオン小学校にて
左：タイグェン省トゥオンヌン小学校の校庭にて
下：研究授業を終えて子どもたちと、タイグェン省クックドゥオン小学校にて

ベトナム社会主義共和国における「民族」（政府機関調査による）

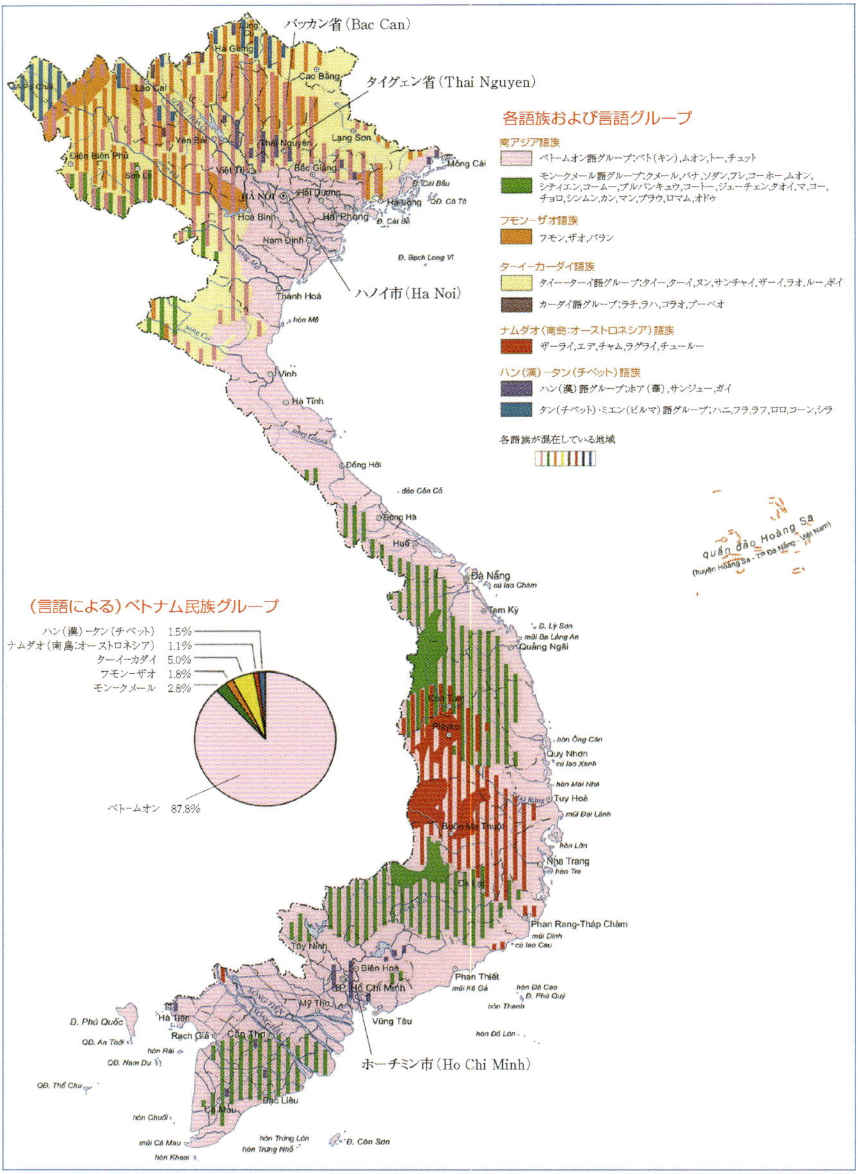

出典：Bo Giao Duc va Dao Tao, “Atlat Dia Li Viet Nam,” Nha xuat ban giao duc, 2007

教育格差をこえる日本・ベトナム共同授業研究

「教え込み」教育から「子ども中心主義」の学びへ

村上呂里 編著

明石書店

教育格差をこえる日本・ベトナム共同授業研究

「教え込み」教育から「子ども中心主義」の学びへ

目　次

通訳・翻訳監修：那須 泉
翻訳：落合幸子・水町晶子・関 理絵
通訳：Dang Thai Minh・那須 泉
写真：掲載写真は執筆者提供による

序　　章

教育格差をこえる日本・ベトナム共同授業研究の歩み
── ベトナム教育改革を背景として

村上呂里

1　本書の目的

ベトナムでは、2015年の教育改革に向け、近年、lấy học sinh làm trung tâm（直訳すると「学生（注：高校生以下の児童・生徒の呼称）中心主義」となる。以下、ベトナム語の声調記号は略した形で示す）をキーワードとする議論が盛んに興っている（具体的には本章の3で述べる）。

ベトナム少数民族地域と沖縄は、国民国家への〈包摂〉と〈排除〉をめぐる緊張関係を歴史的に強いられ、今日も教育格差の矛盾を抱えている。筆者らは、「子どもの尊厳」の視座から、lay hoc sinh lam trung tamをめぐる議論を深めることを願い、地域間共同のもとに授業研究会を積み重ねてきた。本書は、その歩み（2009年～2012年、表1参照）を報告し、成果と課題を明らかにすることを目的とする。

なお、lay hoc sinh lam trung tam は、本研究の中核となる概念である。直訳すると「学生中心主義」となる。日本語に訳す場合、「学習者中心主義」という訳が妥当であろう。しかしながら筆者らは、子どもの尊厳を大切にする教

表1　日本・ベトナム共同授業研究の歩み

第1回共同授業研究会（2009年12月） ——ベトナム・タイグェン省ヴォーニャイ郡クックドゥオン小学校にて ・ベトナム・日本両国教員による提案授業および授業研究会
第2回共同授業研究会（2010年9月） ——ベトナム・タイグェン省ヴォーニャイ郡クックドゥオン小学校にて ・日本側教員による提案授業および授業研究会
タイグェン師範大学における集中講義およびワークショップ（2012年9月） ——タイグェン師範大学・トゥオンヌン小学校にて ・将来、少数民族地域で小学校教員となる学生（少数民族出身学生を含む）に対する集中講義およびワークショップ ・クックドゥオン小学校分校トゥオンヌン小学校における教育実習
第3回共同授業研究会（2012年12月） ——トゥオンヌン小学校にて ・9月に集中講義とワークショップを体験した大学生による研究授業および授業研究会 ・多文化教育ワークショップ「楽器の来た道、音楽の行く道」

育思想の視座から、「子ども中心主義」という概念に拠って本研究を進めてきた。以下、本書では、lay hoc sinh lam trung tamと「子ども中心主義」の間の概念の揺れに留意しつつ、ベトナムにおけるlay hoc sinh lam trung tamの内実の検証を意識し、各々の概念を使い分け記述していくこととする。

フィールドとするタイグェン省はベトナム北部山岳地域に存在し、タイー(Tay)族、フモン(H'mông)族[(1)]をはじめとした少数民族が多く居住する地域である。ハノイから北東約70キロの距離に位置するタイグェン師範大学は、北部山岳少数民族地域の教員養成の拠点となる。タイグェン師範大学より紹介していただいたクックドゥオン(Cuc Duong)小学校、およびその分校であるトゥオンヌン(Thuong Nung)小学校は、タイグェン師範大学からさらに車でそれぞれ1時間、1時間半ほどの山間部にある。トゥオンヌン小学校に行く道は、途中で川となってしまい、車は川を乗り越えていかなければならない。遠隔地から登校しなければならない幼い子どもたちの困難が如実に感じられる小学校である。トゥオンヌン小学校は、全校児童約120名、タイー族、フモン族の児童が9割以上を占める。Tran Thi Loan校長によると、就学率は100%であるが、卒業率は約82%であるという。子どもたちの父母のほとんどは農林業に携わる。遠隔地から通学する児童も多い。とりわけフモン族の児童は、遠隔地から通わなければならない。ベトナム語がわからないまま入学するため、ベトナム語の授業に限らず他の教科についても、理解が困難であるという。

筆者らが実際に小学校を訪問した際も、比較的小学校に近い距離から通う裕福そうに見えるタイー族の子どもたちに比べ、フモン族の子どもたち(とりわけ低学年の子どもたち)は学校や授業に馴染みにくい様子で、昼休みも寂しそうにポツンとしている姿が深く印象に残った。本書は、少数民族の中でもより多くの困難を抱えているフモン族の子どもたちや学生に主な焦点を当てながら研究を進める。フモン族は、中国ではミャオ族と言われていたが、蔑称のため、現在はH'môngという自称が公的な呼称として用いられている[(2)]。ベトナム西北地方の高地山間部に居住し、ベトナムに移住してからの歴史が100年ほどで未だ浅い。伊藤正子は「ベトナム語の普及率も若者を除くと低く、キン(Kinh)族中心の現在の国家との接点は、タイ系民族に比べると依然としてかなり小さい」と述べている[(3)]。母語と学校言語の隔たり、遠隔地からの通学、

出典：『現代ベトナムを知るための60章』（明石書店、2004年）を元に作成。

貧困、差別、偏見など、教育格差をめぐって深い矛盾を抱えた民族といえる。国境を越えて広く居住するという点においても、〈移動と交わり〉をキーワードとするグローバル化時代の教育格差問題を考える際、重要な視点を投げかけるだろう。

2 研究の経緯

次に、共同授業研究会に至る経緯を述べる。

多民族国家ベトナムは、54民族（多数民族キン［京］族が約86%、少数民族が約14%）からなる[(4)]。1945年独立国家樹立以降、少数民族の言語と文化の尊厳の保障を憲法に掲げてきた。母語（民族語）文化の継承発展と普通語（ベトナム語）習得を両立させるバイリンガル教育の理念を、失敗を重ねながらも現在に至るまで模索しつづけている。その失敗と模索の過程から、公教育において原則として「国語」モノリンガル教育政策を採りつづけ、アイヌ語などの民族語教育が保障されていない日本が学ぶべき点は深い。近代教育において自らの独自の言語文化を否定され、地域の尊厳が未だ保障されず、今も「学力全国最下位」が「問題」化されてきた沖縄の教育体験から研究を出発させた筆者らは、2003年よりタイグェン師範大学の協力のもとに、少数民族の言語と文化の尊厳を掲げるベトナム言語教育史についての比較研究を進めてきた（村上呂里『日本・ベトナム比較言語教育史』明石書店、2008年）。

そのプロセスで、いくつかの少数民族地域の小学校で授業を参観する機会を得た。そこで、「権威主義的な教師」像のもと「典型的な教師主導型の授業」（田中義隆『ベトナムの教育改革――「子ども中心主義」の教育は実現したのか』明石書店、2008年）が行われている様子を目のあたりにすることがあった。「成績の良い児童ばかりが発言の機会を与えられ、このテンポについていけない児童はつまずきを取り返すことができなくなる傾向にある」（坪井未来子「ベトナムの教育の現況」今井昭夫監訳・ファン・ゴク・リエン著『ベトナムの歴史』明石書店、2008年所収）と指摘される現状がそこにはあった。とりわけ授業についていけず、教室のなかで自尊感情を傷つけられている少数民族児童の様子に心を痛めた。

沖縄の教育体験から研究を出発させた筆者らは、「普通語」であるベトナム語を母語とする多数民族キン族と、民族語を土壌とする少数民族の子どもたちの間での学力格差や、貧困や遠隔地からの通学などによる教育格差を克服する道を切り拓くためには、ハード面の保障ももちろん必須の要件であるが、子どもたちの尊厳が尊重される、日々の「授業」そのものの質的向上こそが重要なのではないかと考えるようになった。そして「授業」の場を共有しながら共同研究を行うことを願うようになった。

折しもベトナムでは2015年教育法改定に向けて、lay hoc sinh lam trung tamについて教育関係者の間で盛んに議論が行われるようになった。たとえば2010年には、教育育成省（日本の文部科学省にあたる）とイギリスのOxfam（貧困と不正を根絶するための支援活動を続けている国際協力団体）が協力して、lay hoc sinh lam trung tamの教育モデルの普及のための研修を行っている(5)。こうした動向を背景に、これまでの教育観、授業観の変革を迫られながら、真摯にlay hoc sinh lam trung tamについて模索するベトナム人教員や研究者にとっても、日本側教員と共に「授業」の場を共有し、lay hoc sinh lam trung tamの内実を豊かにしていく共同授業研究の試みは望むところであったようだ。

共同授業研究会を進めるにあたり、日本側は「子ども中心主義」教育の実践家として知られ、多民族多地域の子どもたちが通う新宿区立大久保小学校日本語国際学級で多言語多文化教育を実践してきた善元幸夫に共同研究者として参加していただくこととした。

このような経緯を経て、2009年沖縄（今なお基地問題など構造的差別を強いられる一方で、独自の文化を発展的・創造的に伝承しつづける）地域と、理念として少数民族の言語と文化の権利を掲げつづけてきたベトナム少数民族地域との地域間共同に、さらに多言語多文化地域としての新宿区大久保からの視点を加え、各々の地域の教育体験と実践知が対話的・相互的に出会うことを願い、共同授業研究会は出発したのである。

なお本研究は、タイグェン師範大学（Pham Hong Quang学長）と琉球大学との学術交流協定に基づき、タイグェン師範大学の全面的なバックアップのもとに成り立っている。とりわけ国際協力室Do Hong Thai室長とTu Quang Tan先生、およびベトナム語教授法を担当するNguyen Thi Nhung先生には、研究協力者として惜しみないご協力をいただいた。また、研究協力者・元クックドゥオン小学校校長・現トゥオンヌン小学校校長Tran Thi Loan氏は、自ら少数民族のタイー・ヌン族出身の校長として、山奥にある、困難を抱える少数民族居住地域の小学校で子どもたちや先生方の教育に献身的に貢献し、地域の人びとから厚い信頼を得ている方である。校長先生にには2009年には沖縄の小学校を訪問していただいた。本研究の趣旨を的確にとらえ、共同授業研究会を力強く推進してくださったことに感謝したい。

3 研究の背景――ベトナム教育改革の動向

本研究の背景として、ベトナム教育改革の流れについて、少数民族地域の教育に関わる記述に留意しながら、振り返っておく。

（1） 2005年の教育法改定をめぐって

1998年の教育法では、以下のような条項が新たに定められた。

第７条　学校およびその他の教育施設において使用される言語について
――少数民族の会話・読み書きの教授・学習、外国語教授

1. 学校およびその他の教育施設において使用される正式な言語はベトナム語とする。（以下略）
2. 国家は少数民族が自らの民族語の会話・読み書きの学習が可能な条件を創造する。これは、少数民族の文化本質の保持と発展をねらいとし、少数民族児童生徒が学校およびその他の教育施設で学習する際に見識を吸収することを容易とするためである。（以下略、下線村上）

学校における正式な言語を「ベトナム語」として規定し、国民形成におけるベトナム語の位置を強化するとともに、国家の側の民族語学習の条件整備についても明記している。建国以来の課題であった少数民族に対するベトナム語教育を、今日の産業主義社会化の流れの中でいっそう重視していることがうかがえる改定である。すなわち少数民族の感情に配慮し、言語の権利に留意しつ

つ、ベトナム語学習をより強化することをねらった条項といえよう。

2005年の教育法改定においては、これまでの一斉注入・教師主導型授業を改め、グループ学習やゲームを位置づけ、学習者を積極的に授業に参加させる方向が強く打ち出された。それに関わる条項をあげる。

第５条　教育方法とその内容の指針

2. 生徒の積極性・自主性・主体性・創造力が発揮されて、自ら学び行動することによって、学習への興味と意欲が湧くような教育方法を採らなければならない。

第28条　普通教育の内容および方法についての要求

2. 普通教育の方法は、生徒の積極性、自主性、主体性、創造性を発揮させなければならない。すなわち、それぞれのクラス、科目の特徴に適し、グループでの作業の可能性・自学方法を保障し、実践における知識の活用能力を訓練し、感性に働きかけて楽しみをもたらし、生徒に学習の興味が湧くようにさせることである。

学習者の「積極性、自主性、主体性、創造性」と「興味と意欲」が強調され、グループ学習や感性に働きかけたり、「活用」能力を実践的に訓練したりする学習方法が奨励されている。こうした教育改革の動向は、たとえば小学校「ベトナム語」教科書（１年生下巻）の次のようなさし絵にも表れている（図１）。

図１　小学校教科書「ベトナム語」１年生

（出典：Tieng Viet 1, Nha Xuat Ban Giao Duc）

図２●少数民族衣装を着た学生がグループ討論や発表するさし絵

また、小学校教員養成学部学生用に自主編成されたTran Ba Hoanh「小学校課程における積極的学びの実践」（ハノイ師範大学）においても、上のようなさし絵（図２）が見られる。教室の机が一斉授業ではない位置に配置され、学生たちがグループで話し合ったり、教室の前で発表したりしている様子である。学生たちの服装が少数民族の民族衣装であることも注目される。

（２） 2015年の教育改革に向けて

Nguyen Tan Dung首相は「自主性と自立性を持った生徒の育成」を見出しとする記事（『青年』（ホーチミン市共産党青年団日刊紙、2012年９月５日付け）の中で、次のように語っている。

教育のレベルは社会のニーズに十分応えられておらず、社会知識教育、

IT技術の活用、外国語のレベルもおしなべて低く、生徒自らが主体となって学び取ろうとする能力を十分に引き出すことがまだできていない。（中略）教員は文字を教えることと人間を教えることが表裏一体であることを認識し、生徒自らが学ぶ主体的・積極的な姿勢を育み、常に探究する姿勢を養うよう、生徒に貢献するのだという意識改革が必要である。

首相自らが、「生徒自らが学ぶ主体的・積極的な姿勢を育み、常に探究する姿勢を養う」ための教員の意識改革の必要性を指摘している。「国家の工業化・近代化・国際化に見合った質の高い人材の育成」に向けた「教育の全面的抜本的ドイモイ」のソフト面の中心課題として、学習者主体の授業観への意識変革が訴えかけられているのである。

こうした国をあげての動きを、地方ではどのように受けとめているのだろうか。たとえば少数民族も居住する南部フーイェン省の共産党機関誌には、「新しい学校モデル――生徒中心主義」という記事（2012年９月５日付け）が掲載されている[(6)]。「新しい学校モデル」とは、基礎的活動（自らが体験し、新たな知識を見つけ出す）、実践活動（授業で習った知識をつかってみる）、活用活動（日常生活の中で知識を活用する）の３つの活動から成る。この記事の中で、教育育成省が開催した「新しい学校モデル」実習クラスに参加したフーイェン省小学校教育担当専門員は、次のように語っている。

このモデルを通して、生徒たちは積極的に変化するだろう。lay hoc sinh lam trung tamの方針と教科書教育を併用することで、生徒たちは校外活動にこれまで以上に参加するようになるだろうし、グループを作って自習することも可能である。この新しい方法で生徒の主体性と自信を高めることができるだろう。

クラスに少数民族出身の生徒がいる学校ではバイリンガル（ベトナム語と少数民族語）で教えることが重視されているが（中略）、2015年までの計画によると、すべての子どもたち、特に困難な環境下にある子どもと少数民族出身の子どもには、教育内容が保障された義務教育課程を学費免除で学校に通うことができ、卒業できるようにすることが目標とされている。

さらにこの記事では、「自学自習が教育活動の中心に据えられる」とし、「教員側も教材研究や教材開発を積極的に行」う必要性や、「生徒が自分たちで勉強できるような補助教材を教員は提示し、生徒同士が協力し合って学ぶことで新しい知識や技術を見つけ出せるような活動を授業に取り入れるべきである」と主張している。

一斉注入式授業に慣れてきた教員にとっては、まさに根本的な授業観の転換と意識改革が求められているといえよう。授業観の転換は、ベトナムの少数民族地域の教育において意義深い。その転換について、高度な産業界の要求に応えうる労働力としての人材育成という意図を問い返し、少数民族自身が自らの地域を大切にして切り拓いていく力の育成へとどうつなぎうるのか、問われるところであろう。

本研究は、こうしたlay hoc sinh lam trung tamをキーワードとするベトナム教育改革のダイナミックな動向に参加し、日本の小学校教育で培われてきた実践知を伝え、少数民族地域をフィールドとし、「子どもの尊厳」という視座からlay hoc sinh lam trung tam を「子ども中心主義」として捉え返す試みとしてある。それは、同時に「子どもの貧困」や子ども・若者の自尊感情の低さが切実な問題となり、教育格差が深刻に広がる（その矛盾の凝縮された地域の一つに沖縄がある）とともに、ヘイトスピーチ（その対象は沖縄にも向けられている）に象徴されるような排外的なナショナリズムが問題化される現代日本の矛盾を厳しく照射することにもなろう。

4　先行研究と本研究の特色

ベトナム教育改革の動向について述べた先行研究としては、潮木守一編『ベトナムにおける初等教育の普遍化政策』（明石書店、2008年）がある。初等教育政策を踏まえ、各省（県に相当）教育局に対するアンケート調査やインタビュー調査を行い、就学率、地域間格差、カリキュラム改革の動向などを明らかにしている。この書で潮木の「ベトナム初等教育の現状と課題」は、貧困や僻地等の困難を抱えた「少数民族の児童」への初等教育普及、なかでも「言語政策と初等教育での言語教育」の課題が切実であることを指摘している。また同書所収・浜野隆「ベトナムの初等教育政策と財政的基盤」は、カリキュラム改革において「児童中心の教授法」が推進され、知識伝達型から学習者主体の教授法への転換による教育、およびそれを担う教員養成の質的向上が目標とされていることを指摘し、財政的基盤の観点からの検証を試みている。

本研究は、潮木が指摘する、貧困や僻地等の困難を抱えた「少数民族の児童」への初等教育普及の課題について、実際に小学校での「授業」の場を共有し、質的にアプローチし、教員養成カリキュラム・教育方法の改善に実践的に参加するところに特色がある。

前掲・田中『ベトナムの教育改革——「子ども中心主義」の教育は実現したのか』は、教育開発コンサルタントという立場から多くのベトナムの授業を参観し、「子ども中心主義」の教育改革について実際に授業を参観し、それが未だ表層的なものであることを具体的に指摘している。また2012年から、佐藤学の「学びの共同体」論に基づき、齋藤英介・村瀬公胤・津久井純らが、バックザン省の小学校を中心として「ベトナムにおける教育格差改善のための小・中学校改革推進方策に関する研究」に精力的に取り組み、その成果が大いに期待される。2014年9月28・29日には、齋藤英介（シンガポール大学）を中心とし、教育育成省・ハノイ師範大学の共催により‘Reform of Learning, School and Society’が行われ、佐藤学が講演した。筆者も参加したが、ベトナムにおける学習者中心の教育改革のめざましい進展を示すシンポジウムであった。津久井純が「ドイモイを謳歌する教材の群像——ベトナムにおける教育の社会化・標準化・新教育運動」（上野正道編『東アジアの未来をひらく学校改革　展望と挑戦』北大路書房、2014年）をまとめている。ベトナム人が主体となって進めた学校改革をベトナム人教師の語りに即して丁寧に考察したものとして意義深い（このシンポジウムや津久井の報告は本書脱稿後に行われたため、本書はこうした「学びの共同体」論に基づく一連のベトナムにおける精力的な研究の進展を踏まえていないことをお詫びしておきたい）。

本研究は、こうした先行研究の検証や指摘、実践的研究に学び、以下のような特色を持つ。

（1） 地域間共同による教育格差をこえる実践

経済格差（貧困）、「言語問題」、「学力問題」、アイデンティティや差別偏見をめぐる葛藤等さまざまな矛盾と困難が集約されたベトナム北部山岳少数民族地域をフィールドとし、今なお同様の困難な課題を抱えている沖縄の教育体験に基づきながら、地域間共同研究という立場から対話的・相互的な授業研究を行い、地域に根ざしてボトムアップ的に教育格差を克服する実践に参加することを特色とする。さらに田中や齋藤などの取り組みが、多数民族キン族の子どもたちを対象としているのに対し、本研究は、教育格差という点において矛盾の厳しいフモン族の学生や子どもたちに焦点を当て、「子ども中心主義」を探求している点を最も大きな特色とする。〈教育格差の最前線〉ともいえる沖縄とベトナム山岳少数民族地域の地域間共同は、グローバル化時代における教育格差を克服する展望を、ささやかではあるが国境を越えて切り拓く試みとしての意味を担うだろう。なお、ベトナム北部山岳地域が抱えた「言語と教育」をめぐる諸課題の検証については、拙著『日本・ベトナム比較言語教育史』（明石書店、2008年）を併せて参照されたい。本書はそこで導き出された課題と向き合う実践編として位置づけられる。

（2） 子ども中心主義教育を実践してきたベテラン教員の参加

先述したように本研究では、小学校教員・善元幸夫が、日本で培ってきた実践知を総動員して参加している。善元は「中国残留孤児」や新宿区大久保小学校日本語国際学級における実践で広く知られ、マイノリティの子どもたちの自尊感情を育成する「子ども中心主義」の教育運動の中核を担ってきた小学校教員である。こうした小学校教員が、授業研究会で意見を述べるにとどまらず、実際にベトナムの子どもたちに提案授業を行うことによって、ベトナム人小学校教員は「子ども中心主義」の思想や教員の対話的姿勢、教育方法、指導技術等の実践知を肌で感得することができる。Tran Thi Loan校長と共に、日本の小学校教員が参加することにより、授業研究会は、質的な深まりを見せるであろう。

（3） 開発教育・異文化理解教育からの視点

本研究にはまた経済格差を世界市民教育の立場から変革していくために小学校や大学で実際に開発教育を実践している、開発教育の専門家西岡尚也が参加した。その他、民族楽器演奏家であるコウサカワタルに小学校でワークショップを開いてもらった。フモン族の民族楽器・口琴が、アジアのみならずヨーロッパも含めて世界的な広がりを持つと同時に、各々の地域性や民族性に根ざして独自性を発展させてきたことを、子どもたちに「実演」を通して示し、文化の「つながり」と「異なり」双方の豊かさを感得させようとするワークショップである。

その他、演劇教育を専門とする岩木桃子は、その場の緊張を解きほぐすアイスブレイキングを担当した。こうした多彩なバックボーンを持つ人材が、教育格差をこえる「授業」の質的向上に参加する実践として本研究はある。

（4） 日本語・ベトナム語2か国語による論考

本書は、日本においてベトナムとの共同授業研究の歩みを報告するとともに、それをどうベトナム側が受けとめたかに関するベトナム語論文も併せて収録する。双方の言語でその成果と課題を共有してこそ、相互理解を深め、双方の教育を質的に深化させることができると考えるからである。

ベトナム語の翻訳については、那須泉が監修する。翻訳者の一人として、落合幸子氏にも加わっていただいた。落合氏は、元日本兵でありながら敗戦後もベトナムにとどまり、ベトミン（Ho Chi Minhが結成したベトナム独立同盟会の祖国解放戦争）に参加するなど、激動の人生を送った父・落合茂と、南ベトナム民族解放戦線の幹部であったベトナム人の母・Nguyen Thi Traiの下に生まれ、20歳で日本にやってきた。自らや家族の複合的アイデンティティの意味と可能性をたえず問い返しながら、彼女は一語一語を検証し、時に厳しく筆者らに問いかけ、心をこめて献身的に翻訳に取り組んでくださった。その他にもベトナムに留学した琉球大学学生水町晶子氏、タイグェン師範大学に留学した関理絵氏が翻訳を担っている。また通訳として、東京外国語大学大学院留学生Dang Thai Minh氏にも加わっていただいた。

5　本書の構成について

共同研究については上記のような特色を持つが、本書は、先にも述べたように、共同研究の歩みを第一次資料として記録し、報告するという意味合いが強い。

「共同」の生成発展のプロセスとして、

○ベトナム側の教員や研究者、学生、子どもたちと日本人研究者・教員がどのように出会い、互いにどのように実験授業を行い、どのように授業研究会を行ったか

○大学での集中講義やワークショップを通して、どのような学びの姿や表現（声）が生まれたか

○集中講義やワークショップを踏まえて、学生が少数民族地域の小学校でどのような学びをつくっていったか

○こうした全プロセスをベトナム側研究者や教員、学生がどのように受けとめたか

など、ありのままに記録を残すこと自体に意義があると考えた。その記録を共有してこそ、今後各々の地域での授業改革の質を、子どもや学生の学びの姿や表現に具体的に根ざして向上させていくことができるだろう（なお本書のベトナム語翻訳版も併行して作成しており、ベトナム側に配付する予定である）。記録であるがゆえに、また共同研究者が小学校教員、演劇教育実践家から楽器演奏者まで幅広く、語り口も多様であるがゆえに、読者としては本書の全体像をつかみにくいかもしれない。ここでガイダンスとして、各々の章に収められた記録の関係性を示すために、全体の構成について説明しておきたい。

第１章と第２章には、2009年12月27日と2010年９月８日の２回にまたがり、ベトナム・タイグェン省クックドゥオン小学校で共同授業研究会を行った記録を掲載している。僻地山間部の小学校教員たちが、未だ子ども中心主義の授業イメージ自体を十分に持てない状況の中で、ベトナム側教員と日本側教員が模索し合いながら行った記念すべき授業研究会である。

第１章は、第１回目の授業研究会の記録である。午前中ベトナム側教員２名がベトナム語と地理の実験授業を行い、午後には、善元幸夫が総合学習「太陽と山に住む人たち（1）」をテーマとした授業を行った。その後、３つの授業に関する授業研究会を開いた。

第２章は、第２回目の授業研究会の記録である。西岡尚也が地球市民教育の立場から「世界の食べ物」をテーマとし、善元幸夫が第１回目につづく「太陽と山に住む人たち（2）」をテーマとした授業を行い、午後には授業研究会を開いた。「太陽と山に住む人たち」のシリーズ授業は、対話的な教室のつくりや教師の姿勢、地域に根ざした教材開発や授業づくり、困難を抱えた子どもを学びの場に活かす大切さなど、善元が小学校教師としての人生の中で培ってきた実践知を総動員した授業である。

第３・４章は、2012年９月18～20日の３日間にまたがり、タイグェン師範大学の教室で日本側研究者・教員が学生を対象として行った集中講義とワークショップに関する記録と論考を掲載している。この集中講義は「子ども中心主義」について模索するタイグェン師範大学側が、日本側に日本における「子ども中心主義」をめぐる歴史や課題、その実際を講義してほしいと要望して行われた。沖縄や国際都市新宿区大久保での教育体験を原体験とする日本側参加者は、「子どもの自尊感情を育てるための授業づくり――子ども中心主義とは何か」を主題に掲げた。

第３章には、第１日目の記録を掲載した。第１日目は、「教える－教えられる」という緊張関係を解きほぐすアイスブレイキングから始めた。次に善元幸夫が自らの教師体験に基づく講義を行った。その後善元の、日本におけるエスニックマイノリティ児童を対象とした実践を記録したドキュメンタリー番組を教材とし、そこから何が読み取れるか、何を学んだかなどについて、KJ法を活用して話し合ってもらうワークショップを開いた。ワークショップで学生たちが付箋紙に書いた文章をなるべく忠実に掲載した。そこからはベトナムの教育のありようや課題、そして教育改革の息吹が如実に浮かび上がってくる。また、第３日目午前中に行った西岡尚也の地球市民教育「世界地図と平等・公平な社会を考える授業」に関する論考を掲載している。少数民族地域で教員をめざす学生たちに地球市民教育の実践を行ったのである。集中力と熱気にあふれた講義となった。

第３日目午後に、トゥオンヌン小学校に観察実習した学生たち７名を対象とし、村上を中心に行った「子どもたちへ伝えたい思いを表現する」ワークショップについての論考を掲載した。12月にトゥオンヌン小学校で研究授業をしてもらうために、まず少数民族地域の子どもたちに伝えたい思いを深く耕し、表現し合い、共有したいと考えたのである。その際、基地のない平和な沖縄を願って創作活動を続ける、たいらみちこの沖縄紅型（びんがた）絵本と、宇梶静江が自らの被差別体験に根ざした思いを表現した、アイヌの古布を用いた絵本（いずれも落合幸子によるベトナム語訳つき）を教材とした。美しい布絵本を学生たちは食い入るように読んでいた。そこから心身に湧き起こってきた、少数民族の子どもたちに伝えたい思いを、絵や作文、楽器演奏など多様な方法で表現してもらった。少数民族出身学生が、自らの学校体験で抱えてきた思いを一気に表現する〈場〉が生成し、筆者自身最も深く少数民族出身学生の思いに学んだワークショップであった。学生たちの作品（作文と絵）を掲載しているので、ぜひ一つ一つの表現の重みを考えながら、お読みいただきたい。

（なお、２日目はタイグェン師範大学学生７名［少数民族出身学生６名を含む］とともに、少数民族の子どもたちが多く通うクックドゥオン小学校分校のトゥオンヌン小学校に出かけ、観察実習を行ったが、この部分の記録はない）

９月の集中講義から２か月余を経て、12月14日、観察実習やワークショップに参加した学生たちが、トゥオンヌン小学校で研究授業を行った。第５章に、Ａチーム、Ｂチーム２つの研究授業の記録を掲載している。Ａチームは、地理の授業で西岡の講義を活かし、地球儀を活用した授業を行った。ちょうど中国とベトナムとの間に領土問題紛争による緊張関係が発生し、ベトナム全土がこの問題で熱気を帯びていた時期であり、そうした背景も反映した授業内容となっている。ベトナムが多民族国家であることを生徒と共有し、フモン族出身の学生が民族衣装で登場して民族楽器を演奏したり、フモン族の特産料理を紹介したり、フモン族の文化の尊厳を学ぶ内容となっている。中心となる授業者はキン族学生であったが、フモン族学生２名がゲストティーチャーとして参加し、互いに協力し合い、とてもあたたかな雰囲気のもとに授業が行われた。後半は「故郷の良さを紹介する」というグループでの学習活動を行い、故郷の良さを考え合い、それをいかに魅力的に紹介するか工夫し合った。９月の集中講義のテーマに掲げていた「子どもの自尊感情を育てる」が意識され、民族文化や地域の尊厳を意識させる内容となっており、単なる主体的で活発な活動に終わらない豊かさを持つ授業であった。大学３年生が教育実習で行った研究授業として質が高く、ぜひこの成果を共有していきたい。

Ｂチームは「刺繍」をテーマとし、フモン族の衣装を紹介し、刺繍文化のすばらしさを学ぶものであった。集中講義のワークショップで教材としたアイヌ刺繍とフモン族の刺繍が似ていることに触発された授業であり、途中で善元幸夫がアイヌ刺繍を施した服を着て登場し、国を越えてつながる刺繍文化の美しさを子どもたち、参加者一同感じ取った。その後は、刺繍の実習となった。

こうした学生による研究授業の成果をもとに、タイグェン師範大学では少数民族地域の小学校での教育実習を教員養成カリキュラムに位置づけることとなった。

午後は、自ら複合的アイデンティティのもとに沖縄で育ち、活躍する弦楽士コウサカワタルによるワークショップ「楽器の来た道、音楽の行く道」を行った。このワークショップについて報告するコウサカワタルの語り口は、実に個性的である。とまどわれる読者もおられるかもしれないが、その思いを読み味わっていただければと思う。

日本側が企画した研究授業やワークショップは、いずれもいわゆる「教科」を越え、子どもたちが住む地域の生活や文化に根ざし、音楽文化、服飾文化、食文化を総合した形で実践している。そのため、研究者ではなく、多彩なバックボーンを持つ者が本研究には参加している。多様な民族が居住し、独自の文化を育んできた地域では、こうしたありようが必然ともなろう。本書における語り口の多様さもこうした文脈でご理解いただければと願う。

第６章では、こうした一連の試みをベトナム側がどのように受けとめたか、２つの論考を日本語訳とベトナム語原文で掲載している。タイグェン師範大学のPham Hong Quang学長の論考は、ベトナム教育改革の動向を踏まえ、日本との共同研究の意義について明らかにしている。Tu Quang Tan氏の論考は、実際にすべてのプロセスに参加し支えてきた者として、この試みがどう映ったか、実に素直に書かれている。この感想から、ベトナム教育の現況がほの見えてくる。

なお【補論】として、この集中講義に先立ち、新宿区立大久保小学校日本語国際学級における善元幸夫の授業を参観したベトナム側研究者Nguyen Thi Nhungの考察を掲げる。多民族国家としてバイリンガル教育を理念とし、言語教育を模索するベトナム側研究者がいかに考察しているか、その観点の鋭さを感じさせる論考である。

第7章には、2014年9月28・29日、ベトナム・ハノイ師範大学で行われた教育育成省・ハノイ師範大学共催のシンポジウム'Reform of Learning, School and Society'で村上が口頭発表した記録「マイノリティの尊厳から考える教育課題――ベトナムと沖縄の交流の意義」を掲載した。なぜベトナムと沖縄が教育研究交流をする意義があるのかを明らかにしている。

以上を踏まえ、終章では、ベトナムと日本の共同授業研究の意義をまとめた。

沖縄の教育史研究を出発点とし、日本のエスニックマイノリティの子どもたちと長年関わってきた小学校教員や、多彩な文化的背景を持つ参加者の知見や思いを響き合わせ、ベトナム少数民族地域をフィールドとして「子ども中心主義」に立つ実践をマイノリティの尊厳から問い返した歩みの忠実な記録として本書は構成されている。多様な語り口からなる読みづらさを心よりお詫びしつつ、多彩なバックボーンを持つ参加者各々の願いを汲み取っていただければ幸甚である。

[注]

(1) H'mông族については、日本の文献では「モン族」と訳されることが多い。「モン族」という表記を採用した方が、日本では妥当であるとの考えも成り立つ。本研究では悩みつつ、ベトナム少数民族言語研究者（元ベトナム国立言語研究所少数民族語室長）Ta Van Thong氏のご助言に従い、H'mông族への敬意をこめるという意味で、H'mông族の発音により近いと考えられる「フモン族」「フモン語」という呼称を用いることとした。

(2) 石井米雄監修／桜井由躬雄・桃木至朗編『ベトナムの事典』同朋舎、1999年、337頁。

(3) 伊藤正子『民族という政治　ベトナム民族分類の歴史と現在』三元社、2008年、31頁。

(4) 54民族とは、あくまで国家の側が認定した分類に過ぎない。そこにはさまざまな「民族という政治」が関わる。前掲、伊藤正子『民族という政治　ベトナム民族分類の歴史と現在』を参照されたい。

(5) Dien dan dan tri Viet Nam, 2010.8.9

(6) Phu Yen Online, 2012.9.5

第　1　章

第１回共同授業研究会

（2009年12月27日、クックドゥオン小学校にて）

2009年12月27日、タイグェン省クックドゥオン小学校にて行った第１回共同授業研究会の記録である。ベトナム側はクックドゥオン小学校教員が「ベトナム語」（１年生）と「地理」（４年生）の研究授業を提案し、日本側は善元幸夫が総合学習「太陽と山に住む人たち（1）」（４年生）の研究授業を提案した。

1　授業「ベトナム語（Tieng Viet）」（１年生）
……授業者：Dang Thi Thao

2　授業「地理・ベトナム南部の民族」（４年生）
……授業者：Dinh Thi Minh Hoa

3　授業「太陽と山に住む人たち（1）」（４年生）
……授業者：善元幸夫／通訳：那須 泉

4　授業研究会

1　授業「ベトナム語（Tieng Viet）」（1年生）

……授業者：Dang Thi Thao

□対　象：タイグェン省ヴォーニャイ郡クックドゥオン小学校1年生、14名（男子5名、女子9名。すべてタイー族）

□授業者：Dang Thi Thao先生（女性、キン族、30代前半）

□教科書：小学校1年生上「ベトナム語教科書」第68課（138～139頁）

図1●ベトナム語教科書（1年生）第68課

（出典：Tieng Viet 1, Nha Xuat Ban Giao Duc）

前半は、ot、at、hót、hátを区別し、各々の発音と文字を正確に対応させる練習を繰り返し行った。Thao先生が発音し、生徒はそれに対応する単語を文字にして表す。数年前までは小さな黒板を用いチョークで書き込んでいたが、今回はアルファベット文字や声調記号（ベトナム語には6種類の声調がある。á à ả ã ạ aの6種類）のカードを1マス1マスに差し込んで単語を作成する教具を用いていた。単語を作成できるとその教具を高く提示し、先生が文字と表記が合っているか、声調記号を正確に用いているかどうかを確認する。ここまでは従来通りの一斉授業スタイルで、テンポよく行われていた（速くできない子どもにとってはついていけないとも考えられる)。筆者が見るかぎり、全員が正しい表記を指し示していた。

動きがあったのは、後半である。

①「cho lat」という文字を黒板に書き、先生がタイー語で「何というお菓子？」ときく。とたんに子どもたちは目を輝かせ、活気づき、各々にタイー語で答えていた。

②ある果物の写真を示し、「この果物はタイー語で何と言うの？」「どこに生えているの？」などいくつか重ねて質問を行う。親しみ深い果物であるようで、子どもたちはベトナム語を用い、楽しそうに答えていた。

③竹を割いて編んだ篭を教壇におく。「何に使うんですか？」などいくつかの簡単な質問をベトナム語で問い、子どもたちはベトナム語で答える。そうした過程を経て、その篭を表すベトナム語 trai nhat を、教具を用いて作成させる。また、cho lat とtrai nhatで共通している発音の表記に下線を引いて確認する。

④**hát**（歌う）という単語を提示し、ある生徒を前に出させ、その生徒が実際に歌ってみせる。みんなで拍手をする。

⑤ゲームに移る。

今日、勉強したot とat とが使われた単語がバラバラに入っている箱を生徒に提示する。「箱から同じ仲間の単語を取り出し、グループに分けてごらん」と先生が指示する。子どもたちは全員さっと前に出て、単語を一つずつ取り出し、二つのグループに分けた。それぞれのグループについて、皆で確認する。

以上で、授業は終了した。

[感　想]

まず注目されたのは、2007年頃まで私たちがベトナムの授業で毎回見てきた大きな定規様の教具（1メートル弱くらい）が使われていなかったことだ。これは、生徒を集中させるために、5分ごとにバシッと黒板をたたくために使われる。子どもたちをビクッとさせる威圧的な教具であり、一斉授業・教師主導型授業、権威的教師像の象徴ともいえる。これが使われなくなり、かわりに日本でも使われる指し棒（30センチメートルくらい）が使われていた。こうした教具の変化にもベトナムにおける教育改革の息吹がうかがえる。

前半は、これまで私たちが見てきたのと同じ一斉注入式の授業である。教師と生徒の間に一定の距離感があり、テンポよく授業が進む。子どもたち全員に確かなベトナム語能力を習得させようとする姿勢が感じられた。後半、これまでに見たことがないような子どもたちが活発に動く授業風景が見られ、積極的に学習に参加させようとする工夫が見られ、「ベトナムの授業も変わった」と実感させられた。

基礎（発音と文字表記）の徹底的習得を踏まえ、母語（タイー語）を教授言語として活用し、生活に根ざした実物（篭や果物の写真）を学習材とし、ベトナム語の語彙を広げていく展開、「歌う」など身体表現を伴い語彙を習得させる工夫、ゲームにより活発に子どもたちを参加させる工夫など、非常に練られた授業展開であるように映った。

写真１●授業風景

Thao先生は、ま新らしい素敵なスーツにハイヒール姿で授業をされ、授業後はすぐ普段着に着替えられた。「ハレ」の場であったのであろう。相当な緊張感のもとに授業をされたようだ。普段着の授業ではなく、子どもたちや教員の側にも緊張を強いる授業であったことに心苦しい思いもした。これまでに参観した授業に比べ、「たしかにベトナムの小学校の授業は変わった」と印象づける授業であった。

（以上文責：村上呂里）

2　授業「地理・ベトナム南部の民族」（4年生）

……授業者：Dinh Thi Minh Hoa

□対　象：タイグェン省ヴォーニャイ郡クックドゥオン小学校4年生、26名

□授業者：Dinh Thi Minh Hoa 先生（女性）

□単　元：ベトナム南部・メコンデルタ地帯の少数民族の祭礼と服装

□授業時間：45分

[授業の展開]

①開始のあいさつ。本時のテーマを黒板に記入（18章）。メコンデルタの位置をベトナムの国土地図で確認させる。

②教科書18章・メコンデルタの民族チャム族についての説明。建物・寺院（写真2・左上）、ハーリー競争（写真左下）

写真2

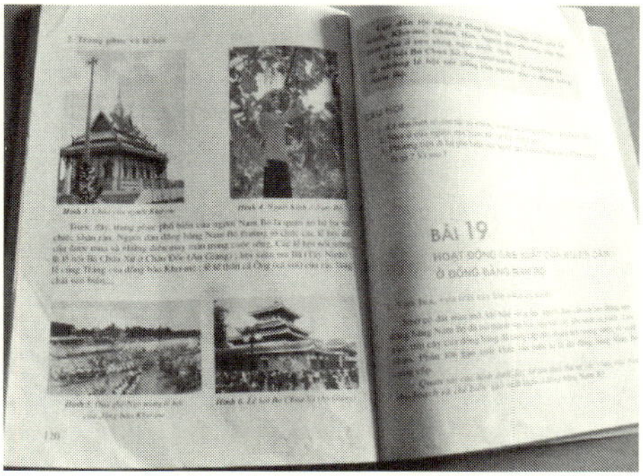

③写真を見せながら、この地域の少数民族の集落・住居・服装などを、クックドゥォン小学校地域と比較させる（写真３）。

写真３

④グループに分かれて、この地域の集落・祭礼・人びとの暮らし・民族衣装などについて、気づいた点をあげさせる（写真４）。

写真４

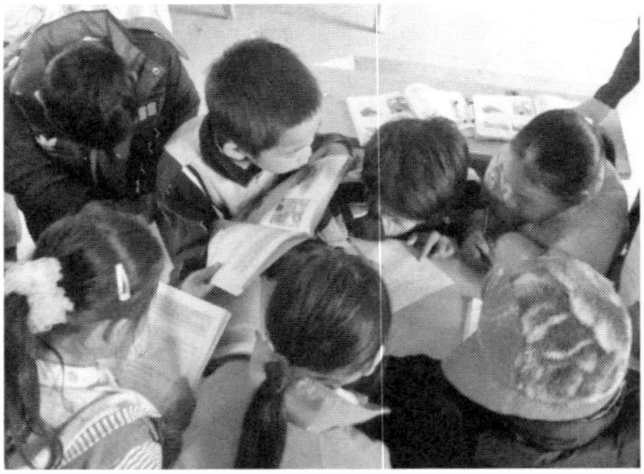

⑤沖縄の絵はがきを見せて、琉球沖縄の民族衣装がキン族のものとよく似ていることを指摘（写真5）。

写真5

⑥本時のまとめ：黒板にホーチミンの肖像を囲んだ少数民族（衣装や持ち物が異なる）の人びとと、その代表的な住居の「ポスター」を掲示する（写真6）。「何族の衣装」「何族の住居」であるかという発問を行い、代表が前に出て答えることで、授業が終了した。

写真6

[感　想]

自分たちの国の一地方である「南部メコンデルタ地帯」をあつかった国内地理の内容であった。日本式にいえば「関東平野の人びとの暮らし」というイメージである。ただし多民族国家ベトナムという視点から「祭礼」「服装」にポイントが置かれていた。

子どもたちは教科書の記述と写真を参照し、自分たちと「同じところ」「違うところ」について意見をまとめる。グループの代表が、黒板に貼られた模造紙の表に記入しながら、「同じ点」「違う点」を発表していく。自分たちとメコンデルタの地域の人びとの生活を楽しみながら比較し、学んでいた。さらに沖縄の衣装・闘牛・ハーリー競争などの写真が紹介された。それによって子どもたちは「日本のゲスト」についても、タイムリーに興味が持てたと思う。従来のベトナムでは「講義・伝達中心」の授業で、このようなグループ学習導入は最近であるという。他にも今回の授業では子どもたちの参加を促すための工夫（地図・写真・グループ学習・絵はがき・ポスター活用など）が随所にほどこされていた。

筆者が最も注目したのは、教室の壁に掲示されていた民族の写真である（写真７）。

写真７

これは54の民族が住むベトナムにおいて、普段から違和感なく子どもたちを多文化共生教育に導く工夫である。そして、子どもたちが異なる民族について、すでにかなりの知識と情報を持っていることがわかった。授業時間だけでなく、歌・踊り・祭りなどの祭礼や行事に積極的に参加していることを校長先生から聞いて納得した。このような他民族に対して差別や偏見を持たせない「自文化への誇り」と「共生への工夫」は、多民族国家ベトナムが長い歴史の中で獲得した手法である。ここから日本の教育が学ぶことも多いと思った。

（以上文責：西岡尚也）

3　授業「太陽と山に住む人たち（1）」（4年生）

……授業者：善元幸夫、通訳：那須 泉

[学習指導案]（善元幸夫）

研究テーマ：多文化共生を生きる価値観の形成を築く教育を求める

——マイノリティの自尊感情の形成のために

（1） 単元名「太陽と山に住む人たち」（1時間）

——子どもを中心に据えた授業創造にむけて

（2） 単元の構成

①太陽ってなんだろう？　——太陽の歴史——

太陽から地球が生まれ無生物の地球が生まれ、やがて生物が生じた。太陽からみた地球の歴史は人間の想像力を越えるダイナミックなもので、偏見や差別を取り除くには、子どもたちが今おかれている状況から解き放たれなければならない。

②現在の私たちホモサピエンスはアフリカに出現し、世界各地に広がっていった。では、人と動物の違いはなんだろうか。そしてベトナムの54の民族はどこからやって来たのだろうか。そしてここにいるみんなはどこから来たのか。

③村の生活をもう一度見直す。タイー族とフモン族はお互いに生活や文化・習慣が異なる。しかし共通なところはないであろうか。また日本人とベトナム人はどうであろうか。その意味を考え、「自尊の感情」の形成を培い、現代を生きるクックドゥオンの子どもと、太陽・村との対話を試みたい。

（3） 児童の実態：クックドゥオン小学校（ハノイ北西90キロ、都市タイグェンから2時間の山村）

①教員数18名、生徒数240名

②学級の実態

・４年生のクラス（28名の父兄の職業はほとんどが農林業）

少数民族出身生徒（18名がタイー族、10名がフモン族）

就学率：100％、卒業率：約82％（注：ベトナムの小学校は５年制である）

・放課後、大半の生徒は帰宅し両親の手伝い（牛の世話をしたり、自習する生徒もいる）

一番遠方からは３キロ先から通学している

③児童が直面している問題（Loan校長よりいただいたメールによる）

フモン族の生徒はベトナム語があまりわからないので各科目を理解しづらい。また遠隔地から通学する生徒は、父母が送迎する車両（自転車やバイク）を持っていないので、毎日歩いて家と学校を往復しなければならない。

④教員が今、一番気になっていること

通学距離が長すぎる、学校までの道路が非常に悪い、子どもが小さいのに親には十分面倒を見る時間がない、教材作りに使用するパソコンを購入する経費がない、など。

⑤児童の日本認識

地理の授業やテレビ番組を通じて、「アジアの一国で桜がきれいな国」

（４）授業のポイント：総合学習（国際理解教育）

①人間と太陽の歴史——今あなたはどこにいるのか？——

子ども自身の未来を考えるため、太陽の進化を知り、その意味を考える。

「太陽誕生のお話をしよう」

②太陽の進化と生物の歴史から自らの生き方を考える。

1）光合成ってなんだろう？（子どもの生活の中から考える）

2）人間と他の動物の違いは何だろう？

③私たちはどこから来たのか？

1）人の移動の歴史を知る。

2）人はアフリカから世界に広がっていった。

④　1）タイー族とフモン族の違いは何だろう？
2）日本人とベトナム人の違いは何だろう？
→　私たち人間は、それぞれの生活文化をもつ。

授業を進めるにあたって、机を移動して対話型の授業にする。また自分の考えをみんなの前で発表するのが苦手な子どものことを配慮して、グループでの話し合いも取り入れる。子どもの意見を尊重するためにグループの話し合いの意見は、すべてベトナム語で板書をする。黒板を使った提示物（「私たちはどこから来たのか」）については、日本語とベトナム語で書く。

（5）授業の展開「太陽と山に住む人たち」

表1の学習授業案は日本で作成されたもので、ベトナムでさらに練り発展させた。ベトナムのハノイでひょうたんの形をした民族楽器（ベトナムにはひょうたんから多民族が生まれたという神話があり、ベトナム語の教科書に掲載されている）を入手し、少数民族がどのように生まれたかをみんなで考えた。

そのときベトナムの少数民族の誕生のことが書いてあるベトナム語の教科書を資料として使用した。また、通訳の那須泉と綿密に打ち合わせた上で、授業にのぞんだ。

（6）授業の記録

善元　「（地球儀を手に持って）日本から来ました。日本どこかな。どこ、日本？」
C　（生徒のことを指す、以下同）「（地球儀の日本の位置を指差しながら）ここじゃないでしょうか」
善元　「すごい！　ここ。日本から来ました」
—拍手—
善元　「先生はベトナムどこだか知ってるよ。ベトナムはここ？　ここだ（地球儀を指差す）」
C　「ちがうよ。ちがうよ」

表1 学習授業案

	時間	主な学習活動	教師の支援
導入	10分	私たちは太陽の子ども ・地球の進化（原始地球ってなんだろう？） ・緑（植物）が動物を生んだ ・生物進化（図示） ・人と動物はどこが違う？	「宇宙にはいろんな生命が存在する」
展開(1)	30分	人類はどこからきたのか ・多様な人類（図示） ・アフリカから始まる人類の大移動（図示） ・ホモサピエンス ・ベトナム人はどこから来たのだろうか	「20万年前、いろいろな種の人がいたよ！」 「アフリカからヨーロッパへ アフリカからアジアへ 中央アジアからシベリアへ 中央アジアから中国へ 中央アジアからインドへ 中央アジアから東南アジアへ」 ・ベトナムの54の少数民族 「フモン族はどこから来たのか？ タイー族はどこから来たのか？」 「私たちはどこから来たのか？」
展開(2)		・ホモサピエンス ☆人間ってなんだろう？ ・山の仕事と地球・環境 ・農業について	・環境に適していた人が滅びた！
まとめ		あなたと隣の人のちがいは？ 人はどこへいくのか？	タイー族・フモン族、そして日本人

写真8 授業風景

善元　「あっ！　ここ（地球儀を指差す）！」
C　　「ちがう」
善元　「ちがうの～。教えて、ベトナムどこ？　ベトナムどこ～」
C　　「（地球儀のベトナムの位置を指差しながら）ここです」
善元　「お～、拍手」
—拍手—
善元　「先生は東京から来てね、東京大きいんですよ。先生の町には114の国の人がいます。世界にはいくつの国があるか知っていますか？　世界にはね、190の国があります。そのうち、先生の町には114の国の人たちがいます。そこで質問です。１番、私の学校にはいくつの国の人がいるでしょうか？　いくつの国の人がいるでしょうか？」
C　　「たくさんです」
善元　「たくさんですよね。14の国の人がいます。14の国の子どもがいます。（写真を見せながら）ヨーロッパの国から、フランスから来てる子もいますよ。アメリカから来てる子もいますよ。それではね、今日の授業はね、こういう話です。今日の一番大事な話に入るね。地球のすべてのものにはね、始まりと終わりがあります。なんだろう？　なんだろうね？（教室の外を指差しながら）ちょっと外見てごらん。木があるね。木って一番最初は小っさいよね。で、だんだんだんだん大きくなるよね。最後どうなるの？」
C　　「最後は歳をとって死んじゃいます」
善元　「そうだよね。地球のすべてのものはね、始まりと終わりがあります。じゃあ、ききます。地球の始まりって何？　地球の誕生日知ってる人？　知ってる人？（一人の生徒を指差して）君は知ってるんじゃないの？」
クェン　「わからない……」
善元　「見せます。地球の始まりでーす。ダラララララララ……えっ？　何これ（写真を隠している紙をずらして、少しだけ見せる）」
C　　（全員）「マッチョイ（Mat Troi：ベトナム語で太陽）」
C　　「これお陽さま？」
善元　「マッチョイ！　マッチョイがね。よーく見てごらん（写真を隠している紙をさらにずらす)」

C　「これ、地球かな？」

善元「誰？　当たり。これ、地球です。いいですか。一番初めは地球はありません。はい、そして地球が生まれました。だんだん地球がマッチョイの周りをグルグルグルグル回ります」

C　「これ月かな？」

善元「うん、いいとこに気がついたね。ちがうよ。いきます。これ何？」

C　「月です」

善元「(首を横に振る) よーく見ててね、よーく見ててね (写真を隠している紙をはずす)」

C　「地球です」

善元「地球はね、昔はこうだったんです。いいですか、すべてのものには始まりと終わりがあるよ。このとき、生き物いた？」

C　「いないでしょうね」

善元「いないよね。いないよ。で、このときに生き物が出てきました。月はね、この周りをクルクルクルクル回ってます。はい、じゃあみなさんにききます。真っ赤に燃えてたときは生き物いなかったよね。一番最初の生き物見たことある？」

クェン「恐竜かな？」(クェンさんは事情があり休学していた年長の児童)

善元「恐竜！　いいとこに気がついたね。恐竜だね (恐竜の絵を見せる)。誰？　恐竜って言ったの。(答えた子どもの顔を見ながら) 君、いいね。はい、いいですか。命の始まりは海でした。いちばん最初の生き物、こんな生き物でした。みんな、見たことある？　見たことある人？(絵を見せる)」

C　「ないです。見たことないです」

善元「だってこれ1億年前だもん。はい。だんだん、だんだん新しいものが出てきます。ね、すこーしちがうよね。そのうちにね、だんだん、だんだん海から陸上に移動してきます。ほら！(絵を見せる) ちょうどこの頃になるとね、……」

那須「猿がいるね、って言ってますね」

善元「そうだよね。あっ！　誰、猿って言ったのは？」

C　「木のところにいるね」

善元「今、先生はね、猿の話をしようと思ったの。(猿と指摘した児童に近付いて) すごいね、君は。この頃ね、みんなも知ってるこういう恐竜もいました (写真を見せる)。じゃあ、この次どうなるか知ってる？　この次はね、どっか行っちゃった。この次は……空飛んじゃうのもいます」

C　「恐竜が空飛んでるんですか？」

善元「そうだね、こういう頃にね。そう、恐竜、みんなも知ってるよね。そうそうそう。じゃあね、昨日、先生はハノイでこんなの買ってきました (たくさんの動物が写っている写真を黒板に貼る)。ベトナムはいいね、こういういい写真がいっぱいあるよ。はい！　じゃあ、ききます。この中に人がいる？」

C　「いません」

善元「いないよね、人はね」

C　「でも猿はいます」

善元「そう！　猿いるよね？　じゃあさ、人って、始めと終わりがあるって言ったじゃない。いちばん初めの人の始まりって見たことある？」

C　「チンパンジーじゃないか。最初の人間はチンパンジーじゃないか」

善元「いちばん初めの人見せるよ。最初、いちばん最初 (写真を隠しながら持ってきて、隠している紙の上を少しだけずらす)。いちばん最初、どこに住んでたと思う？」

C　「だぶんチンパンジーが出てくるんじゃないかな？」

善元 (首を横に振る)

C　「じゃあ猿だ！」

善元「これ猿？ (写真を全部見せる)」

C　「人だ」

善元「人？　人だって言ってるの誰だ？　人と思う人？　これ、猿だと思う人？　これね、200万年前に生まれた人なんだって。200万年前。人と猿の違いってわかる？」

C　「猿は４本足で歩きますけど、人間は２本足で歩きます」

善元「拍手！」

—拍手—

善元　「じゃあね、2分間あげるから隣の人と話して、人と猿の違いを話しあってください。で、先生に教えてください。はい、2分間」

—子どもたち話し合う—

善元　「はい、時間です。さぁ、誰か、グループで、誰でもいいよ。グループで言ってくれる？　ここのグループとここのグループ」

C　「普通、猿は木の上で暮らしているけれども、人間は土の上で暮らしている」

善元　「なるほど。すごい！　すごい！　はい、他にいるかな？」

C　「猿はしっぽがあるけれども、人間はしっぽがありません」

善元　「おぉ！　しっぽって何であるの？　しっぽって何である？」

C　「なぜならば、猿は動物だからしっぽがあるんです」

善元　「あのね、人間も昔、しっぽあったんだよ。みんな、後ろ、ちょっとここ触ってごらん（自分のおしりを指す）。ここにね、しっぽがあったんだよ。それでね、しっぽはね、うんちすると汚れちゃうからきれいにしとくの、いつも。こうやって。はい、はい次。次どうぞ」

C　「猿には毛があるけど人間にはありません」

善元　「拍手！」

—拍手—

善元　「人間には毛がないって言ったけれども、みなさんの中に毛がある場所ってどこ？」

C　「全然ないんじゃない。猿と比べると少ない」

善元　「そう。ちょっと来てごらん（男子生徒を一人前に出す）。この子のどこに毛があるでしょう？」

C　「頭」

善元　「はい、頭に毛があります（生徒の頭を触る）。足に毛があります（生徒の足を指して見せる）。それから、目（自分の目の周りを指す）、ここにも毛があります。鼻の中にも毛があります。覚えといて。いいですか。動物も人間も必ず意味があるんです。ここに毛があるのは意味があるんです（生徒の頭を触る）。なんででしょう？　人間は、頭がいちばん大事です。

だから、頭を守ります。目にゴミが入ります。目にゴミが入らないように、ここで守ります。で、ここから落ちちゃったら、ここで守ってくれます（自分の目の周りを触る）。はい。悪い空気を吸わないようにここに鼻があって守ります。寒いと、暖かくするために毛があります。人間は服を作ったから、ここの毛は少なくなりました。はい、そうだね。じゃあ、次お願いします。人間と動物の違いって何かな？　まだあるんだよ。さっき、手あげてたよね」

C　「猿は、食べるものが、主要な食べ物が葉っぱですが、人間にとっての主要な食べ物は葉っぱではありません」

善元　「すごい！　すごい、これは」

—拍手—

善元　「さっきさ、４本足って言ってたでしょ、誰か。誰が言ってくれたんだっけ？（答えた生徒の方を向いて）そうだよね。猿は４本足で、人間は立ったからどうなった？」

C　「僕にも言わせて！　僕も言いたい！」

善元　（手をあげた男子児童を指しながら頭を下げる）

C　「猿は言葉を喋れないけど、人間は喋ることができる」

善元　「すごい！」

—拍手—

善元　「何で君は先生が言おうと思ってたこと言っちゃったの（発言した児童を指差して）。すごい！　君は先生だよ、先生。言葉だよね。言葉なんですよ。それからね、もう１つね、足で立ったから手が空いてきました。手で何する？　手で何する？」

C　「ものをつかみます」

善元　「ものをつかむ。手で道具を作る。ほら、見てごらん（写真を見せる）。手でね、火を使いました。すごいね。それからね、いいですか。人間はね、ちょっとこれ見てくれる？（写真を見せる）」

C　「象だ。象だ」

善元　「みーんなで力を合わせて、象をやっつけることもできました。それから人間はね、おなかが空いて食べ物がなくならないように、こんなことも考えました。それからね、人間はね、頭が良くなりました。（写真を見せる）足跡探して、動物のところに行ったりしてるでしょ」

C　「足跡を見つけて狩猟に行くんだね」

—拍手—

善元「じゃあね、今度はうんと難しい問題いくよ。すべてのものには始まりと終わりがあります。（地球儀を持ってきて）人間は、どこから生まれたんでしょう？　ここ？　ここ？」

C　「その問題の答えは土からです」

善元「おぉ〜、よく知ってますね。じゃあ、きくよ。どこの土？」

C　「北極とか南極とかの土だと思います」

善元「ほぉ〜、近いよ！　近いよ、答えは。いい？　見せますよ。見せます。人間の始まりはここだったんです。人間の始まりがどこだったか見せます。ここです。（地図の書かれた大きな模造紙を黒板に貼る）みなさん、一緒にこれ読んでください。さん、はい！」

C全員　—模造紙の見出し語を読む—「人類はどこからきたのか」

善元「もう１回！」

C全員「人類はどこからきたのか」

善元「もう１回！（さっきより大きな声で）」

C全員　—先生の声に合わせて、さっきより大きな声で読む—

善元「よし。これ何？　これ何？　ほら、何これ？　何？」

C　「矢印です」

善元「何の矢印か？　大学の先生、村上先生にきいてみよう。お願いします」

村上「はい。ベトナムに住んでいるみなさんも、日本に住んでいる私たちも、ご先祖様をずーっとずーっとたどっていくと、始まりはアフリカなんです。およそ10万年前、この矢印に沿って、こんなふうにだんだん移動していったんですね。で、ベトナムはここですよね。ベトナムには、およそ３万年前にこうやって（矢印をなぞりながら）来ました。こちらからも移動してきました。そして日本にはこうやって移動しました。こうやって（矢印をなぞりながら）アメリカに移動しました」

善元 「はい。ありがとうございました。拍手」

—拍手—

善元 「じゃあききましょう。みなさん、一生懸命ベトナムの教科書で勉強してますか？　この本、覚えてる人？（ベトナム語の教科書を出して見せる。ひょうたんから多民族が誕生し、ベトナムが生まれたというベトナム創世民話が掲載されている）」

C 「勉強しました」

善元 「ベトナム人ってどこから生まれたの？　どこから生まれたの、ベトナム人は？」

C 「ひょうたんから生まれました」

善元 「ひょうたんね（ひょうたんの写真を見せる）。みんな、生まれたときの音って聞いたことある？」

C 「聞いたことあります」

善元 「クェンさん（年長の児童の名前）。（名前を呼ばれた児童が前に出てくる）触ってごらん。何、これ？（児童にハンカチで隠したひょうたんを持たせる）触ってごらん。（ハンカチからひょうたんを出す）ベトナムってひょうたん多いよね。昨日お酒飲んだときもひょうたんで飲んでた。さあ、これを使って、みなさんがベトナムの54の人が生まれた音を聞かせます。音を聞かせる人を紹介します。ありがとう（前に出ていた児童を席に戻す）。ベトナムと沖縄は親戚です。沖縄にはこれを吹ける人がいます。誰でしょう？　儀間知美さんです（同行した琉球大学生）。儀間知美さん。はい、どうぞ。拍手」

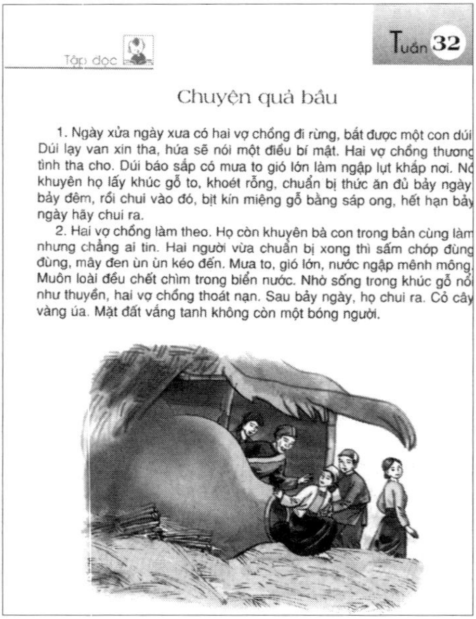
Tập đọc

Tuần 32

Chuyện quả bầu

1. Ngày xửa ngày xưa có hai vợ chồng đi rừng, bắt được một con dúi. Dúi lạy van xin tha, hứa sẽ nói một điều bí mật. Hai vợ chồng thương tình tha cho. Dúi báo sắp có mưa to gió lớn làm ngập lụt khắp nơi. Nó khuyên họ lấy khúc gỗ to, khoét rỗng, chuẩn bị thức ăn đủ bảy ngày, bảy đêm, rồi chui vào đó, bịt kín miệng gỗ bằng sáp ong, hết hạn bảy ngày hãy chui ra.

2. Hai vợ chồng làm theo. Họ còn khuyên bà con trong bản cùng làm nhưng chẳng ai tin. Hai người vừa chuẩn bị xong thì sấm chớp đùng đùng, mây đen ùn ùn kéo đến. Mưa to, gió lớn, nước ngập mênh mông. Muôn loài đều chết chìm trong biển nước. Nhờ sống trong khúc gỗ nổi như thuyền, hai vợ chồng thoát nạn. Sau bảy ngày, họ chui ra. Cỏ cây vàng úa. Mặt đất vắng tanh không còn một bóng người.

（出典：Tieng Viet 2, Nha Xuat Ban Giao Duc）

—拍手—

善元 「この人が、ベトナムの54の民族が生まれたときの音を聞かせますから、みなさん、目をつぶってくれる？　目をつぶって。考えてね。出てくるぞ。１から順に出てくるぞ。54まで出てくるぞ」

—演奏—

善元　「はい、目開けて！　見えた人？　ひょうたんからいろんな民族が見えた人？」

C全員　「見えた！」

善元　「見えた！　ありがとう。儀間さん、何か言ってください」

儀間　「Tre con cua Mat Troi（ベトナム語で「みんな太陽の子ども」）」

善元　「何て言った？　もう１回。もう１回。書きます。（黒板に貼られた模造紙を外す）いい言葉を書いてくれますよ。すべてのものには、始めと終わりがあります。それで、私たちは……何でしょう？（儀間さんが黒板にベトナム語で字を書く）「みんな太陽の子ども」

C　「子どもです。子ども」

善元　「じゃあみなさん、お隣の人見てくれる？　お隣の人見てくれる？」

C　「はい」

善元　「はい、見たよね。ききます。この人、はい、この人。（ベトナムに住む民族の写真集の１ページを開いて見せる）先生、よく見るよ。はい、次。この人（先ほどとは違う写真を見せる）。ちょっと来てくれる？（フモン族の民族衣装を着た女子児童を２人、前に出す）そうだね。もう一度みなさん、隣の人見てください。みんな、顔は似てるけど違うよね。ありがとう。フモン族の人もタイー族の人も、顔は似てるけど違うよね。何が違うんだっけ？　言葉とかだよね。じゃあ今度は、日本から来た人たちを見てください。日本から来た人、立ってください。みーんなね、みーんな同じなんだよね。似てるよね」

C　「同じです」

善元　「ちょっと違うけど、同じだよね」

C　「そうです。そうだ、そうだ」

善元　「はい、じゃあ読みましょう。みんなで、はい」

C　「Tre con cua Mat Troi（みんな太陽の子ども）」

善元　「はい、沖縄のね、沖縄の言葉で素晴らしい言葉があります」

村上　「いちゃりばちょーでー（行き会えば皆兄弟）」

善元　「いちゃりばちょーでー。いちゃりばちょーでー、っていう言葉があります。この意味、どんな意味か覚えてください。さんはい」

那須　「（ベトナム語でいちゃりばちょーでーの意味を言う）」

善元　「はい、これで今日先生の授業は、私の授業は終わります。最後までみなさん、私の話を聞いてくれて、どうもありがとうございます」

C　「（全員起立して）ありがとうございます」

善元　「また会いましょう。また会いましょう。はい、終わりです」

—生徒たちがベトナム語の歌を歌う—

Loan校長　「アリガトウ（日本語で言う）」

C　「アリガトウ」

—拍手—

善元　「先生からのお土産です。先生は……（自分のおなかをたたく）」

—生徒が笑う—

善元　「ベトナムは昔、相撲がありましたね」

C　「知ってます」

善元　「先生も相撲取りです（自分のおなかをたたく）」

—子どもたちが笑う—

善元　「日本にも相撲があります。日本では、こうあります（おみやげを配る）。日本にも相撲があります。はい、これは先生使ってください。日本の遊びです（おみやげを黒板にも貼る）。みなさん、使ってください。これを見て、時たま先生のこと思い出してね。ありがとう」

C　「先生、ありがとう」

善元　「はい。ありがとう」

C全員　「（みんなで声を合わせて）本当に先生、ありがとうございました」

4　授業研究会

□日　次：2009年12月29日昼食後、14時～16時

□場　所：クックドゥオン小学校校長室にて

□参加者：Loan校長、Oanh副校長、Thao先生、Hoa先生、Nhung先生
善元、西岡、村上／通訳：那須、記録：儀間

授業研究会では、前日、西岡尚也が行った地図に関する授業についても意見が述べられている。その内容については、第４章を参照されたい。ほぼ同内容の授業を小学生に対して行った。

村上「今日は、先生方お忙しい中、日本から来た私たちのために素晴らしい授業をしていただき、また、こうした共同の授業研究会をもっていただき、ありがとうございます。日本から来た私たちとベトナムの先生方が一緒に共同で授業研究会を持てるということは、記念すべき日だというふうに思っています。率直に意見交換をして、お互いの地元でより良い授業をめざしていきたいと思います。それではまず、今日の授業につきまして、善元先生の方からそのねらいなどについて、善元先生ご自身の授業のねらいなどについて、説明していただきます」

善元「今日はどうもありがとうございました。私の授業を見ていただきまして、非常に光栄に思っています。私は韓国と教育交流を15年やっています。主に、環境教育とか歴史教育とかを15年間やっています。日本と韓国は歴史的に関わり合いが深く、特に日本がかつて植民地にしたっていうこともあり、非常に重い思いがあって交流してきました。

今回ベトナムに来るときに、私の授業はここで通じるんだろうか、と心配してきました。今日の授業を通して、二つのことを感じました。一つはですね、こんなにベトナムの人が温かく、本当に十年来の友人のようにしていただいたっていうことが、私にとっては何よりも嬉しいことです。もう一つは、今日１時間目と２時間目に授業を見させていただきまして、とて

も深い授業を見せていただいたってことで、感動しております。実は私たちの学校も先ほどお話ししたように14か国の子どもたちがいまして、子どもたちはどんどん自分の母語を忘れていくんです。特に今日の１時間目のベトナム語をどう少数民族の児童に伝えるかという授業は、私も言語教育を20年以上やっていますので、非常に工夫された、高い水準の授業だったのではないかと思います。

２時間目の地理の授業を見たときですね、うらやましいと思いましたね。本当に他の地域の少数民族の子どもたちのことをあれだけ、ここの地域の子どもたちが知っているっていうことは、日本では考えられないことです。日本にも先住民族の問題がありますけど、やっぱり日本の社会では偏見があって、今日素晴らしい授業がされたということに、私は教えられました。ありがとうございました。

最後にひとこと、私の学校の子どもたちはですね、外国から日本に来たわけですけれども、どんどん、どんどん母語を忘れて日本語しかできなくなるんですよね。で、親は日本語がうまく喋れないんです。家族の中でコミュニケーションがとれないってことは限りなく子どもに精神的な不安を与えているっていうのが、私の大きな悩みです。子どもたちが自分のお母さんの言葉ができなくなるから、母語ができないから、自分を無意味とか価値がないとか、だめなものだっていうふうに思い込まされていくんですね。それで、子どもは親を馬鹿にし始めます、親は日本語ができないっていうんで。そうした状況を背景にして、考えたのが今日の授業です。

私の結論はこうです。一人ひとりの子どもに日本語をどう教えるかっていうスキルは、私はかなり持っています、日本の中でも。でも、大事なことは子どもたちに私が教え込むより、子どもたち自身が持っているものを引き出してあげること。それが今日の対話を中心とした授業です。お互いにこう、言葉の掛け合いをしながら子どもたちの良いものを引き出していく。あなたは素晴らしいんだっていうことをやりたかったんです。それが、今日いちばん最初に言った「自尊の感情」ですね。あなたは素晴らしいんだっていう、それを私は心がけました。

そういうねらいで授業をつくって、一生懸命、今日がんばってきたんですけども、みなさんはどう考えていただいたんでしょうかっていうことが気になるんですが、今日は本当にありがとうございました」

村上 「それでは善元先生の授業についてまず感想を言っていただき、それから順番が後先になってたいへん申し訳ないんですけれども、Thao先生とHoa先生の授業について意見交流をするという順番でよろしいでしょうか。

それではまず、善元先生がおっしゃっていたことを受けて、ベトナムの先生方の率直なご感想をお願いします、あれば質問もお願いします」

Loan校長 「まず私が一つ良いなと思ったのは、導入はすごく身近なことから、シンプルな簡単なテーマから入って、それからだんだん児童も意見を言い出すような、児童の意見を引き出すような方向に持っていった点です。つまり児童が自分から意見が言える、主体的に意見が言えるような方向に授業を導いていったところが素晴らしいなと思いました。二つ目は、善元先生は全然ベトナム語を知らないにもかかわらず、児童たちと先生の距離感っていうのが、最初から非常に近かったので、児童側も本来なら言葉がわからない人間だということで警戒をするのが普通ですが、そういったものが全然感じられませんでした。それは、善元先生側のいろいろなスキルですね、工夫があったからだと思います。

最初は児童もこういう授業を受けるのは初めてなので、多少、ためらいとか驚きとかがあったようですが、やはり、児童が興味を引くような道具とか絵とか、模造紙で書いたようなものとか教具が次々と出てくることによって、どんどん児童が引き込まれていって、最後は先生の意図した「自尊感情を持とう」ということについて、100パーセント理解できたかどうかはわからないけれども、かなりの部分で伝わったと私は感じております。

今回の先生の授業の盛り上がりのところはやはり、私たち人間、それはベトナム人、日本人、タイー族に限らず、ルーツをたどっていくとアフリカなんだ、というところだと思いますね。アフリカがルーツで、そこから出発していろんな地域に散らばって、今の自分がいる、または善元という日本人がいるというふうに、非常に児童たちの視野が広がりつつ、また、想像力が高まったと思います」

村上 「はい。何かご質問があれば……。ないですか？　じゃあ、Thao先生、お願いします」

（Thao先生もHoa先生もとても恥ずかしがって、なかなか意見を述べられない。隣に座ったLoan校長に向かって意見を述べ、Loan先生が代弁された）

那須 「今、お二人の先生が、恥ずかしがっておられるんですよね、初めて会う外国人との研究会ということで。Loan先生を通して言うんですけれども、自分たちができる授業というのはやっぱり、たとえば今日Hoa先生がやられたのは、ベトナムの中の南部の文明、文化、地理、歴史というふうに、非常に特化した、または限られた分野のことについて、1時間の授業を行うということは慣れているんです。ですが、今日見させてもらったように、宇宙から始まって、地球全体から始まって、アフリカまで話が飛んだにもかかわらず、最後は一つの結論にこう収斂していくっていう、こういうやり方っていうのはちょっと私たちにはできませんね、と。真似できませんね、びっくりしました、と言っておられます」

善元 「でも、2時間目の地理の先生の授業があったから、私はすごく安心して授業できました。子どもたちのあの理解の深さがあったから、私は安心して授業できました」

村上 「（同じクラスでやった）Hoa先生のあの地理の授業があったからこそ、善元先生の授業へとつながっていったと思います」

Loan校長 「そうほめていただくのはありがたいですが、やはり先生の場合は、最初自分の勤めている小学校の写真から始まって、そこにいる子どもをまず連れてきて、その県はどこにあるか、そこから広がってつないでいく、そういういろんなものをつないでいきながら、実はちゃんと一貫したテーマ性があるという授業、その辺がまだまだ私たちにはできませんね」

善元 「たぶんひとことで私の授業を言うと、Hoa先生が行ったような授業は、私がやってきたような授業なんですね。部分は、パーツは本当にしっかりしてるんです。私の授業は世界観とか人間観とか、あるいは生命観とかそういうのができるのは、私も実はああいう授業をふだんやってるんですね。だからこそできる。両方必要っていうことを考えています」

村上 「Hoa先生のような授業が積み重なってこそ、今日の善元先生の世界観、生命観の授業へとつながっていくということですね」

(Hoa先生の小さな声をひろって)

那須 「ちょっとどういうふうに考えたのかな。そういうのが理想で、できるとおっしゃったのを聞いて、Hoa先生としては、そうすると私たちは、先生が今回持ってきたような、ああいう写真とか地図とかひょうたんとか、そういった具体物を、私たちはもうちょっと集めて、授業をした方が良いんでしょうかって」

善元 「私は、子どもたちのためになることだったら何でもします。そのためにどんな教材でも作ります。だから、今回は儀間知美さんが楽器ができる、で、この先生がいろんな歴史を知ってる、というふうにしました。で、私は昨日、本屋に行っていろいろ探しました。だから、子どものためだったら何でもします。寝ないで考えます。だから、授業つくるときは、あれがない、これがない、これがないっていうより、あれがあるじゃないか、これがあるじゃないか、ってそういうのを連結する力、それが授業力だと思います。(Hoa先生に向かって)先生、絶対できますよ」

Loan校長 「先生が『自尊心』ということを強調されたので申し上げますけれども、先生が今日やられた授業のようなスタイルとは違うかもしれませんが、私の学校ではいろんな少数民族の児童が来ているので、折に触れてその少数民族の歌を歌ったり、踊りを踊ったり、または、各少数民族の祝日、祭礼の日、お祭りの日を利用して、みんなでそのお祭りに民族衣装を着て参加したりとか、そういったことを通じながら、各民族のプライドやアイデンティティというものを保とうという努力はしております」

善元 「日本はそれがなかなか難しいんですよね。同化しようとしてしまう。いろんな民族がいても、どんどん同化する。だから私が偉いとすれば、私はそれと闘ってますよ。本当に難しいです、日本の場合は」

Loan校長 「そういう日本の状況というのは、私は初めて聞きました。そういうところは我々の国にはなくて、たとえば、タイー族のお祭りのときにフモン族とかザオ族の人も入って、いわゆるコンテストみたいなものを、歌のコンテストみたいなものをして、楽しみながら自分たちの持っている文化を出し合うみたいなことは非常に盛んですね」

村上 「私は国語教育が専門ですけれども、たとえば『国語』という領域で日本の先住民族であるアイヌの人たちのアイヌ語や、あるいは沖縄の言葉についても教えるという規定は公的にはありません。ですから、「アイヌ」が「人間」という意味を表すアイヌ語であることも、子どもたちは知りません。私はHoa先生の授業で、ベトナム国土に居住するいろんな民族について教えられていて、しかも子どもたちがよく自分たちの力でそれぞれの民族の特色について発見し、発表している姿に感銘を受けました」

Loan校長 「たとえばですね、今村上さんが言ったように、子どもたちが南部の少数民族のことについて積極的に意見を言ったりするっていうのは、折に触れて、私たちはこういう『54のベトナム民族』という本を使いながら、今私たちが住んでいるベトナムにはこういう人たちがいて、こういう民族衣装を着てるんだよ、ということを折に触れて話しているからです。だから、今日のHoa先生のような授業をしても、すぐパッと反応するんですね」

村上 「それは、日本人の私たちにとって非常に学ぶべきところです。すばらしいです。それでは次に1時間目のThao先生の授業について感想を」

那須 「先生ご自身にどうしてああいう授業をやったかって聞かなくてもいいですか？」

村上 「そうですね。それではThao先生、今日の授業のねらいについてお話しください」

Thao 「クラスの人が全員少数民族ですから、ベトナム語を勉強する際に、耳から入ってくるベトナム語と、目で見るベトナム語と、書くベトナム語がなかなかリンクしていかないんですね。ですから今日の授業では、まず「a」という音を私が発音しつつ、黒板でその字を見てもらう。次に、それを実際自分で書けるかどうかっていうのを入れてましたよね。そういう手法を使って書かせることによって、うまくリンクさせる、そこに主眼を置いたんですね。どうしても少数民族の児童の頭の中では、たとえばタイー族でしたら、タイー語でいろいろなことを考えてしまうことと、ベトナム語で考えてしまうこととに分かれてしまうのです。さらにまた、彼らにとっての新しい言語であるベトナム語を聞く、見る、書く、話すで一つの連関を作ることが、まず1年生にとってベトナム語を勉強するときの主眼です。ですから、ああいう方法を採りました」

Loan校長 「ベトナム語の特徴というものを、文法用語とか発音記号などで教えることは小学校1年生からはできませんので、ああいう形でしつこく、たとえば「o」「a」とかいうのを今日やっていましたけれども、必ずベトナム語というのは母音の次に子音がくるとか、子音が前に来たら母音がくるという順番があるので、それを徹底的にまず覚えこませます。そうすることによって、自然にタイー族の子どもたちは、理論的には頭では分析できないかもしれないけれども、『あ、自分の母語のタイー語とベトナム語とはこういう部分で音韻が違うんだな』とか『音声的に違うんだな』ということがわかってきます。そうすればしめたもので、そこからベトナム語が急に覚えられるようになるわけです」

村上 「Thao先生、本当にありがとうございました。先生の授業は、前半で基礎を確実に全員に習得させて、次の段階ではその習得した基礎を応用して、活用していくという二段階で展開されていましたよね。活用の段階では子どもたちを楽しくゲームに誘い込んだり、積極的に参加させるという工夫が至るところでなされていました。

一つ一つの単語について、ただ書かせるのではなくて、たとえば歌を歌って身体でその意味をいったん体験させたり、あるいはその語句の絵を見せて——それは生活に根ざした場面の絵ですね——果実や竹篭の絵を見せながら、そこからいくつも関連する語句をたくさん言わせたりして、次に書かせていきました。

一つ一つの言葉を身体を通して、また生活に根ざした場面を設定して、話す → 書くという連関で習得させようという工夫をなさっていたところが素晴らしいと思いました。また、先生がタイー族出身の児童に対して、タイー語を要所、要所で使ってらっしゃることで、後ろの方の、たぶん少し学力の遅れた子どもも、ハッと目を輝かせて手を挙げていました。母語を教授言語として活用されている点が素晴らしいと思いました。組み立てが素晴らしく、また高度なスキルを駆使した授業であったと思います」

Thao「先生が今指摘されたとおりの授業をしようと思ったので、そう言っていただければ光栄です」

村上「先生は何民族ですか？」

Thao「キン族です」

村上「タイー語はどこで勉強されたんですか？」

Thao「子どもたちから学びました」

善元「何年くらいで？」

Thao「毎日タイー族の子どもたちと接して、注意深くタイー語を聞いていることで覚えられました。こういうタイー族の生徒と接して、もう８年くらい経っています」

村上「私は先生がタイー族ご出身なのかと思っていました。じゃあ、次にHoa先生のねらいをお願いします」

Hoa「私の今日の授業の主眼は、いわゆるメコンデルタ地帯、南部全体ではなく、メコンデルタ地帯に住む少数民族の祭礼、および服装というテーマでやろうと思いました」

Loan校長「今、Hoa先生はそう説明されましたが、そのメコンデルタに特化したという言い方はちょっと修正するべきですね。なぜならば今日の授業ではチャム族のこともたくさん、Hoa先生は言及されていましたから。チャム族はメコンデルタ地帯に住んでいるのではなくて、ベトナムの中南部に住んでいる人たちですから。私が言い直すとすれば、ベトナム南部に住んでいる私たちの兄弟の（那須：直訳すると兄弟、同胞となる）、私たちの兄弟の少数民族の人たちの紹介であったという言い方をしていますね。

那須「今、Loan先生が聞きたがっていて……。昨日、村上先生からいただいた絵はがきをHoa先生が使って、今日その中でハーリー（爬竜舟競漕）の写真を見ましたが、これは日本全体でやっているのか、どこでやっているのか教えてください、とたずねるので、沖縄でやっています、というふうに答えました」

西岡「長崎でもやってますよ。瀬戸内海でも一部やってますよ。ドラゴンボートですね。雨期に入るときにやるんですよ」

Loan校長　「また、Hoa先生が、昨日私が村上先生からもらった絵はがきの中でチョイスして着物を出していましたけれども、なんで着物を出したかというと、私が９月に沖縄を訪問したときに首里城で琉装を見せていただきました。そのときパッと思い出したのが、私たちキン族が使っているアオザイの前の伝統的な衣装のアオトゥタンという四つ身ものの服装があるのですが、それに類似した民族衣装を着ている少数民族がいるのです。それとつなげれば、子どもたちが日本との関わりを想像できるかなと思いました。そういう理由で、Hoa先生は琉装の写真を出しました」

村上　「沖縄の写真を、昨日渡した写真をさっそく教材に活用していただいて、とても嬉しかったです。私たちも兄弟として認めてくださった気がしました」

Loan校長　「それは、兄弟っていう言い方を超えて、いわゆる民族同士の文明が非常に似通っているということだと思いますね。それは、さっきの善元先生の授業のなかで、『人類はどこから来たのか』という地図で、村上先生が説明したように、一つの所から散らばって、それが混じり合ったということにもなるんじゃないでしょうか」

村上　「なるほど。そうですね。次に、西岡先生、お願いします」

西岡　「Hoa先生の地理の授業を見させていただいて感じたことはですね、私はたくさん今まで日本の小学校の先生の研究授業とかに何回か参加していますけれども、非常に新しい手法と言いますか、おもしろい手法を研究されていて、良かったと思います。

ベトナムの中のその地域の違いということが今回の授業のテーマだったと思うんですけれども、その中でやっぱり、今までの話にありましたけれども、校長先生からですね。歌とか踊りとか祭りとか、そういう機会があるごとに異文化の経験を積んでおられることが、今回の授業にも活かされているなと思いました。

うまくされていたのは、グループに分けて意見を発表するというやり方は、非常に良い方法ですので、今後もまた続けていただけたら嬉しいなと思います。そのときにできるだけ発言するのが苦手な子にも、もう少し配慮していただいて、できるだけそういう子どもにも発言の機会を与えてあげるようなグループ学習をぜひやってください。そして、ほめてあげてください。ほめてあげることによって、善元先生もそうなさっていましたけれども、子どもはみんなの前でほめてもらったということが、非常に自信になりますので、ぜひやってください。

先ほど村上先生もおっしゃっていましたけれども、絵はがきですね、沖縄の着物とかハーリーのレースとか、闘牛の写真ですね。あれも非常に上手に使っていただいて、タイムリーでしたね。それは、やっぱり大事ですね。私たちが来てるときに使ってもらうということは非常に良かったな、と思います。

こういう異文化理解とか多文化理解でいちばん大事なことは、文化には上下がないんだと、上とか下とか、どっちがえらいとかだめだとかね、そういうことがないということのベースに立って、先生方がやっていただけたら、子どもたちもですね、伸び伸びと発言してくると思います。大きな視点から見たら、善元先生の授業もそうですけど、地球全体から見たら、些細なことなんですね、違いというのはね。それに気づくような工夫をまたやっていただけたらな、と。大きな視点で見るということが、子どもたちにとっては自信につながるんだということをぜひ、ぜひですね。私の希望としましては、世界地図とかね、ベトナムの地図をぜひ教室に貼っていただいたり、地球儀を置いていただいたりしたら、また子どもたちの視点も広がっていくと思うので、ぜひ、置いてください」

村上　「一つ、善元先生の授業について補足します。善元先生の授業について、先ほどベトナムの先生が『子どもたちと先生の距離が近い』というふうにおっしゃいましたけれども、教室の作り方で、子どもたちが対話しやすい教室づくりをなさいました。日本の学校では対話型の教室づくりが、取り組まれています」

善元　「それについては考えがあります。私たちは教員になったときに、話すときはその人の顔を見て話せって教えられてきました、顔を見て。ところが今までの授業だと、こう先生がいて、子ども同士だと。子どもが喋るとき、後ろの子どもは全部、その前の子たちのお尻しか見ないんです。だから、まあるくすることによって、子ども同士が見合える。教師対子どもだけじゃなく、子ども同士が見える、そういう工夫を意識的にやってください」

村上　「子ども同士が対面できる教室」

善元　「あと、一つ質問してもいいですか？　教えてもらいたいことがあります。都市と農村の格差の問題はあるでしょうか？　というのは、先ほど少数民族の文化を伝えるってことでは、言葉とか衣装とかとても大事ですよね。

　それに加えて私が関心持っていることの一つは、親の仕事をどう伝えるかってことなんですね。そうすると、少数民族の人たちがたとえば農村で、どんどん、どんどん疲弊していくということはないのでしょうか？もしあるとすれば、どうやってそこで誇りを持たせるか、っていうことを聞かせてください。大体でいいです、大体で」

Loan校長　「ここの子どもたちが親の仕事を継ぐかどうかというのは、子どもたちによって違います。それはどういうふうにかというと、やはり、勉強ができる子どもはより高い、高度な教育を受けるために、この村を出なければなりません。たとえば、大学まで行くとなると、ハノイの方まで行きます。しかし、この村からそういう高い教育を受けた子どもたちは今まで見ていると、ずっとその大都市に住み続けるのではなくて、またこの村に戻ってきます。そのために、たとえばハノイの大学に行ったとしても、ハノイの大学で農業を勉強して、そして戻ってきてここで農業に従事するとか、または、教育大学に行って教育のスキルを身に付けて、この地域に戻ってきて教員になるとか、そういう形になっています」

善元　「すごいね～！」

西岡　「素晴らしいね、それね」

　―拍手―

善元　「それは少数民族についても自信を持たせる教育をやっているからですね」

西岡　「そうそう。それはやっぱり自信が持てるからですよ」

善元　「もう日本より、どんどん進んでるじゃないですか！」

西岡　「やっぱりアイデンティティが持てるからですね。郷土愛みたいな」

Loan校長 「たとえばタイグェン。タイグェン市には、タイグェン農業大学とか、タイグェン師範大学がありますね。だからここの村で勉強して、とてもよく勉強ができる子はタイグェンのたとえば、農業大学に行って農業の技術を身に付けて、またここに戻ってくる、そういうパターンが多いですね」

西岡 「もう一つだけいいですか。Hoa先生にもう一つだけ言っときたかったのは、社会の教師、歴史とか地理とかの教師は、教科書を教えるということも大事ですけれども、教科書を使うだけではなく、教科書で、教科書は一つの手段であって、他のいろんな資料をたくさん使うというやり方をですね、ぜひね、教科書を広げていってもらうということを、ぜひやっていただきたいと思います」

那須 「具体的にはどう広げますか」

西岡 「教科書の内容だけに限定されずに、ふくらませていってもらうようなものをたくさん使ってほしいと。今日のようなですね、絵はがきや写真など教科書以外のものをですね。読んで終わりというのではなくてね」

村上 「副校長先生にもひとこと、全体を通しての感想をお願いします」

Oanh 「私が一つ言わせてもらうと、西岡先生や善元先生の授業を見ると、これは西岡先生がたった一人で授業をやっているんではない、善元先生がたった一人で授業をやっているんではない、いろんな人が関わりながら、またはいろんなものを利用しながらやっているというのを、強く印象づけられました。それにひきかえ、今日のお二方は違うんですけど、端的にベトナムの先生は自分一人で全部仕切って、個々で奮闘して45分やるという、そういうことが浮き彫りになった気がします」

村上 「なるほど。それでは、Nhung先生からもひとこと」

Nhung 「まず、私が善元先生の授業を見て一つ感じたのは、私たちは太陽の子どもだ、というテーマを掲げたことが、こういう少数民族の地域においては、とても意味が深いと思います。というのは、世界中の先住民族、ネイティブの人、少数民族の人たちというのは、太陽を信仰したり、太陽を父親だと思ったりしている場合が多いし、ここに住んでいる人たちもあからさまに『太陽は私たちの父だ』とは言わないまでも、太陽を非常に大切に崇め奉る習慣があります。いわゆるタイー族にしてもキン族にしても、フモン族にしてもお父さんは同じ太陽なのだと、そしてその太陽の下の一つ屋根の下に自分たちは住んでいるんだと、そういうような印象を子どもたちが持ったんじゃないかという意味で、今回のテーマは非常に深かったんじゃないかと思います。私が何でそういうふうに感じたかというと、二つの点からです。

つまり、言ってみれば、縦糸と横糸で『私たちは太陽の子ども』だということを、子どもたちに知ってもらいたいという意図が善元先生にあったのではないかと私は、今、分析しています。縦糸というのは、時系列的にそれをはかろうとしたことですね。つまり、あの世界地図を使って、ベトナムの人、日本の人がこう元をたどっていくと、10万年前にはアフリカにたどりつくと。そこから、たとえば５万年前にはベトナムに行き、さらに数万年経って、南アメリカ大陸に行くという、そういった縦糸を使いながら、それを説明したというのが一つですね。横糸で説明したというのは、「じゃあ、今度お隣の人の顔を見てごらん。ちょっと違うけども、似てるところがあるでしょ」ということで確認させたということで、２次元的に『私たちは太陽の子ども』だということを証明したんだと思います。

あと、やはり実物を多用しているということについても、単に物を多用しているのではなくて、その物の見せ方、物の処理の仕方、それが生徒たちをひきつけるような処理の仕方をしてましたね。たとえば一つのものを見せるにしても、すぐ「はい、ひょうたんです」ではなくて、「ここに何があるのかな？」と想像させながら、少し出して想像力をかきたてさせて、「さらにその先には何があるのかな？」というふうに、どんどん、どんどん子どもたちの興味を引くようなやり方っていうのが、勉強になっていますね。

先生が先ほど、対話型の授業というのを今回、大切にしたんだとおっしゃいましたけれども、それを私なり分析してみると三つの大切な要素があったと思います。

一つは、先ほど村上先生からお話がありましたけれども、机、椅子の並べ方ですね。あれは非常に私にとっては斬新でしたね。つまり、話しやすい、対話しやすい教室づくりというものを心がけていた、というのが一つ目ですね。

そして、二つ目はその一つ目の並べ方が功を奏していることもあるんですが、教室の中での主人公が先生ではなくて、むしろ、全員が主人公。先生も主人公なんだけれども、あなたも主人公、私も主人公、つまり全員が参加して一人ひとりが主人公だという、そういう雰囲気ができていたこと、というのが、また一つとても大切なことだと思います。

三つ目はどういうことかというと、先生がある子どもに向かって、その子の名前で呼びかけましたね。これは子どもにとっては、非常に「同感」(那須：ベトナム語で「同感」という言葉は「同様に感じる」ということ)、先生と自分が同じ感じで、フィーリングで通じ合っているんだということを感じさせたわけです。先生が子どものことを名前で呼ぶ、または、先生が授業の前にそうやって子どもの名前を覚えてくれていたと、覚える努力をしてくれていたということは、すごくあの子にとっては「同感」の感情が湧き上がってくる、これがいわゆる対話型の授業の三つ目の大切な部分だと私は思います。

さらに私が大切だなと思ったのは、いわゆる子どもの主体性を重んじて、子どもが積極的に授業に臨み、そして想像力を豊かに発揮させる、そういった時間づくりに心を砕いていたということですね。そのうちの一つは非常に子どもには身近な、そしてわかりやすい例をポッと問題提起して、考えさせていた。たとえば『人と猿はどう違いますか？』っていう発問をされたとき、我々大人では考えつかないような答えを子どもたちがして、なんと子どもの知恵っていうのは豊かなのかな、と感服したくらいです。これはさっき言った、子どもの想像力が十二分に発揮されているからだと思います。その後、隣同士見合わせて『どこが違うか考えてごらん』というふうに話し合いをさせましたね。話し合いというスキルは我々も使っていますけれども、さっきのそういう簡単な、身近な発問をされて、想像力を十二分に発揮させた後、討論に持っていくという形にすることによって、より深い話し合いができたんだと思います。

次に私がぜひ取り入れるべきだなと思ったのはですね、先生が子どもたちに質問して答えたことに対して、それが正しかろうが正しくなかろうが、まずはほめてました。ずっとほめていました。そうすることによって子どもたちには『学校に行きたくないな』という気持ちは全然湧かないでしょう。やっぱり『もっとあの教室に行きたいな、授業を受けたいな』という気持ちになると思います。正直言って、この学校はそうでもないですが、学校で先生に叱られてつまらないな、ということで退学していく子が多いのが現実です。しかし、正しかろうが正しくなかろうが、ほめてあげるというのが、とても効果的だなと思いました。

善元先生は先生ではなくて、むしろ俳優なんだなと。それはどういう意味かっていうと、いわゆるこの教壇に立って黒板にこう指しているだけではなくて、手とか足とかまたはお腹とか、そういうものすべてを使って表現をして、また、子どもも前に出して、子どものすね毛を見せたりとか、または通訳の那須先生に対してもすべての身体を使ってみせたりとか、いわゆる直立不動の教師ではない、と。これは全然ベトナムの教師には真似のできない点で、これはぜひ、これから真似てもらいたいなと。つまり、あらゆるパーツを使って子どもたちに向かい合うという、そういう「役者的な」要素というものを我々は見習わなければならないと思います。

以上述べましたように、子どもたちの関心を引くためのそういう授業づくりという意味で、今回私どもは大変勉強になりました」

善元「今日、私が準備してね、使ってないものがあるんですよ。それはね、『ヒトと動物の違い』について、人間のね、死んだ人に対する意識なんですよ。死者に対する埋葬の意識。これ、子どもから出てくるときあるんですよ。あと、絵を描く、芸術の意識。まあ、それからあの巨大な建設物ですよね。私は子どもから出てきたときにこれを出すんですよ。出なかったら絶対出さない。教材は全部この教材（写真集）に入ってるんですよ」

Nhung「西岡先生の授業について、私が思ったことの一つはですね、昨日の先生の授業は単に地図教育、地理教育にとどまってはいないと思います。つまり、立体、３次元のものを２次元に落とし込む、といった思考の練習だと思います。

普通、子どもたちは日常生活の中で、３次元のものをたくさん見ています。円錐形、円柱形、立方体を見てますがそれを実際に自分のノートに書くとき、２次元の世界に落とし込むときどうするのか、という実体験というのは、その日常生活の中にはない。それを、あの時間になさったということは、非常に身近な物事から非常に高次元な思考展開に段階的に持っていった、そういうやり方だと思います。 実際子どもたちにそういうふうにやらせてみて、たとえば先生がみかんをむいてみせたりとかした後、その後ペーパーを配られましたね。それによって、子どもたちはもう一度そのやり方、またはその３次元のものから２次元に落とし込むことの過程をもう一度、再確認できたと思います。

また、地理教育ということで地図を中心に授業を進めるのではなくて、風船形の地球儀を使ったり、またはみかんをむくことで、このむきかたの、風船型のものがメルカトル図法につながるというふうに、子どもたちが身近に使っているおもちゃや果物から、地図に移行するという、そういう手法は小学校中学年においては非常に良い方法だと思います。

また、西岡先生も善元先生と同様に直立不動の授業をするんではなくて、体を動かしながらなされてたというのは、子どもたちにとってたいへんわかりやすいと思います」

西岡 「ありがとうございました」

Nhung （日本語で）「アリガトウ」

村上 「それでは、長時間ありがとうございました。昨日の西岡先生の授業と、そして今日の三つの授業を通して、お互いの文化がつながりあっていること、そして文化のそれぞれの違いを尊重しつつも、みんながTre con cua Mat Troi〈太陽の子〉であるっていうことを感じることができました。子どもたちの自尊心を大切に育む授業づくりをこれからもお互い共同で研究していきましょう。できれば、来年も共同で授業研究会を持ちたいと考えていますが、どうでしょうか？」

Loan校長 「いいですよ。ぜひぜひ、それはやりたいですね。琉球大学のみならず、こういったNhung先生のいらっしゃるタイグェン師範大学等も含めて、やりたいですね」

第　2　章

第2回共同授業研究会

（2010年９月８日、クックドゥオン小学校にて）

2010年９月８日、タイグェン省クックドゥオン小学校にて行った第２回共同授業研究会の記録である。日本側は、西岡尚也「世界の食べ物」（４年生）と善元幸夫「太陽と山に住む人たち（２）」（５年生）の２つの授業を提案した。

1　授業「世界の食べ物」（４年生）

……授業者：西岡尚也、通訳：那須 泉

（1） 研究授業の概要

□日　次：2010年９月８日（水）

□場　所：ベトナム・タイグェン省ヴォーニャイ郡、クックドゥオン小学校
　　　４年生クラス（17人：男７・女10）

□テーマ：「世界の食べ物」を通して考える多文化理解・異文化理解教育

□通　訳：那須 泉

（2） 学習指導案

①単元「世界の食べもの」の設定理由

ベトナム北部山岳地帯に位置するタイグェン省ヴォーニャイ郡は、少数民族の割合が多い地域である。クックドゥオン小学校区には３民族、キン族、フモン族、タイー族が居住し、全校児童・教員はこの３民族で構成されている。

クックドゥオン小学校でも、教室に常時掲示されている少数民族の写真（写真１）が、日常の授業で用いられ、意識的に「多文化共生」の教育が実施されている。ここには、独立以来ホーチミンの少数民族への優遇政策が生きていると考えられる。

このポスターは日常から教材として使用されているらしく、複数の教室で見

写真１●ホーチミンを囲む12人の民族衣装の子どもたちのポスター

かけられた。背景には４種類の伝統的家屋と、ミーソン遺跡（チャンパ王国の聖地）が描かれている。さらにその背景には山頂まで耕作された棚田の風景になっている（写真１）。

今回の授業では、このような自国＝ベトナム54民族の学習と併行させて、写真教材「世界の食卓」[1]を用いながら、「国境を越えた多文化理解」への入り口の授業を試みた。

②単元への児童観

ここでは、小学校２年生を対象にしている。彼らはこれまで「ベトナムの54民族」についての学習はある程度受けてきているし、自分たちの校区を例として、ベトナム国内での「多文化理解」への基本的な認識は習得できている。今回は「食べもの」という最も身近なテーマから出発し「国境を越えた多文化理解」へと、子どもたちの世界観＝地理認識を拡大するきっかけとなる授業を実験的に試みた。

（３）授業展開

表１　学習授業案

時間	主な学習活動	教師の支援
導　入　5分	黒板の「掛け地図」で、代表１人に日本とベトナムの位置を確認させる。全員に配付したプリント（白地図）で、ベトナムの部分に着色させる。	代表１人を選び、位置をきく。机間をまわり、一人ずつ着色を確認（うまくほめながら雰囲気を和ませる）。
展　開　25分	①「世界の食卓」から、アメリカ・モンゴル・マリ・フランス・ブータンの５か国の写真を各グループ（4班）に配付。 ②５か国以外の「世界の食卓」の写真をスクリーンに映しながら見せていく。 ③ベトナム少数民族の写真を、スクリーンで見せる。その際クックドゥオン小学校と周辺の写真、地元料理写真も混ぜておく。似ている点・違う点をあげさせる。 ↓ （世界の中のベトナムを認識させる）	①５か国について、白地図（世界地図）の番号と対比しながら位置を確認する（写真4）。 ②世界の人がどんなものを食べているのか。ベトナムと同じものはないか？ ③子どもたちが自分たちが村の写真や日常馴染みのある料理写真に反応するように説明を加える。その際ベトナム料理の良さを認識させながら展開する。 ↓ （郷土文化への誇りを意識させる）

作　業　15分	自宅での食事のようす(料理)の絵を描く(クレヨンと色画用紙を配付、白色画用紙ではなく色画用紙にする)。	机間をまわりながら自由に描くように指示、早く描けた者をほめる（すべての子どもに声をかける)。
まとめ　5分	グループごとに前に出て、各自の描いた絵について説明・発表してもらう。	細かなものの描写にまで注目し、うまく質問しほめながら、声をかけていく。

（4） 考察と課題

①今回の授業でめざしたこと

ベトナムは多民族国家であり、54の民族から成り立っている。したがって国家の政策もあり伝統的に「多民族教育」「異文化理解教育」が盛んである。たとえばハノイ民族博物館には国家をあげた全54民族の展示がある。また、少数民族の多いベトナム北部山岳地帯のタイグェン市、ベトナム南部山岳地帯のダラット市にも「民族博物館」がある。いずれも民族の分布図や模型、生活用具や衣装・風俗・祭礼などが、公平・平等な視点から詳細に紹介されている。ビデオ映像を用いた視覚的に工夫された優れた展示である。

しかしながら地方に住む小学生が、このような博物館を訪れる機会は少ない。したがって、日常の授業では教室のポスターや、少数民族写真集などを用いた授業が展開されている。今回はそれに加えて、「世界の食卓」写真、授業者の撮った写真を中心に、小学校周辺・郷土料理などを、スクリーン映像で見せることで、子どもたちの世界観＝世界認識を拡大し、国境を越えた「多文化理解」「異文化理解」への入り口を体験してもらうことを目標とした（写真2）。その際、単に教材写真集「世界の食卓」や、少数民族の写真を見せるだけではなく、クックドゥオン小学校周辺の写真、郷土料理などのより「身近な日常の写真」を意図的に混ぜておくことで、子どもたちの興味・関心をひきつける工夫をした。

この背景には自分たちの生活する地域における違い（民族間の言葉や習慣、衣食住・伝統行事における違い）は、実は世界的に見た広い視点での「差異」と同じ意味として理解してもらいたいからである。

そして、このような「身近な日常の違い」を、世界的に拡大した視点に立って、「寛容な態度＝偏見や差別を抱くことなく受け入れる」ことが重要であることを理解してほしい。これが今回の授業の単元目標である。

写真２●写真と映像を使った授業

写真３●白地図で位置の確認

写真４●自分の家の食卓を描く

また、映像を見た後で、各自の家庭における「食卓のようす（ハレの日の食事）」を絵に描いてもらうことで、自分たちの郷土料理（食文化）に誇りを持ってもらうことを考えた（写真４）。そして最後に前に出て各自の作品を説明・発表してもらう時間を設けた。この発表によって、自信をつけてもらいたいと考えたからである。

②授業をふり返っての考察

まず日本から来たわれわれが授業をしたことに「異文化理解」の視点で、意義があるといえるだろう。私たち自身が「教材」である。次に「映像を使った」ことで、子どもたちの関心・興味を引くことができた。特に自分たちの身近な学校や周辺地域、日常の郷土料理の写真を意図的に混ぜながら見せたのが良かったと思う。

また、「まとめ」として子どもたち自身の家庭での「食卓」の絵を描いてもらうことで、「世界の食卓」との結びつきを認識してもらうことができた（写真５・６）。最後に「特別（ハレ）の日の食事」をテーマとして、「ごちそう」の絵を描いてもらうように指示した。しかし、時間的な制約があり、最後まで完成できなかったケースも多かった。

写真５・６●子どもたちに描いてもらった「私の家の食卓」

写真7 ● グループごとの作品（絵）の説明発表

③反省点と今後の課題

将来再訪のチャンスがあれば、同じクラスでもう少し時間をかけた授業をしてみたい。授業終了後、子どもたちの感想を文章で書いてもらえれば、貴重なデータになると考えている。

謝辞

今回の研究授業の実施に際しクックドゥオン小学校の先生方には、教室の設営準備などで大変お世話になりました。ありがとうございました。

[注]

(1) 開発教育協会編（2010）『写真で学ぼう！　世界の食卓・学習プラン10』（特活）開発教育協会発行の付属写真を使用した。

2　授業「太陽と山に住む人たち（2）」（5年生）

……授業者：善元幸夫／通訳：那須 泉

[学習指導案]（善元幸夫）

研究テーマ：多文化共生を生きる価値観の形成を築く教育を求める

——マイノリティの自尊感情の形成のために

①なぜ「太陽と山に住む人たち」の授業を行うのか

1）子どもたちが、自らの生活を自分自身で「自分たちの文化・生活」を意識し、村の生活をもう一度見直すことにより、自分たちの未来の生き方の可能性をひろげ、「自尊の感情」の形成を培っていきたい。

2）地球を「宇宙船地球号」として一つの星と考え、国境を越えて「沖縄とベトナム」をつなぎ、現代を生きるクックドゥオンの子どもと、沖縄との対話を試みたい。

＊前回は人類の移動に注目したが、今回は両地域の労働・食文化から考える。

3）人類はアフリカから東方に移動したのに対し、中国で生まれた茶・茶の文化について注目してみる。茶は中国から日本そして西方に広がっていった。クックドゥオン小学校の付近は茶の名産地である。子どもたちの地域・山村について愛着を持ち、子どもたちが地域で生きるアイデンティティ形成と重ねて考えていきたい。

②単元名・単元の構成

1）単元名「太陽と山に住む人たち」（1時間）ベトナム語通訳・那須 泉

2）単元の構成

・私たち人類はアフリカから始まった。

・およそ3万年ぐらい前から、ベトナムへはさまざまなルートで人びとがやって来た。現在、その民族の数は54になる。

・お茶は中国の雲南省を起源としベトナムにも広がっていった。その広がりは世界中に及び、東アジアは緑茶の文化圏を持つまでになった。

・沖縄は西方からの人類の移動で南方からの移動を通して、形成された。沖縄についてもっと知り、共通の食文化、お茶を体験しよう。

＊一見、子どもにとって不利益なこと、つまらないと思われていることが、子どもが生きる上で重要であることに気がつく。

③授業のポイント

ポイント１：人間と太陽の歴史・今あなたはどこにいるのか？
私たちはどこから来たのか？

ポイント２：村の生活、親の仕事、そして命にふれる。
親は林業、米つくり、お茶などの仕事にどんな工夫をしているかを考え、そのことを文章化してみる。
「お茶の利き味」を行い日本とベトナムがつながっていることを知る。

ポイント３：子どもたちの感じたこと、考えたことを文字に置き換えてみる（感覚の文字言語化）

ポイント４：沖縄の人びとの仕事を紹介し、沖縄の人びとがどこから来たのか考える。

時間	主な学習活動	教師の支援
7分	1前回の授業のまとめ ・私たちは日本から来ました ・私たちは沖縄から来ました ・私たちはどこで生まれた？ 地球の初めは人はいなかった！ ・ベトナム人はどこから来た？	・世界地図１の提示（アフリカから移動） 沖縄の写真１（海の風景） ・（前回のひょうたんの子ども） ・民族の移動（写真） ・ベトナムの２地域からの移動を確認 （地図にベトナムの北方・南方記入） 中央アジアから東南アジアへ（地図記入） ・ベトナムの54の少数民族 「フモン族はどこから来たのか？ タイー族はどこから来たのか？」
10分	1人間と動物のちがいを話したよ！ 先生がまとめるよ！ 「何をしているの？　労働！」 （子どもの反応）	「……さん、おぼえている？」 労働する人間の絵（フランスの博物館） 写真①　火を使った 写真②　夜も怖くない 写真③　言葉を話す 写真④　死んだ人も埋めた！

	2　人間は労働をする（人間とは何か） 人間は協同で労働をする 「これはなんだろう？」	応用問題 写真⑤・写真⑥ 協同で、言葉と道具を使い労働する
8分 5分	1　人間の生活を楽しくするために、仲間を作る　仲間がいると楽しい！ ・その仲間と生きるために労働する ・クックドゥオンの人はどんな仕事をしているのかな？ 「誰か教えて！　何をしているの？」 （子どもたちの発言） 2　では家でお父さん、お母さん何してる？ 「作文にしてみよう」	 写真⑦　木を切る 写真⑧　竹を切る 写真⑨・写真⑩　米を作る ＊みんなの親が作った米をアジアの人が食べているよ（貿易４位・資料） 写真⑪　米の輸出 写真⑫　お茶を作る
15分	今日はお茶の話をしよう 「これからお茶当てクイズをやるよ」 「この中で家でお茶を作っている人？」 「……さん、教えてください」 「今日は先生はみんなにいい物を持ってきたよ、なんだろう？」 「この中にお茶があります。どこのお茶？」（ニオイ　味） 「それではこの３つのポットの中にタイグェンのお茶を……」	 ６グループにお茶の袋を配る A・B・Cのお茶を飲む タイグェンのお茶を探す (黒板に名前を入れる） イギリス　日本　ベトナム ・お茶のワンポイント・レクチュアー（紅茶とお茶） 世界地図２の提示
5分	「日本とベトナムのお茶は同じだね」 沖縄の人びとはどこから来たのだろうか？ 「では昔の沖縄の人びとの写真を見せます」 「今度はいまの沖縄の人だよ。沖縄の人たちはどこから来たと思いますか？」 「これで先生の授業は終わります」	 写真⑬　1万8000年前の湊川人の顔 ・現在の沖縄の老若男女の顔 ・海・山の仕事の写真 写真14　現在の沖縄の人びとの顔 （地図に北・西・南からの移動を記入）

（2） 授業の記録

善元 「こんにちは」

C 「こんにちは（日本語で返す）」

善元 「うまい、うまい。もう一回。こんにちは」

C 「こんにちは（日本語）」

善元 「こんにちは」

C 「（何名か吹きだす）」

善元 「（一つのグループを指して）こんにちは」

C 「（子どもたち、口々に）こんにちは」

善元 「（別のグループを指して）こんにちは」

C 「こんにちは」

善元 「みんなで」

C 「こんにちは」

善元 「シンチャオ（Xin Chao：ベトナム語でこんにちは）」

C 「シンチャオ」

善元 「私の顔、わかりますか？」

C 「はい。覚えてますよ」

善元 「日本から来ました。地図を出してください。日本どこ？（男の子を当てて）どうぞ。日本どこ？　日本どこかな」

C （前に出た少年、地図上の日本を指さす）「これです」

—拍手—

善元 「ありがとう。日本ここね。いい？　日本のおーきーなーわ（ゆっくり発音）おーきーなーわ」

C 「（善元先生と一緒に）おーきーなーわ」

C 「（それぞれ口々に）おきなわ……おきなわ……」

善元 「ここ！（おきなわ）から来ました。沖縄。（写真集を出す）いいね。沖縄。沖縄はね、海がいっぱいありますよ」

C 「（写真を見て、それぞれに）うわーっ」

善元 「うわーっ。沖縄から来ました。沖縄、海がいっぱいありますよ」

（子どもたち、写真を興味深く眺める）

善元 「はい。もう一枚。沖縄、海がいっぱいありますよ。はい。沖縄は海がいっぱいあります。はい。去年、人間と動物の違い勉強しました。覚えてるかな。クェンさんどこにいる？　クェンさん？」（クェンさんは年長の生徒であり、前回から活躍している）

クェン （すっと立ち上がる）

善元 「あっいた！　クェンさん。去年の人間と動物の違い覚えてるかな？　どうぞ（前に呼ぶ）」

クェン （前に出る）

善元 「人間と動物の違い、教えてやってください。一つでいいよ」

クェン 「一つは、人間は言葉を知ってるけれども、動物は言葉を知りません」

善元 「はい。拍手！」

―拍手―

善元 「すごいね。ありがとう。この中で人間はどこから来たか覚えている人いますか？　人間はどこから来た？　これ見ていいよ。これ見ていいよ。どこから来たかな？　人間は？　おっ待って待って待って。むかーし、むかーしは人間いた、いないどっち？　むかーし人間いた？」

C　（どう答えたらよいか困っている様子）

善元 「はい、じゃあ、あなたが、この人（後ろの子ども）に教えてくださいって。この人、手挙げてたよ。はい。ありがとう」

C　「海の方から人間は来ました」

善元 「そうですね。一番最初の人間は、一番最初の人間は、ここです（地図上のアフリカを指す）ここどこ？」

C　「アフリカです」

善元 「おお、すごいねぇ」

―拍手―

善元 「今から20万年前、アフリカで人間は生まれました。そしてね、アフリカからこっちに行きました。ここどこですか？　どこかなここ？　イギリス、フランス、ドイツ、はい、いいよ。ここに来ました。じゃあね、ベトナムの国どこ？　ベトナムどこ？」
那須　「（子どもが）手挙げてます。先生」
善元　「はい、どうぞ。お名前は？」
C　　「ソンです」
善元　「ベトナムどこ？」
ソン　「ここです（地図を指す）」
善元　「おお！」
　―拍手―
善元　「じゃあね、ここから20万年前に来ました。ベトナムの人たちはどこから来たでしょう。じゃあきくよ」
那須　「（子どもが手を挙げている）わかりました」
善元　「おお！　どっから来たの？」
C　　「やっぱり同じようにアフリカから来たと思います」
善元　「なるほどな。じゃあ、みんなにきくよ。ベトナムはいくつの民族？　昨日勉強したよ。昨日勉強したよ。だめだめ、まだまだ。昨日勉強したよ。ベトナムはいくつの民族？　みんなでいくつ？　みんなで、みんなで」
C　　「54民族です」
善元　「そうですか？　そうですか？」
C　　「はい。あってます」
善元　「ベトナムここだね。54の民族が、こっちから来たのかな？　こっちから来たのかな？　これわかる？」
C　　「アフリカから来ました」
善元　「（地図に）でかく描いていいよ。はい。じゃあ、拍手」
　―拍手―
善元　「先生はみなさんと別れてから1年間、一生懸命ベトナムのことを勉強してきました。ベトナムはですね、ここから、こう来て、こうやって来た人たちがいます。それからベトナムは、こう来て、こう来た人たちもいます。じゃあ、フモン族はどこからきたと思いますか？　Aからですか？　Bからですか？　はい、Aだと思う人？」

C　「A！　A！　B？」

（子どもたち、挙手）

善元「はい。はいどうぞ」

C　「中国です。Aです」

善元「A？　当たりー！　じゃあ、タイー族は？」

C　「中国」

善元「はい、こっちから来ましたね。だからベトナムには、まだこちらから来た民族全部で54ですよ。はい。一番最初の人たちは、アフリカの人たちは、こんな人たちでした」

（写真を提示）

善元「それで、さっき人間と動物の違いを話してくれましたね。はいじゃ、先生が話します。人間は火を使います。動物はできません。そうですか？　そうですか？」

（子どもたち、口ぐちに「そうです」と答える）

善元「人間は火を使うから夜が怖くない。そうですか？　みんな夜怖い？」

C　「怖くない」

善元「人間は、これを見てください。言葉を話します。人間は何ですかこれ？　これ、わかる？　誰かわかる？　何だろう？　1分間話してくれる？　この絵は何でしょう。話してください。話してください。見に来ていいよ」

（子どもたち、黒板に掲示された絵を見に行ったり、グループで話す）

善元「はい、わかった人？　いい？　1番、2番、3番。はい、1番どうぞ」

C　「これは、亡くなった人を埋めているんじゃないかと思います」

善元「なるほど。2番」

C　「亡くなった人を運んできて埋める場所に入れてます」

善元「なるほど。同じだね。同じだね」

C　「亡くなった人を、これからここに入れて火葬を始めます」

善元「ああ。さあ、みなさんの家に犬がいますか？」

C　「います」
善元「みなさんの家の犬が死んだときに、お母さん犬がこうやってあげますか？」
C　「いや、しません」
善元「魚が死んだら、お母さん魚が子どもにこうやってやりますか？」
C　「ちがう！」
善元「はい、これが人間と動物の違いです」
C　「そうです」
善元「人間は言葉ができるから、こういうことができます。これ何でしょう。この人とこの人、何の話をしてるんでしょう？」
C　「わかりました」
善元「考えて、考えて。自分で考えて。自分で。自分で考えて。自分で」
C　「わかりました」
善元「はい」
C　「おもちゃを使って、言葉を使いながらおもちゃを使って遊んでいます」
善元「はい。残念でした。これはね、動物の足跡です」
那須「まだ、手を挙げてます」
善元「じゃあ、クェンさん答えてください。私、クェンさん、大好きです」
クェン「これは、人間が動物の足跡を見ています」
善元「そう。当たり。じゃあきくよ。この動物をこの二人は食べたいです。動物どっちへ行ったでしょう。こっちでしょうか。こっちでしょうか。こっちかな？　こっちかな？」
C　「こっちに行きました」
善元「そうねえ。こっちへ行ったら食べられないね。こっちへ行ったら食べられるね。はい、こういうことを仕事と言います。みなさんのお父さん、お母さんのお仕事は何ですか？」
C　「農業してます」
善元「はい。それからどんな仕事してる？　みんなのお父さんお母さん、どんな仕事してる？」

C　「私のお父さんとお母さんは一緒にお茶の仕事をしています」

善元「お茶？　ありがとう。（別の子に）どんな仕事してる？」

C　「お父さんとお母さんは稲作業しています」

善元「はい。稲作業、でてきたね。はい、最後に、どんな仕事してる？」

C　「森の中で仕事しています」

善元「（写真を提示しながら）こんな仕事かな？　こんな仕事ですか？　こんな仕事してる人いますか？」

（子ども、挙手）

善元「おお。じゃあ、こんな仕事している人いますか？　いますか？　いなかった。こんな仕事してる人いますか？」

（子ども、挙手）

善元「おお。これ何？」

C　「稲作です」

善元「はい、稲作だね。はい、ベトナムの米はとても有名です。これ何ですか？」

C　「収穫が終わった後は……です（以降聞き取りにくい）」

善元「このあと、この米どこへ行くんでしょう」

C　「輸出します」

善元「そう。ベトナムはね、世界でも２番目に、世界の中の２番目に他の国に、お米売ってます。だから皆さんのお父さんとお母さんが米を作ってないと、世界の人、米を食えません。日本もベトナムから米を少し買ってます。ありがとうございます。ありがとうございます。ではですね、これからみなさんに、お父さん、お母さんがどんなお仕事をしているか、その様子について、またそのお仕事について、みなさんが感じていることを書いてもらいます」

（子どもたち、それぞれに紙に書き込んでいる）

善元「はい。すみません。後で書いてもらいます。誰かにやってもらいます。どの人にやってもらうかなあ。この人ですよ！　読んでください。もう一人はこの人になりますよ！（♪誰にしようかな……で決めていく）はいどうぞ。二人、前に来てください。どうぞ。みなさん聞いてください。一生懸命書きました。一生懸命聞きましょう。はい」

C　（話し始めるが聞き取りにくい）

善元「聞こえません。聞こえません。先生、ここ」

写真８●「聞こえません、聞こえません」

C　「私のお父さん、お母さんは、水田で働いています。すごく一生懸命毎日働いているので、楽しそうです。でも、忙しい時期になるとお家に帰れないことがあるので、稲の世話のためにお家に帰れないときがあるので、その時期は大変だと思います」

善元「はい、ありがとう」

善元「ズォンさん、お願いします」

C　「お父さんとお母さんは水田で仕事をしています。私のお父さんとお母さんは朝早く水田に行ってしまい、毎日夕方遅くまでずっと稲の世話をしています。なぜそんなに、お父さんお母さんが朝から夕方まで水田に行くかというと、自分たちが育てた米のレベルができるだけ良いものを作ろうと思っているからだと思います」

—拍手—

善元「ありがとう」

（善元先生、袋からお茶の葉をゆっくり取り出す）

C　「タイグェンのお茶だ」

善元「ハノイで、一番おいしいお茶をくださいと言ったら、このお茶をくれました。皆さんタイグェンのお茶好き？」

C　「好きです」

善元「これから皆さんとお茶当てクイズをやります。ここに３つのお茶があります。１番、タイグェンのお茶。２番、日本のお茶。３番……。これじゃないね（世界地図を指し）、これじゃないね。先生はもう一枚用意したよ（別の世界地図を取り出す）。ほうら、先生はもう一枚用意したよ。ほら。いい、いい、いい？　だれか説明できる人。お茶はどこから来た？」

C　「お茶は中国から来ました」

善元「ああ、そう。いいですか皆さんね、人間は……ようく見てて、ようく見てて、ようく見てて、ようく見てて、ようく見てて、見てて。人間はこっちから来ました。お茶はこっちから来ました。こうやって行きました。そして、日本のお茶、タイグェンのお茶、ここのイギリスのお茶。皆さんでわかるかな。その前に、先生は皆さんに助けを出します。まず匂いを嗅いでみてください。その次、飲んでみてください。まず匂いを嗅いでみてください。匂いを嗅いでみてください。匂いを嗅いでみてください。どう？　次に飲んでみて。はい、いいですか？　だいじょうぶ？　だいじょうぶ？　うーん。おいしいね。はい。

じゃあ、３つお茶を用意するよ（お茶を３種類提示）。Ａのお茶。これＢのお茶。はい。いいですか？　Ｂのお茶。はい、Ａのお茶。３回配るからどれが、タイグェンのお茶か当ててくださいね。はい、今Ｂのお茶。Ｂのお茶。ノートの下に書いてください。Ｂのお茶は日本かタイグェンかイギリスか。はい、Ｂのどれかな。Ｂのお茶どれかな何かな。私も飲めるかな。まず匂いだよ。匂い。匂い嗅いで、匂い。匂いだよ。匂い。匂いだよ。うーん。校長先生もやります。校長先生もやります。当たるかな。校長先生もやります。これはどこのお茶かな？　どこのお茶かね？　どこのお茶かね？」

C　「日本かな？」

善元「はああ」

C　「イギリスじゃないかな？」

善元「じゃあ、いい？　飲み終わった人は今度はＡのお茶を取りに来てください。どうぞ。Ａのお茶取りに来て。自分で」

（子どもたち、それぞれお茶を味わう）

善元「いい？　お茶を飲むときにはまず匂い」

善元「タイグェンのお茶だと思う人？（ＡかＢどちらかを指している）」

（子どもたち、誰も手を挙げない）

善元 「おおっ?!　これがタイグェンのお茶だと思う人？（AかBどちらかを指す）」

（子どもたち、挙手）

善元 「うわあっ。すごいねえ」

—拍手—

善元 「同じお茶でも、同じお茶でも、採れる場所によってお茶の味が違います。皆さんも、タイー族の人もいます。フモン族の人もいます。違います。みんなお茶です。そして、みんな同じ人間。はい、それでは言います。じゃあ、イギリスのお茶どれだかわかった？」

（残念ながら、ここでビデオのバッテリー切れとなってしまった）

写真9●沖縄の人たちの写真を見せる

お茶当てクイズをしたあと、タイグェンのお茶をすぐにみんな利き分けたことから、自分の地域の産物についてふだん自覚してはいないけれど、感覚の上ですでに誇りを持っていることを確認しあった。後は学習指導案通り授業を進め、お茶のたどった道を確認した後、人類の移動の道を確認した。さいごに、沖縄の働く人の笑顔の写真（海人やさとうきび刈りなど）を見せ、この地域で働く人の写真との親近感を共有し合い、終了した。

◎子どもたちが授業の中で書いた作文

▶僕の両親は朝早くから森へ行って仕事をします。昼には一度家へ戻ってきますが、一日の仕事の半分しかまだ終わっていません。それでも両親はうれしそうです。しかし山火事があったときはその年は森で何も採れなくなってしまいます。来年（材木になる）木が成長するまで待たなければなりません。そんなときも両親は毎日森へ行って仕事をしています。

今日の授業はとっても楽しかったです。僕はこういう授業がすごく好きです。

▶私の両親は農業をしています。両親は毎日一生懸命働いていますが、残念ながら旱魃（かんばつ）にあってお米を出荷できないことがあります。そんなとき両親はすごく悲しみますが、すぐに気を取り直して、ポンプで水を耕地に汲み上げて他の作物を作り始めます。ですから両親は来る日も来る日も朝から晩まで働いてくたくたになってしまいます。

私は勉強が得意になって将来は稲作技術について学びたいと思っています。その技術を身に付けたらまた村に戻ってきて、この村からお米が世界中に輸出できるようになって世界の人たちが豊かになれたらいいなと思っています。

今日の授業はおもしろかっただけではなく、とってもためになりました。こんなに勉強になるのですから、ぜひ、また今日の先生たちにいつか会いたいです。

▶私の両親は稲作をしています。両親は毎朝早く起きて楽しそうに仕事に行くので、とってもよく働きます。でも旱魃になると不作になってしまうので大変な仕事です。稲が実るまで稲を丈夫にするためにずーっと稲の世話をしなければなりません。米を収穫したら次は雑穀を植えます。そんな両親を私は尊敬しています。

今日の授業は楽しかったので先生方に感謝します。また日本からこの学校まで来てもらいたいなと思っています。

▶僕の両親は農村で生まれ育ったので、両親の仕事は農業で稲作をしています。一年中鋤や鍬で耕さなければなりません。それでもやっと食べていけるだけの収穫しかない年もあります。他からは全然収入がないので、僕を食べさせたり学校に行かせたりするのがやっとです。どんなに両親が仕事で疲れていても僕は両親が大好きだし、両親がしている仕事は立派で大切だと思います。人間は農業をすることでお米を手に入れて食べることができるので、僕は農業を大切だと思います。僕は両親の気持ちを裏切らないように一生懸命勉強します。

今日の授業は楽しかったし、ためになりました。

▶私の両親は森の中で働いています。森で植林を熱心に行ってまだ若くて青々とした木を切り出します。大変なことがあったりするとすごく疲れているように見えるけれど、二人で大変さを分かち合いながら休まず仕事に行きます。雨の日は特に大変そうです。両親が少しでも楽になるように、私は一生懸命勉強をしていこうと思います。

授業を終えておもしろかったなぁと思ったし、日本の先生たちは上手だなぁと思いました。本当に今日はありがとうございました。

▶私の両親は稲作をしています。仕事は大変ですが、困難にくじけず一生懸命楽しく仕事をしています。でも旱魃で不作になってしまうと両親だけでなく私もがっかりしてしまいます。それでも両親はあきらめません。旱魃になって労働力が足りなくなったときも大変なんだろうなと心が痛み、私は悲しくなります。今まで以上に私の家の収穫が増えたらいいなぁと思います。

今日の授業はとても興味が持てました。楽しい授業をしてくれてありがとうございました。

▶僕の両親は稲作をしています。両親は楽しそうに仕事をしていますが、一日中仕事をして帰ってきません。姉も家で内職をして大変そうです。両親が帰ってきて僕が？？？？（読み取れず）をすると楽しいです。そんな大変そうな両親を見ていて、自分は頑張って勉強をしなければと思います。

授業中ずっと楽しかったし、先生たちに会えたので今日は興奮しました。

▶両親は稲作をしています。毎日一生懸命働いています。稲穂が実るまで手をかけなければならないので、両親は家には帰ってきません。大変だと思います。だから私は学校で勉強ができるようになってよい点数を取ると、両親はとっても喜びます。また私が籾殻を取る手伝いをすると、出荷できるようになってお金に換えられるので、両親は喜びます。

今日の授業はとってもためになりました。

▶両親は稲作をしています。旱魃になっても水田へ行き一生懸命働きます。毎朝お母さんは水田へ行って昼まで働きます。昼からまた水田へ行って薄暗くなるころに帰ってきます。帰ってきたときのお母さんは、全身汗の粒でいっぱいですが笑みを絶やしません。私は勉強がよくできるようになって、少しでも両親の手助けができればいいなと思います。

今日の授業は楽しかったし、ためになりました。日本の先生がいたので、日本についてなど、いつもとはだいぶ違うことを勉強できました。

（翻訳：那須 泉）

3　授業研究会

□日　時：2010年９月８日昼食後、14時～15時30分

□場　所：クックドゥオン小学校校長室にて

□参加者：Oanh校長、Thao先生、Hoa先生、Nhung先生
　　　　　善元、西岡、村上

□通　訳：那須

□記　録：儀間

Oanh校長　「まず、西岡先生の授業で個人的に思ったのはですね、子どもたちがいつもよりも非常に積極的な態度を示して、先生が示した内容をすべて理解したという表情をしていたのを直感的に感じました。

食べ物というきわめて身近な題材を使われて、最初、たとえばフォー（ベトナムのうどん）だとかいう自分たちのいつも食べている食べ物から、他の国の料理に広げていったことで、「ああ食べ物には、そういういろんなものがあって多様なんだな」というふうに発見させていったことが、子どもたちには理解しやすかったと思います。

そして、世界で色々な食卓があることを、もう一回ベトナムに引きつけてみることで、地域の差とか民族の差でも食卓に違いがあるんだなという、「ベトナムの中の文化の多様性」への気づきや振り返りにつながったと思います。

それから、写真を使ったときに、その一家の全員の姿が写っている写真が使われていて、子どもたちは一つの家族にどういう年齢のどういう世代の人たちがいるのか、大家族なのか、または核家族なのか、そこからいろいろなものを読み取ったはずです。翻ってそれを今度、自分の国の家族や自分の家族と比較してどういう違いがあるのか、そして、もしかしたら何人かの子どもは自分たちが大きくなったときに、自分たちの国の家族形態、または自分の家族の家族形態が、今日見た他の国の家族とどう違うのか、また同じになっていくのか等々まで想像をめぐらした子どももいたの

かなと思います。

常に西岡先生の口調が優しく、わかりやすい言葉で語りかけていたのが良かったし、最後に絵を描くという作業ですね、主体的な作業を位置づけたことが子どもたちにとって、家族というもの、食べ物というものへの興味をいっそう抱かせたと思います。

次に善元先生の５年生のクラスについて。これほど５年生のクラスが積極的になったのは見たことがなかったです。非常に積極的に授業に参加しました。先生の今回のテーマがいちばん身近なところからベトナムに広がり、ベトナムからアジアだとかアフリカだとか最終的には世界に広がっていったということで、子どもたちの視野が大変広がったと思います。

それから職業について触れられたときに、自分の両親の職業と、動物と人間の違いのときに、人間だけが仕事をしていくということで、「職業」という意味を子どもたちが再認識する機会ができたと思うんです。そして、その職業のうち、お茶の生産に関わっている子どもがいます。実際に、子どもたちがお茶の匂いをかいだり、お茶を飲んだりし、タイグェンのお茶以外のお茶というのを初めて子どもたちは体感したと思います。そのことによって、お茶という身近な題材からベトナムの国境を越えてお茶が存在するし、世界観が広がったと同時に、もう一度タイグェンのお茶というものを今までとは違う角度から認識することができる体験を子どもたちが持ったと思います。

労働のいちばんの根源について、善元先生は、動物の足跡を探しに行くというところから始められて、それを自分の両親の仕事が何か、そして自分の両親の仕事をどう思っていますか、というふうに子どもたちに問いかけることによって、自分の両親の仕事について自分で考える時間ができました。それで、作文を書く段になって、お父さんお母さんの仕事が楽しいけれども大変なこともあるということを、もう一度、対象化することができて、お父さんお母さんの仕事は自分の家族のためにしてくれているんだなあとか、またそれがひいては地域とか国のためにつながっているんだなあというところまで感じた子どももいるのではないかと思います。

そして先生の授業を通して、子どもたちは自分の位置について、家族の中の位置という意味を超えたベトナムの中での位置だとか、または世界の中での位置というようなものも認識し、そして今度、家族という単位で、もう一度自分の位置や自分の家族の存在について、食べ物とか労働を通して今まで見えなかった角度から認識することができたのではないかと思います。

本来ならば西岡先生、善元先生がやられたような、あらゆる道具や教材を使った授業というのを私たちも取り入れるべきだと思うんですが、校長の立場から言わせていただくと、やはりこの地域に生きる先生たちは、すぐ皆さんお二人と同じような授業をすることは難しいと思います。毎日の一時間一時間の授業でそれだけの教材や資料を集めてこのような授業をするだけの教材を収集する利便性がまだこの地域にはないからです。

２回にわたって西岡先生、善元先生がここで授業されたことで、子どもたちはクックドゥオン、ベトナム、そして日本もしくは沖縄というように世界観が広がったことは確実とみています。それは校長として非常にありがたいので感謝申し上げるとともに、そういった子どもたちの世界観を広げるために今回で終わりにするのではなくて、引き続きそのような授業の機会を設けられたらと思います。以上です」

Thao 「まず、お二人の授業を見せていただいて準備が相当きめ細かいなという感じがしました。準備はきめ細かいんですけれども、実際授業が始まるとお二人の先生とも少しも緊張感なく、口調がとても柔らかで優しいのが印象的でした。私も教壇に立つ身として、そういった授業するまでの裏の作業、そして授業が始まった後の柔らかな雰囲気というものをもっと勉強したいと思います。以上です」

Hoa 「お二人の授業を見て、どうしてここまで児童たちが主体的になれるのかということについて、びっくりしました。自分としても子どもたちが中心となって50分の授業を運営できるようなスキルをこれからも身に付けなければいけないなと肝に命じました」

Nhung 「私はお三方が発表されたことに同感の点が多々ありますが、その部分は省いて感じたことを申し上げます。

まず、西岡先生の授業は『食』という切り口でベトナム民族、ベトナムの食から外国の食へ広げていき、常に子どもたちにその食品とその家族たちを意識させながら自分たちで、自分の頭でこの家族はどこの国の人なのか、どういう家族構成なのか、何を食べているのか、１枚目の写真と２枚目の写真で食べ物がどう違うのかというふうに、常に自分の頭で考えるような授業づくりに腐心されていたと思います。

そして、授業を進める先生の姿勢としては、常に児童への積極的な働きかけが一貫していたと思います。それはどういうことかというと、まず一つ目は西岡先生は常に一人ひとりの児童とコミュニケーションをとっていました。全体に話しかけるのみならず、できる限り一人ひとりの児童とコミュニケーションをとるようにしていたことが印象的でした。

二つ目は、たとえばスクリーンで写真を見せるときとか、地図で何かを説明するとき、先生が先に説明してしまうのではなくて、子ども自らが地図から何かを発見する、写真から何かを発見する、そのように仕向けたことが積極的姿勢と感じました。先生がすべてを教えるのではなくて先生はあるものを提示して、そこから子どもたちが何を発見するか、待つという姿勢を一貫してとられていました。

三つ目は２年生というクラス、つまりまだ低学年のクラスということを西岡先生はきわめて意識をされて、難しい言葉とか難しい知識や情報を敢えて教えようとはせず、常にクラスの雰囲気を柔らかくユーモアをもって、時には笑い声を出せるような雰囲気で50分間を進めたことが、２年生の集中力を保たせた大きな要因の一つだと思います。

50分間、常に柔らかい雰囲気で授業ができた成功の一つの要因として、最初から机を合わせてグループ分けしていたことが良かったと思います。聞くだけの受け身の形ではなくて、隣の人とおしゃべりしたり、前の人と顔を見合わせながら相談ができるという、教室づくりを最初からしていたことが良かったと思います。

さらに、その良い雰囲気で50分が過ごせた理由のもう一つは、いろいろな教材を使うんですが、それを重ね合わせて使っていったことが良いと思います。つまりこういうことですね。スクリーンに写真を映しながら、この写真はどこの国かということで、地図も活用する。また作文を書くときに、机の上にある写真を参考にしながら書くとか。今までのベトナムの先生方は、確かにいろんな教材を活用します。しかしそれはどうしても単発的に、たとえば地図を黒板に貼って地図の説明に終始して取り下げたりとか、写真を見せて、「はい、この写真はこれです」と言って終わったりします。それを西岡先生は多重的に使ったので、子どもたちの興味が持続したんだと思います。

また、絵を描く前段階で先生が色んな国の写真を見せたときに、たとえば『ここにフランスパンがあるでしょ。ベトナムにあるフランスパン、アフリカでもつくって、食べているでしょ』というように個々の食品を示しつつ、それは結局その国の文化と非常に密接な関係があるというふうにつなげられましたね。たとえば日本だとかベトナムではお米が主要な食べ物であり、アフリカなどは他の穀物であるパンなどが主要な食べ物であるというふうに、食べ物の裏側にある文化にまで話を少し持っていかれました。それが最後に絵を描く段階になって、若干の子どもたちの中で、そういうことを意識して描いた絵がいくつか散見されました。つまりそれはどういうことかというと、自分の家の食卓にのぼる食べ物というのは、結局はその自分の家族が位置している周りの自然から得た恵みであり、そのために食卓にのぼる食べ物の違いがあるんだということですね。

たとえば、いくつかの子どもたちの絵の中には『すずめ』、飛んでる雀がありましたが……」

村上 「ええ、雀ね」

Nhung 「これは言ってみれば山の食べ物です。たとえば私は沖縄に行きましたが、沖縄は島嶼圏ですから、たくさんの魚料理を見ました。ここにいる子どもたちは雀を描き、または野菜も結構描いていました。雀や野菜を描くことで食卓にのぼる食べ物というのは、自分たちが住んでいる地域の自然からいただいているんだということまで、絵から読み取ることができました。

ですから、西岡先生もたとえばまた２年生のクラスで引き続き授業ができるような機会がおありになったとすれば、この点をより発展的にしていくと子どもたちにとっては非常に深い授業になると思います。つまり、自分たちの食卓にのぼる食べ物は、周りの自然からいただいているということです。今、世界的には地球環境問題がありますので、自分たちの周りの自然を守らなければ自分たちの食卓に食べ物ものぼってこないんだということだと思いますね。

私が沖縄に行ったとき、沖縄では、さっき言った魚のみならず多くの海藻を食べていました。この海藻というものも、沖縄の周りの海が汚染されてしまうと沖縄の食卓にはのぼらないわけで、同じようにこの地域で山林が破壊されていくと、そこに生息する雀も減っていくわけです。自分たちの食べる物と食卓と周りの自然環境というのが密接につながっているわけですから、そういった自然、地球環境を保護するような問題にまで発展させる授業ができるぐらいの深いテーマだったと思います。

それから、もう一つ先生の授業で発展させることができればと思った点があります。それは４つの写真を先生は敢えて選ばれましたが、それを見て感じたことは、たとえばアフリカは大家族ですが、大家族なのに比べて周りに置いてあった食品の種類というのは少なかったことです。それに対して日本やアメリカの写真は核家族で家族人数が少ないにもかかわらず、ものすごく多量の食品群が並んでいました。この現象ですね。つまり少ない人数なのにこれだけの食品があふれている、大家族なのに非常に種類が少ない食べ物、というところから何を読み取るかということも、非常に大きいテーマだと思いますね。

最後にひとこと申し上げますが、そういった西岡先生としては、背景に大きなテーマを含んだものを今回持って来られたと思いますが、もし次回やられるとき、そういった環境問題だとか、人口の差異と食糧問題とかいうテーマでやられたとした場合、おそらくこのクックドゥオンの小学校の児童たちは、そのへんの問題を理解できるのかなというところが疑問ですね。非常に疑問だと思います」

善元　「できる。できる」

西岡　「ありがとうございます」

Nhung　「次は善元先生の授業を見てですが、私は今回の先生の授業には３つの目的があったと思います。

一つ目は、この地域の産物をとおして、もう一度自分たちの故郷とか、またはその産物を生産することに携わっている両親のことを振り返ってみて、この故郷を愛するまたは両親を愛する、そういった自尊の感情を高めることが一つ目の目的だったと思います。

二つ目は、職業とは何かという問いについて、もう一度人間が仕事をするという根源に立ち返らせること、職業の意味とは何かということを振り返らせることだったと思います。

三つ目は、現物を使って匂いを嗅いだり飲んだり、五感をフルに活用させながら、それを作文という文章作成にぶつけていって、より豊かな、より具体的な文章が書けるように持っていったことだと思います。以上が、三つの目的だったと思います。

授業の進め方としては、子ども自らが考えたり発見したり、イメージを膨らませたりという教育方法に終始されていました。これは先ほどの西岡先生のときも同じでした。たとえばグループで話し合って意見を出し合ったり、または先生がクイズを出すことによって子どもたちが頭の中でいろいろ考えて、手を挙げて意見を述べたりです。常に子ども側が自らが主体的になるスタイルをとられていました。

授業の雰囲気も終始エキサイティングな、子どもたちが非常にハッスルするような雰囲気になれた要因の一つとしては、最初から机の三分の二ぐらいを出して、空間をずうっと前の方に寄せて、さらに子どもたち同士も話し合えるような机の配置にしたことが一つだと思います」

善元　「いいね」

Nhung　「二つ目は、先生の話し方の、いわゆるメリハリといいましょうか、時には興奮したような、時にはトーンを下げて静かに喋るような。そういった常に子どもたちの耳をそばだてるような話し方をされることによって、ひいてはそれが子どもたち自身が考えて発言するような方向に導いたんだと思います。

そしてもう一つ、特徴的だったのは、いろいろな教材を提示しただけでなくて、その教材を五感を使って児童たちに体験させた。触らせる、匂いをかがせる、よく観察させる、口に入れさせるということですね。五感を使わせたことです。五感を使わせたことで、もう一度、普段あるものを違う角度から認識させることができたと思います。

そして、『労働とは何か』という問い。これはほんとうならば非常に難しいテーマのはずなんですが、これを先生は去年の授業から今年の授業に移行させる過程で『労働とは何か』という問題をうまく提示されました。つまり、去年は『人間と動物の違いは何か』ということに重点を置かれましたが、今日はそのときいくつかの写真を使って、『人間というのはまず言葉を使うんだよ、それから仕事をするんだよ』、それから足跡を見ることによって、足跡から、『あっ向こうの方に自分たちが食べる食糧の動物が逃げて行ったんだな』という知恵を働かすことができるんだよ、というようなことを提示した中で労働の意味というものを出してこられました。

これは、去年から今年にかけての授業の振り返りの中で出されたことで、スムーズに子どもたちの頭の中に労働の概念というものが定着したと思います。

ということで私が最初に申し上げた、先生の３つの目的というのは、子どもたちの中でスムーズに定着したし、十分理解できたと思います。

それから、あとですね。自尊心を高めるという点で私が良かったなと思うのは、お米のことを先生が取り上げましたね」

善元　「うんうん」

Nhung　「正直言って、ベトナムは世界的にはまだ発展途上国、開発途上国と言われていますが、その中でもお米の生産、輸出だけは今世界第２位になっています。そういうまだまだ相対的に、世界の国の中では地位は低いにもかかわらず、お米は輸出している。そして今日、教壇に立った日本人の口にまでそれが運ばれているんだよということを示されたことで、稲作に従事する両親を持つ子どもたちは、両親の仕事が実は世界につながっていくんだという自尊心を持てたと思います。

自尊心という点で言うと、タイグェンの生産したお茶と自分の両親の労働という、この二つを柱に話を進めたことで、子どもたちとしては、もう一度自分の身近にいるお父さんお母さんを見る目、または身近にあるタイグェンのお茶というものを再認識することができるでしょう。それはひいては自分が住んでいるこの故郷、クックドゥオン、ヴォーニャイ郡を、もう一回見直すことにつながり、自尊心と言いましょうか、郷土愛と言いましょうか、そういったものが芽生えると思います。

その他に、お茶のときにですね、触ったり口に入れたりというときにですね、先生が全部そこに持っていくんじゃなくて、Aのお茶を飲み終わったら取りに来てくださいということで自分が主体的に動く、自分が飲んだら自分が行動していくという、いわゆる一般の授業形態から逸脱したことで、子どもたちの主体性、積極性が引き出されたと思います。

そうした主体的な活動を経たからこそ、授業が終わった後も作文をずっと書き続けている子が多くいましたけれども、それだけ何か自分から表現したい、書きたいという気持ちが現れたんだと思います」

善元 「うん。そうです」

Nhung 「ということで最後にもうひとことだけ付け加えさせていただきますが、お二人、西岡先生、善元先生とも非常に有効な教材を駆使し、それがまた十分子どもたちがわかるレベルの教材を使われたことで、お二人の先生の授業の目的は、今回かなりの高い率で子どもたちに理解されたと思います。こういった授業スタイルは、私たちベトナムの教員としては大いに学ばなければならないと思います。以上です」

西岡 「どうも皆様、ありがとうございました。いちばん苦労したのは2年生ということで、どこまでわかってもらえるかなということをいろいろ考えてやったんですけれども、もう少し学年が上でしたら、話すことも少し変えようかなというふうには考えていました。いろんな協力をしていただいてよかったということと、今日お持ちした教材はHoa先生に渡してありますので、使ってください。

写真は実は日本のいろんな教材の研究のグループが作った最先端のものです。私も日本の小学校とかで、まだやったことないことをここで試させてもらいました。ぜひまたいろいろですね、視点を変えて深め、活用していただけたらうれしいなと思います。どうもありがとうございました」

善元 「今日はこういう授業をさせていただいて非常に光栄に思っております。私は教員をやって、今日で多分四万二千時間くらいの授業をやってきました。それでですね、日本は今大きい問題を抱えています。

やはり教師はいろんなことを教え過ぎちゃうんですね。詰め込み授業という問題があります。そこでどうしたら子ども中心の授業となるか。ベトナムの教育改革もそうですけど、私たちも共通の課題を抱えていると思います。世界的な情報化時代において、教えることがどんどん多くなってくるんですけども、私はそれに対抗する軸として、やはり子ども中心主義により、自尊の感情をどう育成するかがいちばん大事だと思ってこの授業にのぞみました。今日の午前３時まで授業をつくってました。まだ直感ですけれども、たぶん私たち人類は西の方から東の方に来たんですけど、もしかしたら文化で新しい東風が西の方に吹くのかなということを、直感的に思いました、授業をつくるときに。だからオリエント、西方じゃなくね、アジアから何か新しい時代を作る予感を感じたってことです。

キーワードは、人間の持ってる『優しさ』だと思います。技術文化を越えるのはやっぱり最後は人間の優しさを共に分かち合えるかどうかだと思います。

今回、授業と共同授業研究会としてできたのは、那須先生の優れた通訳があってのことですけれども、国境はないなって気がします、私たちの間には。私たちはアジア人です。私たちはやっぱり人間です。何かつながっていける予感を、実感を私は今回感じました。最後にひとこと、去年の男の子の名前なんだったっけ？」

村上「クェンさんです（家庭の経済的事情のためいったん休学し、年長でありながら小学校に通っている）」

善元「クェンさんが、今日非常に良い答えを言ってくれたんで、私はこの授業はうまくいくなって思ったんですね。

もう一つはですね、授業が終わった後に記念写真を撮るときにですね、フモン族の子が民族衣装、一回、脱いだのをもう一回着て記念写真撮ったんですよ。ああ、自尊感情ってこういうものなのかなって思ったので、私は満足しております。ありがとうございました。考えれば必ず道はあると思いますよ。道をつくりましょう」

—拍手—

村上 「私たちは、日本にいても、いつもクックドゥオンの山の緑の美しさも思い出しています。クックドゥオンは小さな山の小学校かもしれません。私たちの沖縄も小さな島です。しかし、国境を越えてつながっているという時間を持てたことをたいへん幸せに、また意義深いことと思っています。

今日は子どもたちが私たちにとても友情を示してくれ、授業を一生懸命積極的に受けてくれたことがほんとうにうれしいです。これは校長先生はじめ先生方がいつも子どもたちを愛情深く教育しておられたそのおかげだと感じています。Xin cam on.（ベトナム語で「ありがとうございます」)」

Oanh校長 「最後にもうひとことだけ言わせてください。先ほどの村上先生のコメントを聞いて、あと二方の最後のひとことずつを聞いて、私が一つ確信したのは、善元先生が長い教員生活を通して、日本も最初はいわゆる知識を一方的に注入する授業だったと。それを反省して、子ども中心主義に見直したということを聞きました。それを聞くと、私たちもこれからできるんじゃないかという確信が、今、少しあります」

（拍手が起こる）

Oanh校長 「というのは、Nhung先生の分析が非常に細かかったので、それをもう少し私たちも見直して、そして皆さんの授業を真似して、私たちが今いるスタッフではできないところはNhung先生や、またタイグェン師範大学の先生方と協力して、さっき先生がおっしゃった『子ども中心主義』に立つ授業づくりというものができるような気が少しずつ今、してきました」

善元 「いいですね」

（拍手が起こる）

Oanh校長 「今ベトナムは教育改革の過程にありまして、小学校教育レベルを上げることに邁進しています。その教育レベルを上げるという意味合いの取り方がいろいろあると思います。今日を通じてですね、子ども中心主義の授業をからめての教育改革でありたいと思うので、これは今後クックドゥオン、タイグェン師範大学の先生方とも相談していきたいし、また今日のような刺激を今後も私たちは受けたいので、ぜひともこういった協力、両者の協力関係は今後とも続けていきたいと思います。

何よりも子どもたちがですね、皆さんのことを覚えていた。去年来たのを覚えていたことがその証だと思います。子どもたちが覚えていてくれるようなことをしてくれた皆様方は、やっぱり今後とも私たちのよりよいパートナーであっていただきたいと思います」

４　まとめにかえて
――善元幸夫「太陽と山に住む人たち」の授業について

……村上呂里

善元幸夫による授業「太陽と山に住む人たち（1）（2）」の場に立ち会った者として、その感動が新鮮なうちにドキュメント風に感想を記し、その意義を深める材料としたい。

［第１回目の授業］

授業をしたのは小学校４年生のクラスで、タイー族（18名）、フモン族（10名）の計28名からなる。保護者の職業はほとんどが農林業にたずさわり、いちばん遠い子どもは３キロ先から歩いて通ってくる。就学率は100パーセントだが、卒業率は82パーセントとのことだった。私がまず感じたのは、子どもたちの服装に見える貧富の差である。ベトナム北部の冬は寒い。真新しい、かわいい暖かそうなジャンパーを着ている女の子もいれば、繰り返される洗濯で泥色になり、少し破けたシャツ１枚の男の子もいる。一番年長の子どもは、13歳とのことであった。

善元は、校長に授業の前に、学力的に困難を抱える子どもの名前を３名教えてほしいとお願いした。13歳のクェンさんの名前はこの中に入っていた。善元は、授業中に二度、クェンさんが活躍する場を用意した。クェンさんの顔がだんだんうれしそうに輝いていったのが忘れられない。クェンさんにとって、授業が楽しく、活躍できる場であってほしい、一人ひとりの子どもに自尊心を育むことを願う善元の授業づくりの根幹を学ぶことができた。序章で書いたように、ともすれば遅れた子どもは置いてきぼりにされ、優等生ばかりが授業で発言する授業風土の中で、こうした善元の姿勢はおそらく新鮮であっただろう。こうした姿勢がベトナムの先生方に伝わり、風土として根づくことを願う。

善元は授業をまず、机を校庭に出すところから始めた。机は、３人が並んで座る横長のタイプだ。一昨年訪問したときは、重くてぶ厚い木の机であり、山岳地域の小学校らしい雰囲気をかもし出していた。今回は木とスチールが組み合わさった、軽い真新しいものに変わり、工業製品的なものになっていた。それでも、机が一斉授業用のタイプであることに変わりはない。善元はまず、教室のつくりを対話式にしようと提案し、机を校庭に出し、椅子を幾重かの輪になるように置き換えた。授業をする際の善元の姿勢は、少しかがみかげんに見える。子どもたちとの距離感を少しでも縮めようとする思いからだろう。

授業は、銀河系の写真からはじまった。**銀河系の誕生、そして太陽の誕生 → 地球の誕生 → 微生物の誕生 → 動物の誕生 → アフリカ大陸における人類の誕生 → 人類の大移動 → 各地域に根ざしたさまざまな民族の誕生**へと展開し、その後タイー族・フモン族の文化を感じさせる写真を見せる → 隣の人との違いと共通点の話し合いへと進める。まとめの段階では、教科「ベトナム語」の教科書にも掲載され、子どもたちみんなが知っている多民族国家ベトナムの創世民話（ひょうたんから、各民族が生まれた）をもとに「ひょうたんの音色を聞きながら、さまざまな民族の誕生の音を聞こうね」という声かけのもとに、ひょうたんからできた民族楽器（善元がハノイの市場を精力的に歩いて見つけ出し、買ったものである）の音色に目をつぶって聴き入り、最後に「みんな太陽の子　Tre con cua Mat Troi」というフレーズを唱和して授業を終えた。

宇宙の誕生という壮大なスケールから身近な隣に座る友だち（他者）へとまなざしを移していく。写真を用い、視覚的にその誕生を辿っていくので、子どもたちはひきつけられ、決して難しさは感じさせない。あらゆる生命は宇宙から誕生したという**普遍性**と、〈移動と交わり〉によってさまざまな固有の言語や文化を発展させていったという**独自性（異なり）**との双方を意識づける授業であった。

私が感嘆したのは、ベトナム社会の中でマイノリティの側に置かれた子どもたちに、「社会」という次元から解き放ち、「宇宙」という壮大な次元から生命（いのち）の尊厳と平等の光を照らし、あらゆる生命ある存在が、まるごとすっかり受け容れられ根源から承認されていることを体得させるという授業づくりのスケールの大きさと根源性である。宇宙の遥（はる）けき道のりに思いを馳せながら、あらゆる生命ある存在の尊厳への“気づき”がひらかれていく。何ともいえない解放感と（太陽［お日様］に向かう）向日性が内側から湧いてくる授業展開であった。まど・みちおの詩や宮沢賢治童話の世界とも通底する感覚といってもよい。実際の社会では、異文化理解は厳しい壁をのりこえることの連続である。しかし、まず「社会」という次元から解き放ち、生命の尊厳の根源に子どもたちを誘（いざな）っていったのである。

「人と動物は、どう違うの？」という問いに対して、子どもたちは盛んに発言した。この問いは、善元が若い頃から授業で探究しつづけている問いのようで（『ほんとはネ、いじめっ子じゃないよ――ふるさとを中国にもつ少年の記録』ポプラ社、1984年など）、その意図は深いところにあるように感じられる。

また善元は、授業が始まる直前まで、普遍性の側に力点を置いて授業を終えるか、独自性（異なり）の側に力点を置いて授業を終えるか、悩んでいた。結局は、最後に「みんな太陽の子　Tre con cua Mat Troi」を唱和して授業を終えたが、もう一つの展開もあり得たことになる。この善元の”悩み”は、根源的な問題を孕んでおり、筆者らもさらに問いつづけたいと考えている。

「多文化共生」という概念を、認識面と感性面の総体において、子どもたち自身にどう体得させていくか。「多文化共生」の内実を豊かなものとしていくことは、もちろん大人の私たちにも絶えず問われていることである。善元の授業は

①宇宙の誕生から解き明かし、太陽の光にあたたかく照らされ、宇宙の摂理（法（ダルマ））によって育まれるあらゆる生命は先験的（アプリオリ）に尊厳と平等が保障されていることを体感させる
②アフリカにおける人類の誕生と大移動をイメージ化させることによって、地球規模で多様な民族の誕生と交わりを認識させる
③それを経て隣に生きる他者の尊厳への“気づき”をもたらす

という流れにおいて、「多文化共生」を子どもたち自身に体得させた授業であるといえよう。

[第２回目の授業]

第２回目は、５年生に進級した同じクラスの子どもたちを対象に行われた。

今回のテーマは、この地で祖先から代々引き継ぐ父母の仕事の厳しさと尊厳を「書くこと」を通して認識し、その仕事から生み出される特産物（米や茶）を味わい、地域の尊厳を五感をくぐらせて内側からあらためて意識化し、自己の尊厳への認識へとつなげるというものである。そして、前回の人類の誕生から大移動、そして各々の民族の誕生という「人類の道」を描いた世界地図に、「お茶の道」を描き込み、各々の風土と歴史に根ざし、さまざまな文化が交わりながら独自性が生まれていったことを確認した。「お茶」という身近で暮らしに欠かせない、親しみ深い具体物を通して文化の交わりを意識させ、普遍性と独自性の双方から光を当てる。人びとや文化が交わり、移動する「道」を意識させることによって、本質主義的文化観が陥る閉鎖的なナショナリズムから解き放たれ、自由になることが可能となる。この〈移動と交わり〉の象徴である「道」を視覚的に捉えさせることによって、普遍性と独自性の両義性に目をひらかせ、地域に根ざした各々に固有な文化の尊厳と平等への認識に導くところに、多言語多文化共生を切り拓く授業の意義があると考えられる。

さて、善元の授業づくりは、ベトナム入りしてからも進展する。正直なところ、周到な準備をして通訳に臨みたいと考える通訳泣かせである。

ハノイに到着した夜、旅の疲れをとるために、皆で指圧屋（日本の指圧師が研修を行い、できた店）に出かけた。そこで善元を担当した方がたまたまタイグェン省出身だった。そこで善元は「タイグェン省の特産物は何ですか？」と尋ねた。「お茶が有名です」という答え。ここから「利き茶」（利き酒と同様に、お茶の香りと味を利く）の発想が生まれた。授業の中核に、タイグェン省でできたお茶と紅茶、日本茶の「利き茶」を位置づけようというのだ。ルソーの『エミール』を自らの教育観の原点とする善元は、「知識を与える前に、その道具である諸器官を完成させよ。感覚器官の訓練によって理性を準備する教育を消極教育と呼ぶ」（ルソー『エミール』）に拠り、自らの五感をくぐらせて、内側から認識に至らせる道筋を何よりも大切にする。

そこからお茶探しが始まった。タイグェン省の特産物であるお茶は、タイグェンで手に入るであろう。紅茶もホテルにティーバッグがある。問題は、日本茶だ。ベトナムに来てから、皆で日本茶探しをする。タイグェン省に入ってからも授業当日となる深夜まで学習指導案作成は続いた。

実際の授業で「利き茶」の試みは大成功であった。三つのお茶の香りをかぎ、味わうとき子どもたちの顔がパッと輝き、ほころぶ。今年替わったばかりで、私たちの訪問の趣旨を未だ十分受けとめきることができないでいたOanh校長の顔も、一瞬で輝いた。香りと味……自ずと皆、タイグェン産を探り当てた。ふだん意識せずともやはり、自分の地域の特産物をいちばんおいしいと感じている。自らの五感をくぐらせた体験を通して、あらためて地域の尊厳を意識化させる。子どもたちも先生も皆、「そうなんだ！」と腑に落ちた顔をしていた。

子どもたちの親の仕事は、ほとんどが米と茶の栽培である。ベトナムが世界第２位の米の輸出国であることを知り、「利き茶」を通してタイグェン省の特産物のすばらしさをあらためて再認識し、それらを作り出している自らの親の仕事の尊厳を認識させる。子どもたちは親の仕事についての作文を、時間を超過しても残って一生懸命書き続けた。そこには、両親の仕事の厳しさを日頃感じ、その労苦を思いやり、支えたいと思う、各々にかけがえのない気持ちが書き綴られていた。教科書通りの作文ではなく、ふだんの暮らしの中でいちばん切実に思ったり、考えたりしていることで、表現したくてたまらなかったことを書く機会を与えられたという様子がひしひしと伝わってきた。そして、子どもたちが一生懸命書いている様子に、ベトナム人の先生方は一様に驚き（「こんなに書けるのか」という驚きであろうか）、かつとても喜んでおられた。

今回、「生活を書く」ということを位置づけたのは、共同研究者間で相談し合い、日本の生活綴方的教育方法を伝えていきたいという思いからである。今回はその出発点であった。今後は、子どもたちの作文を学習材とする授業づくりを模索していきたい。

親の仕事について書いたあと、さいごに沖縄の海人（うみんちゅ）が魚を捕っている写真やさとうきび刈りをしている写真を見せ、それぞれの地域に根ざした多様な仕事の姿と誇らしげな表情を見せ、終了した。

最後に、２回の授業を通して、見えてきたことをまとめておく。

①「子ども中心主義」を、多様で各々に固有の生命の尊厳、文化の尊厳の次元から問い返す

善元の授業は、あらゆる生命は宇宙から誕生し、太陽に平等に照らし出されているという**普遍性**と、〈移動と交わり〉によってさまざまな民族が誕生し、独自の言語や文化を発展させていったという**独自性（異なり）**との双方に光を当てた。その際、〈移動と交わり〉の象徴である「**道**」を視覚的に捉えさせることによって、本質主義的文化観が陥る閉鎖的なナショナリズムから解き放たれ、自由となることが可能となろう。人類の移動と交わりの「道」に本来、国境はなかった。「絹の道」然り、「ことばの道」然り。こうして普遍性と独自性の成り立ちに目を開かせることによって、各々に固有な生命の尊厳と平等、地域に根ざして発展した文化の尊厳と平等への認識に至らせるところに、多言語多文化共生を切り拓く授業の真髄があると考えられる。

②「子ども中心主義」の教育方法を、自らの感覚を通した体験を経て、内側から認識を育むという観点から問い返す

「子ども中心主義」は、単に学習者が活発に積極的に活動するという意味にとどまらない。一見「主体的」であったとしても、表層的な活発であることもありうる。その活動の根幹に、自らの五感や身体をくぐらせて思考や思想を獲得し、それをもとに授業に参加し活かされてこそ、真の自尊感情を育むことができるだろう。「利き茶」という教育方法は、単に手法としてとらえられるのではない。自らの感覚に拠って立ってこそ自尊の感情が育まれるという、ルソー『エミール』由来の善元の教育思想に基づくものである。

③「子ども中心主義」を「教室空間のつくり」から問い返す

ベトナムの山岳少数民族地域にも、今、急激に近代化の波が押し寄せている。私たちが訪れたクックドゥオン小学校の校舎も途中で木造からコンクリートに変わり、机や椅子も新しくなった。しかし、とても残念なことに、その机と椅子はくっつけられた固定したものであり、一斉授業向けのものであった。

善元はその机と椅子を全部、教室の外に出し、パイプ椅子を円形になるように置き、教室の空間を対話型の空間にした。「教室空間のつくり」は、教育思想の反映としてある。

日本のODAも山岳少数民族地域の小学校に援助を行っている。少数民族の子どもたちの尊厳を何よりも大切にするという教育思想の次元から熟慮した「援助」となることを求めたい。

④「子ども中心主義」を教師像から問い返す

今回の授業研究会を通し、ベトナムの先生方は一様に、ベトナムと日本の教師像の相違について述べられていた。ベトナムの先生方は、授業の場面以外で会うととても親しみやすく、温かさを感じさせるが、授業の場面では表情も硬く、「権威主義的教師像」が未だに根強い。にこやかで表情豊かな善元や西岡などの日本人の教師像は「異文化」そのものであったようだ。実際に「異文化」としての授業を見ていただきながら、こうした教師像について深め合いたい。

⑤「子ども中心主義」を、生活綴方的教育方法から問い返す

２回目の善元の授業の際、両親の仕事について書いてもらった。子どもたちは夢中で書き、またその様子にベトナム人の先生方もとても喜んでおられた。今回は、作文を交流するにとどまったが、今後は子どもの作文を学習材とした授業を提案していきたい。日本の伝統的な教育方法としての生活綴方的教育方法について、ブラジルの識字教育から生まれたP・フレイレの対話型教育とも関連させながら紹介し、教師と子どもたちが互いに子ども自身が書いた生活に学び、そこに描き出された課題を共に探求していくような授業を、ベトナム人の先生方と共に創っていくことを今後の課題としたい。

第　3　章

集中講義とワークショップ(1)

（2012年９月18日、タイグェン師範大学にて）

2012年９月18日～20日、タイグェン師範大学からの要請を受け、「子どもたちの自尊感情を育てるための授業」をテーマとし、日本側が集中講義とワークショップを行った。１日目には、まず岩木桃子がアイスブレイキング・コミュニケーションゲームを行い、次に善元幸夫が講義「日本における『子ども中心主義』の歴史――自らの教員体験に基づいて」を行った。それを受け、那須泉と村上呂里が KJ法を用いたワークショップ「ビデオ『未来の学校　新宿区立大久保小学校』を視聴して」を行った。

これまでの共同研究の歩みを踏まえ、2012年度にはタイグェン師範大学学生を対象とし、タイグェン師範大学およびトゥオンヌン小学校にて、琉球大学チームが集中講義とワークショップを9月と12月の２回にまたがり行った。ベトナムの教員志望の学生を対象とし、教員養成カリキュラムに参加した初めての試みである。２回にまたがる全体像を示しておく。

□主題：子どもたちの自尊感情を育てるための授業

［第1回］2012年9月18日～20日（３日間）

第１日目　タイグェン師範大学にて

［午前］参加学生30名

・アイスブレイキング・コミュニケーションゲーム（岩木桃子）

・講義「日本における子ども中心主義の歴史――自らの教師体験に基づいて」（善元幸夫）

・ビデオ「未来の学校　新宿区立大久保小学校」を学習材としたワークショップ

＊東京都新宿区立大久保小学校における取り組みから、日本におけるマイノリティ児童の姿と教師の支援について考える。

→ワークショップ（KJ法による意見交流）（那須 泉・村上呂里）

・クックドゥオン小学校における善元幸夫の授業ビデオ視聴 → 質疑応答

［午後］

・明日の小学校実習に向けた事前講義（村上呂里）

＊トゥオンヌン小学校の子どもの３枚の写真から、「子ども理解から授業づくりを出発させる」大切さについて考える。１年生でベトナム語が理解できないために学習に参加できず、寂しそうな表情を見せたり、眠ったりしているフモン族児童の写真から、「子ども理解から授業づくりを出発させる」意味について考え合った。観察実習で、「子どもの様子を感じ取り、見る」ことの大切さを意識づけた。

第２日目　トゥオンヌン小学校にて７名の学生が、観察実習を行う。

第３日目　タイグェン師範大学にて

［午前］

・アイスブレイキング・コミュニケーションゲーム（岩木桃子）

・講義「世界地図と平等・公平な社会を考える授業」からの考案（西岡尚也）

［午後］

・フモン族・タイー族・キン族学生７名を対象としたワークショップ「子どもたちへ伝えたい思いを表現する」（村上呂里）

○小学校での観察実習での子どもたちとの出会いをもとに、沖縄とアイヌ民族の歴史・文化・思いに触れる

――宇梶静江『古布絵本　アイヌのカムイユカラ（神謡）より　シマフクロウとサケ』（福音館書店、2006年）とたいらみちこ『沖縄紅（びん）型（がた）絵本　ぶながやのみた夢』（工房ぶながや、2003年）を学習材として

○トゥオンヌン小学校の子どもたちへいちばん伝えたい思いを表現する。

［第２回］2012年12月14日、トゥオンヌン小学校にて

・タイグェン師範大学学生による研究授業（Aチーム）

・タイグェン師範大学学生による研究授業（Bチーム）

・民族楽器演奏者コウサカワタルによるワークショップ（対象：全児童）「楽器の来た道、音楽の行く道」

＊フモン族の口琴を学習材とし、世界各地域の口琴とのつながりから、「楽器の来た道、音楽の行く道」に思いを馳せ、フモン族の口琴文化に誇りを持つ。

・学生による研究授業の授業研究会

1　アイスブレイキング・コミュニケーションゲーム

……岩木桃子

講義の前に、心身をほぐし、リラックスして参加できるようにするためのコミュニケーションゲームを行った。学びとは、心身がやわらかでひらかれた状態でこそ生まれることを伝えたいという思いからである。

［第1日目］善元幸夫の講義の導入として

（1）ストレッチ

ベトナムでは早朝6時から1時間目がスタートすることもあり、座ったままできる簡単なストレッチを行った。ゆっくりと体を目覚めさせていく。同時に、今日初めてであった私たち相互が抱く、これから始まる講義への期待や不安、緊張をほぐしていく。体をリラックスすることで心や思考もリラックスできる場作りをめざした。

（2）「部屋の四隅」

部屋の四隅に、「はい」「いいえ」「どちらかと言えば『はい』」「どちらかと言えば『いいえ』」と書いた紙を貼り、質問に対する自分の答えの場所に随時移動してもらうというアイスブレイキングである。これは、この場に集まった学生たちの様子や考え方の概要を探る手法の一つである。今回は私たち日本側の授業者がベトナムの学生の様子を知る手がかりとして取り入れてみた。学生たちには次のような3つの質問を投げかけた。

Q1　日本の漫画のドラえもんは好きですか？

「漫画」は日本の文化としてベトナムでも広く受け入れられている。なかでも「ドラえもん」や「名探偵コナン」はベトナムの子どもたちの間でも人気が高い。今回の日本人とベトナム人の初めての出会いの場で、会話のきっかけとして気軽に話題にできる「漫画」を第1問に選んだ。タイグェン大学の先生方にも積極的に参加してもらうように声かけを行った。学生も教員も一緒に参加し、共に学び合うメンバーであることを感じることができればとのねらいもあった。

初めてのことにとまどいながらも、質問に対してそれぞれの場所に移動する学生や教員からは時おり笑い声もこぼれた。「どちらかと言えば『はい』」のグループのズイさんに、そのわけをきいたところ「ドラえもんも好きだけど名探偵コナンの方が好き」と答えてくれた。「どちらかと言えば『いいえ』」のグループのヴィエットさんにそのわけをきいたところ「映画の方が好き」との答え。もう一人の学生は「勉強以外にも好きなことはありますが、漫画はあまり好きでない」と答えてくれた。

Q２　あなたが今住んでいるタイグェン省は好きですか？

参加学生の中には少数民族の学生たちも数名いるため、それぞれの学生が故郷をどのように捉えているかを知るための質問である。

ほぼ全員が「はい」のグループだったが、ただ一人「いいえ」と答えた学生がいた。タイグェンの出身ではなく、タイグェン省から100キロ離れた「ハーナン」の出身だという。「ハーナンのどういうところが好きですか？」の問いに、「私の故郷ですから、大好きです」と答えてくれた。タイグェンが好きだという学生の理由は「他の省の出身ですが、タイグェンに来て大学に入ってから先生から関心をもってもらったり、友だちもたくさんできたりしているのですごく好きになりました」と答えてくれたが、最後に「もちろん私の故郷も好きです」と付け加えた。

Q３　あなたは将来先生になりたいですか？（もし他にやりたいことがあれば教えてください）

師範大学であるため大半の学生が教師をめざして通学しているが、ベトナムの学生たちがどのようにベトナムの社会や自分の未来を見つめているのか、学生の眼差しを探ることを目的とした。

全員が「はい」のグループに移動した。FT（Facilitator）の「教師になってどんなことがしたいか」という問いに、センさんは「大学に入る前に教師になるという夢を抱きました。入学後もずっとその夢をもっており、将来は小学校の優れた教師になりたいと思います」と答えてくれた。「教師になりたい」という同じ夢を追いかける仲間として３日間の交流授業に取り組んでいきましょう、と思いを伝えワークショップは終了。

どの学生も積極的に参加する姿勢が見られ、活動を楽しみ、今から何をやるのか、何が始まるのかという期待や好奇心に満ちたまっすぐな眼差しが印象的であった。

［第３日目］西岡尚也の講義の導入として

（1） ストレッチ

同じく早朝の授業であったため、手遊びを使って体を目覚めさせる。手を前に出すときはパー、後ろに引くときはグーにするという簡単な動きから始まり、途中でスピードを上げたり、グーとパーを交代したりする。失敗しても、わからなくなってもなんだかおもしろい、と感じる身体や場の雰囲気作りは授業への導入の有効な手段ではないだろうか。

ファシリテーターの掛け声に合わせて学生たちは積極的にチャレンジ。スピードや動きの変化に合わせて学生たちから歓声や笑い声があがった。今回の交流授業をコーディネートしてくださったタン先生も学生と一緒に参加しており、失敗しながらも一生懸命に取り組むその姿に学生たちから笑いがこぼれる場面もあった。

（2）「日本のジャンケン・ベトナムのジャンケン」

日本のジャンケンの方法、手の意味（グーは石、チョキはハサミ、パーは紙）を伝える。日本版ジャンケンをFT対学生で実施。次にベトナムでのジャンケンはどうやるのか民族間、地域によって違いがあるのかを学生に尋ねる。ベトナム版ジャンケンを学生対他の学生で実施。ベトナムの文化の豊かさについて学生自身、また民族間相互に再確認することを目的とした。

ベトナムのジャンケンについて学生に質問したところ、ルールも手の意味も日本と同じだという。そこで、地域によって違いはあるかと尋ねると「どこも同じである」との答えが返ってきた。おそらく詳細に調べれば地方によっては

写真１◎手遊びをする学生たち

写真２◎手遊びをする学生たち

写３◎ジャンケンの様子

掛け声、手の意味に差異がみられるはずだが、そこまで聞き出すことはできなかった。１回目は日本版ジャンケンをFTと学生たちとの対戦で、一緒に「ジャンケンほいっ！」と掛け声を口にしながら行った。どの学生も勝敗に一喜一憂しあちこちで歓声があがった。２回戦はベトナム版ジャンケンを学生の中から希望者を１人募り、前に出てもらい、その学生対他の学生で対戦した。「オワン、トゥウ、ティ！」の掛け声に合わせて学生たちはジャンケンを楽しんだ。

◎学生の感想から

▶コミュニケーションゲームはとても新鮮でしたし、楽しかったです。私はこのゲームをずーっと覚えていきますね。（２年生）

▶アイスブレイキングはとってもおもしろくて楽しかったです。（３年生）

（3） おわりに

権威主義的な教育スタイルでは、教員が学生に対して一方的に知識を伝達し、生徒が聞いて書き写し覚えるという授業に終始することが多い。そうした授業スタイルが未だ根強い中にあって、今回のワークショップにおいて、教員と学生が共に参加して双方向のコミュニケーションをとるアイスブレイキングを位置づけたことは、ベトナムの教員と学生にとって新鮮であったようだ。

学ぶとは、硬直した、権威主義的な一方通行の関係性の中では成立しない。関係性が対話的であることによってこそ、はじめて心身や思考が柔軟になり、内側から真の学びが生成する。タイグェン師範大学の先生方が積極的に、しかも楽しそうに参加してくださり、身をもってそのことを学生に示してくださったことに心より感謝したい。

2　講義「日本における『子ども中心主義』の歴史 ――自らの教員体験に基づいて」

……善元幸夫

(1)　1校時「東日本大震災をめぐって、命の教育を考える」

みなさん、こんにちは。沖縄からやってきました。善元といいます。大学では皆さんと同じ将来教師になる学生と一緒に学んでいます。今日は皆さんと日本の教育、その中でも「子ども中心主義」といわれる教育の歴史、そしてその教育方法論、教育実践についてお話しします。

私はベトナムが好きです。私が高校、大学時代、ベトナムはアメリカと戦い、勝利した日を今も覚えています。独立を勝ち取ったベトナムの人たちの不屈の戦いに、尊敬の念を感じています。

今日はじめに模擬授業をします。2011年３月11日に日本で起きた「東日本大地震」についてです。その次に今ベトナムでも「教育のドイモイ」で「子ども中心の教育」が論議されていますが、日本の教育政策で「子ども中心主義」はどのように生まれたか、歴史的に考えてみます。

はじめに「地域と歩む防災教育――東日本大震災から学ぶこと」から話します。その前に、今回の大震災ではベトナム政府から温かい国際支援を受け、タイグェン師範大学が真っ先に温かい支援をくださったことに感謝したいと思います。ありがとうございました。今、沖縄には被災地、東北地方から500人の避難者、原発事故の避難者300名がいます。

３月11日午後２時46分、世界最大級といわれるマグニチュード９の大地震は起こりました。私は東京の新宿の家で地震に遭遇しました。家が大きく揺れ、ガラスが割れ、本が崩れました。テレビでは東北地方の映像が映され数百台の自動車が浮いたまま流されていく。ただただ言葉も出ませんでした。私の報告では、いまだあの場所で見つからない行方不明者が１万名近くいて、今でもそこで探している家族などがいるということを意識して聞いていただけたら幸いです。

（以下、写真を見せながら対話式で講義が行われた）

［事例１］ 震災で「再会できた人」「死別した人」（言葉が見つからない！　涙、涙……）

・岩手県陸前高田市で被災した老婆（83歳）の話

「最初、上空に霧のようなものが見えた。その後メキメキ、バキバキという音と共に真っ黒いモコモコした塊がうごめきながら迫ってきた。家や電信柱をなぎ倒し、プシュー、プシュー、とガスが吹き出していて怖かった」

［事例２］（被災した人、犠牲になった人、明暗は分かれる）

福島県の南相馬市の60歳の男性は２日間自宅の屋根によじ登って漂流し、奇跡的に救助されました。記者の取材には無言であり、聞くところによれば、この男性は震災の後、いったん帰宅したが、ものを取りに戻り、ものすごい速さの津波に襲われたということです。その男性は辛うじて屋根にはい上がり命を取りとめることができました。しかし震災後、家に戻ったのは男性だけではなかったのです。共に家に戻った妻は、津波の第二波で行方不明になってしまったのでした。

こうした例を知って、「命の学習、人権を尊重する教育」が大切だと考えるようになりました。学校教育では震災事故で子どもが死をどう受け止めるか、「生命が失われること」に教育で何ができるか考えるようになったのです。かつて日本の学校は「死についての教育」にはほとんど触れてきませんでした。今回の災害で日本の社会のあり方が大きく問われています。瞬時に２万名近くの生命が奪われたことに、学校ではあえて触れないということはできません。今回の震災で500名の同世代の子どもが犠牲になっているのです。子どもはすでにこの事実を知っており、今、自分でどう考えるか悩んでいます。子どもも社会的存在です。子どもは今起きていることに深い関心を持ち、不安な気持ちに満ちているのです。そこで私は「命・人権尊重の学習」を中心にすえて子どもたちと共にこの時代を共有したいと考えました。

［関連資料］ 沖縄の宮古島にある小学校で行う授業の構想

・単元名「私たちの地球と地震と戦争のこと」

「命」「人権」「子ども」を中心として自尊感情を形成し、さまざまな災害を通して、人間が未来を生きるために、平和の大切さを思考し、そのあり方を国際化の視点で考える。

・単元の構成

①東日本大震災ではいまだ行方不明者の数が多い。沖縄にも震災避難民がいる。震災についてデマなどの風評も流れている。そこで東日本大震災はどんなものかを子どもの命・人権の視点から振り返ってみる（写真を活用する）。

②1923年の関東大震災のときは、混乱した事態の中で、偏見や差別のため多くのアジアの人たちが虐殺された。しかし国際化の現代、世界の国から温かい支援の手がさしのべられており、私たちは国を越えてつながっていることを知る。

（2） 2校時「子ども中心主義の歴史と現在」（日本）

戦後日本の教育の中心は「教育は人格の完成」（教育基本法）にあります。その視点で授業のあり方がどう形成されたのか、日本の教育について考えます。

今日の2時間目は、「子どもを中心にすえた学校」「子どもを中心に進める授業」について日本のことを話します。ベトナムでは2005年に教育法が改定され、「学生から学習の興味を引き出すために、学生の積極性、自覚性、主動性、創造性を発揮した授業形態」を模索しています。そして具体的に、グループ作業、自学方法、さらには知識をどう実際に活かすかを目標としました。このことは先ほど述べた日本の「子どもを中心にすえた学校・授業」と重なるところがあります。私はこれから日本の教育において、どのようにして「子ども中心主義」が実践されるようになってきたか、自分の教師体験から話してみたいと思います。

今、世界は国際化（グローバル化）の中で急激に進展しています。一国の株の経済変動が瞬時のうちに世界に伝わり、その国の経済に大打撃を与えることはしばしばあります。しかし私が強調しておきたいのは、今、世界にいるすべての人はアフリカから生まれた共通の祖先を持つということです。現在世界は200か国を超える国がありますが、私たちホモサピエンスは、すべて20万年前にアフリカから生まれた兄弟だということを念頭において、この話をします。

では、日本の教育について歴史的に話します。

①日本の教育は今

日本の教育は大きくいって３つの時期に分かれます。

第１期は、日本の国家による教育の始まり、1872（明治５）年です。フランスはこの約10数年後、ベトナムを植民地にしました。日本では開校140年という学校もかなり見られます。しかし日本はその前から地方の藩ごとに教育を実施していました。明治の教育とそれ以前とを比べて、大きな違いは何でしょうか。「外国に負けない国」、そして機会があれば外国に侵略できる国になるために「富国強兵」を国是としたために、そのための教育目標が多く見られました。

第２期は、1945年に始まります。日本は海外侵略の結果、敗戦国になりました。日本は民主主義国家をめざすために、民主主義教育、とりわけ科学的な教育体系を中心にすえた教育を実施しました。かつての戦争の反省に基づき、日本は平和憲法を作り、平和と民主主義の国づくりのために教育は大きな役割を果たしました。そして高度経済成長を遂げ、20世紀には国内総生産が世界２位にまでなり、教育も整備されました。小・中学校の義務教育普及率はほぼ100％となり、５割を超える子どもたちが大学に進学するようになりました。

しかし教育政策は、決してうまくいっていたわけではありません。子どもたちの間に深刻な「学校離れ」が始まります。それが第３期です。

第３期は1980年代です。1960年頃から、日本では「知識や技能」を大量に詰め込む競争主義が国全体に広がっていきました。その結果、子どもたちのストレスがたまり、1980年頃から登校拒否や学校内の暴力問題が出てきます。子どもが子どもをいじめるのです。いじめやさまざまな理由により、子どもが自殺に追い込まれる事件もおきました。また「授業がわからない」「おもしろくない」という声が高くなり、子どもたちの中には「登校拒否」する子どもも出てきました。2010年には小学校では12万人、中学校では10万人を超す子どもたちが学校に行かない状況が出てきました。高校などでは子どもたちの学校に対する怒りの中で、教師が殴られる事態も報道されるようになりました。

「学校はいいものだ！」「学校には行かなくてはならない！」という誰もが否定しない考え方が崩れ始めたのです。私たちはそのことを「学級崩壊」と呼びます。今も、多くの登校拒否の子どもたちが存在しています。

また、先生たちも疲れ果てています。子どもからは「学校に対する不満」、教育行政からは学力競争のため、成績向上に向けての細かな指示、伝達がなされます。私は全国各地の先生方と話す機会が多いのですが、地方も都会の先生も共通して言うことは「多忙である！」ということです。朝の８時から夜の８時まで学校で勤務している先生は珍しくありません。解決の糸口はあるのでしょうか？

日本の戦後の教育は「教育は人格の完成」（教育基本法）をめざしたはずなのに、競争のため学校の機能が麻痺している側面も見られるようになりました。今、毎日、小・中学校で精神疾患で辞めていく先生方がいます。

②教えから学びへの転換を！　――子ども中心主義とは？

これからがベトナムのみなさんにも深く関わる話です。教育は広い意味で考えれば人類が生まれたときから存在しました。人は社会的な存在で、「社会を維持するためにはその社会が到達した知識や技術を次の世代に伝えること」が必要です。

ここには２つの課題があります。

１）そのためには学校は何をするところなのか

日本の教育は戦前、戦後、教育体制は大きく変わりましたが、学校の基本は明治期の教育、つまり欧米に「追いつき、追い越せ型」の教育のままです。かつての日本の文化・技術を軽視し、生活スタイルも欧米化することでした。日本語教育を基礎にして、欧米の文化や知識技能を取り入れました。

しかし激動化し、多様化する現代、学校は知識・技能を教えることだけで十分であろうかということを考えます。知識や技術は日ごとに変化します。知識をどれだけたくさん得るかではなく、知識をどのように活用するかが問われています。ベトナムの教育改革でも同じことを述べています。

２）学習のスタイル

すべての授業を教師は黒板を背にして、教科書をそのまま「教え込むスタイル」で行うのがいいのでしょうか？　従来型の伝統的な授業方法でいいのでしょうか？「教師が子どもにとっていいものを教え込む」この授業だけでいいのだろうかということです。

私たちはいくつかの授業でスタイルを変えました。教師が教え込まないのです。子どもが考えて結論を導くのです。つまり授業で「教え込む対象」として子どもを捉えないのです。「学習の主体」として子どもを捉えるのです。子ども自らが考えるのです。重要なのは結論だけではなくその考えに至る子どもたち一人ひとりの学習過程を大切にすることです。

３）対話型による授業

教育の中での授業改革が重要です。従来型の「教師の教え込み」から「子どもの学び」を大切にすることに切り替えることです。授業形態の基本は「対話型の学習」です。教師の教授法から子ども自身の学習法を重要視します。ですから、教師がどう教えたかというよりも、子どもがどう学んだかを大切にします。子どもたちは一人ひとり異なっています。当然考え方、思考も異なります。だからグループ討議を十分に保障することです。その発想を活かすことが未来の教育にとって重要です。子どもの個性を活かす教育は明治期から存在しました。

子どもを学びの主人公とすること、それは単なる方法の変更ではありません。教育に対する重要な思想なのです。

４）多言語多文化教育について

私は、東京の新宿で、外国から来た子どもたちの教育を行ってきました。結論的なことを言いますと、子どもたちが生まれ育って生活してきた母語・母文化を大切にすることが基本です。母語がしっかりしていると「第２言語」が身につきます。そのとき第2言語を学ぶ条件として母語・母文化の保持が重要です。

日本ではいまだアジア諸国に対する偏見もあり、アジア諸国から来た子どもたちは日本で自信をなくしてしまうことがあります。自分の「拠って立つ存在の根拠」、アイデンティティが奪われていきます。ですから、子どもたちの持つ母文化を大切にすることです。ベトナムではすべての民族の権利を尊重することが憲法で保障されています。これは日本にはないすばらしいことです。日本も単一民族ではありません。いくつかの民族からなっています。今日本では、それらの人の文化やことばの復興運動もあります。

私たちは同じ地球に生きているのです。海は世界をつなぎ、空気はつながっているのです。皆さんの少数民族に対する教育がさらに進展することを祈り、２時間めの講義を終わります。

3　ワークショップ「ビデオ『未来の学校　新宿区立大久保小学校』を視聴して」

……那須 泉・村上呂里

(1) はじめに

善元の講義を受け、午後、ビデオを視聴し、付箋紙を活用したKJ法による意見交流を核としたワークショップを行った。グループについては、６名×５グループに分けた。

ビデオ「未来の学校　新宿区立大久保小学校」(2005年４月17日、日本テレビ放映）は、東京都新宿区立大久保小学校日本語国際学級を主な舞台とし、タイのイサーン（東北地方）から両親と共に日本にやってきたスポットさんと、韓国から転校し、日本人の父親と韓国人の母親を持つ星さんの二人の葛藤と変容を中心に追ったドキュメンタリーである。二人の「心の居場所」をめぐる葛藤を、善元幸夫を中心とする教員が丁寧に見取り、受けとめ、母語や母文化を大切にする授業を行っている。

スポットさんは、タイ料理レストランを営む両親と共に日本にやってきた。いつまで日本にいられるかわからないのに、日本語世界に取り囲まれる不安のなかで、当初は落ち着かなかった。しかしタイ人をゲストティーチャーとする特別授業で、思う存分タイ語力を発揮して以来、他の学習にも意欲的になる。このプロセスを、大久保小学校の先生方は「スポット君の奇跡」と呼んでいる。

星さんは、転校してから「キムチくさい」といじめられた思いを、日本語国際学級における善元との対話の中で語った。この思いを受け、善元はキムチを主題とした総合学習を構想し、実践する。①キムチが日本をはじめ他地域との交流から生まれた食べ物であることを学ぶ、②大久保でキムチを売る市場の社長（韓国人）にキムチへの思いをインタビューする、③星さんのおばあちゃんが作る心のこもったキムチをクラスメートに食べてもらうキムチパーティーを開催する、の３つの柱から成る総合学習である。こうした取り組みを通して、各々に独自でありながら、交わり合い、つながり合った文化への相互理解が深まり、子ども同士の関わり合いが豊かになっていく。こうした取り組みを通して、スポットさんと星さんの「心の居場所」が生まれ、学びに意欲的になっていく（その詳細については、善元幸夫「ニューカマーの子どもたちが日本語で語り始めるとき――日本語国際学級で学ぶ自分と世界」秋田喜代美・石井順治編『ことばの教育と学力』明石書店、2006年を参照されたい）。

このビデオを学習材とすることによってベトナム人学生に伝えたかったことは、以下の通りである。

○子どもの葛藤を全身で感受し、丁寧に見取り、共感的に受けとめる教員の姿勢

○子どもの葛藤に応え、対話の姿勢を貫き、子ども理解を出発点に学びをつくる大切さ

○マイノリティの子どもの母語や母文化が教室で大切にされることによって、子どもの「心の居場所」が保障され、学びの意欲の源泉となること

○多様な文化が学習の主題となることによって、子ども同士の相互理解が深まり、関わり合いが豊かになること

加えて、次のようなねらいがあった。

○こうした大久保小学校におけるような取り組みは、日本でもごく限られた学校でしか行われていない。「少数民族の言語と文化の権利」を掲げて教育を行ってきたベトナムの取り組みから学ぶことがたくさんあるであろう。このビデオをきっかけとし、ベトナムの取り組みについても引き出し、その意義をあらためて相互に認識していきたい。

○未だ権威主義的な教師像が根深いベトナムで、対話的な姿勢の教師像がどのように学生たちに認識されるか、率直な感想を聞きたい。

○KJ法（文化人類学者・川喜田二郎がデータをまとめるために考案した手法。データをカードに記述し、グループごとにまとめて図解し、論文等にまとめていく。共同での作業にも用いられ、「創造性開発」に効果があるとされる）という日本で考案された、学習者の意見交流を活性化させる方法論を伝えたい。

（2） ワークショップの進め方

以上のねらいのもとにワークショップを次のように行った。

[はじめの言葉]

私たちは、ベトナム憲法が「少数民族の言語と文化の権利」を掲げ、教育に取り組んできたことに尊敬の念を抱き、研究を進めてきました。本日は、日本における「子ども中心主義」の実践事例のドキュメンタリー番組を視聴します。ベトナムの場合と日本の場合を比べながら、活発に意見交流していただけることを望んでいます。

[課題]

以下について、付箋紙に書いてください。

①子どもの表情の中でいちばん印象的で、心に残った表情はどれですか。どうして、印象に残ったのですか（緑色の付箋紙）。

②教師や学校が、子ども同士の理解を深め、子どもの「心の居場所」をつくっていくために行った支援、授業のつくり方から学んだことを書いてください。

[学習活動]

①グループごとにKJ法で意見交流する。グループは、６名×５グループである。

1．グループごとに、課題①（白）②（水色）の模造紙一枚を準備する。

2．各課題ごとに、各自それぞれ付箋紙に書いた意見を口頭で述べながら、模造紙に貼っていく。

3．似た意見、対照的な意見、まったく異なる視点からの意見などに分類し、付箋紙をグルーピングしていく。グルーピングした付箋紙をマーカーの線で囲み、それに見出し（題名）をつける。

②グループごとに発表し、それぞれ質疑応答を行う。

（3） ワークショップの実際

各グループの討論の実際を記述することは難しい。ここでは、そうした討論を経てできあがった付箋紙に書かれた学生の意見を紹介する。①については1例を、②についてはベトナム教育の現況認識を示す貴重なデータであり、全グループのものを紹介する。

①子どもの表情の中でいちばん印象的で、心に残った表情はどれですか。どうして、印象に残ったのですか（緑色の付箋紙）。

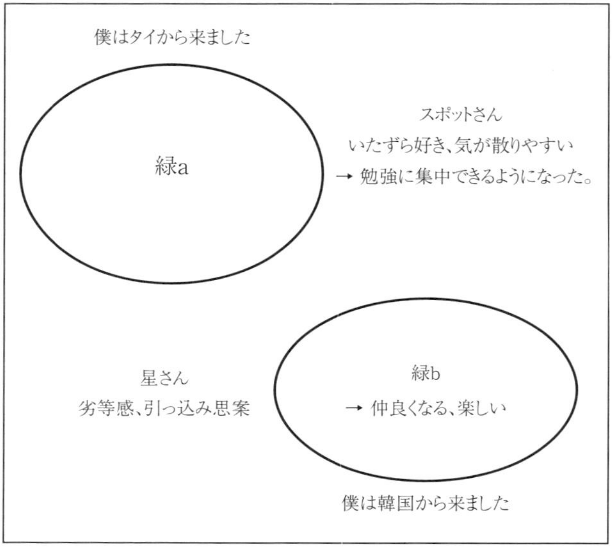

緑ａ

▶スポットさん

最初は大変いたずら好きで人の話も聞かなかったが、先生に民族愛の心について教えてもらってから、タイ人としての誇りを持てるようになった。おそらく日本人が自分のことを認めてくれたので、頑張って日本語を勉強しようと思えるようになったのだろう。

▶スポットさん

最初は勉強が好きでなかったのでいたずらばかりしていたが、クラスメートと仲良くなっていくうちに楽しくなり、勉強にも身が入るようになった。

▶星さん

最初は勉強に興味がわかなかったのでいたずらばかりしていた。しかし彼はタイ語やタイの文化をたいへん愛していた。

▶スポットさん

最初はいたずらばかりしていてクラスメートと仲良くなれなかったが、自分の国や文化を大切にしようという授業を受けてからスポットさんは明るくなった。友達と仲良くすることに理解を示すようになり、意欲的に勉強にも取り組むようになった。

▶スポットさん

いたずら好きだったが、その後クラスの中で活発になり楽しくなった。

▶スポットさん

最初は大変ないたずらっ子で勉強には集中できなかったが、家ではたいへんお利口で両親の手伝いを熱心にしていた。

ある先生が行った熱意と趣向をこらした授業に接してから、身を入れて勉強するようになり、友達とも仲良くなった。

緑b

▶クラスの生徒たちはだんだん仲良くなっていった。一緒に楽しく遊んだり勉強したりできるようになった。特にそれぞれの文化や国を尊重できるようになった。

▶星さんは最初は友達からからかわれたので寂しかった。しかし、先生の心配りと支援のおかげで自信を持てるようになった。特にクラスメートがキムチを作ったり食べたりしてからは、お互いを理解し合うようになって仲良くなった。

▶星さんはキムチの国・韓国から転入してきたので、最初は自信が持てず、恥ずかしがりやで、物怖じして友達とも仲良くなれなかった。しかし、日本人の先生は無理やり日本語の勉強をさせたり、日本文化を押し付けたりせず、民族の文化や伝統の大切さを説いて自尊感情を育む取り組みを日頃からしてくれたので、星さんは自信を持つことができるようになり、明るくなっていった。

▶星さんは最初はクラスメートから無視されたりいじめられたりしたので寂しかった。しかし善元先生の授業を通して、母国である韓国のキムチの匂いに誇りを持てるようになった。そしてクラスメートとも友達になり全員と仲良くできるようになった。

▶星さんは最初は友達から仲間はずれにされたり罵られたりしたので、自分を卑下していたが、先生方や近所のおばさんがクラスメートにキムチを紹介して、クラスメートがキムチを好きになったことで自信を持つことができ楽しくなった。

▶星さんは友達から韓国人だからと無視されたり馬鹿にされたりしたので寂しかった。しかし友達と仲良くできるようになってからは楽しくなって、自信も取り戻すことができるようになった。

▶スポットさんは最初は友達と仲良くなれなかったので孤立してしまい、寂しかった。その後、先生や同国人講師の支援を得て皆と仲良くすることができるようになった。

②教師や学校が、子ども同士の理解を深め、子どもの『心の居場所』を作っていくために行った支援や授業から学んだことを書いてください（黄色、ピンク、水色）。

☆１　ベトナムで既に同様のことが実践されていて共感したこと（黄色）

☆２　日本独自の実践であるが、ベトナムでもすぐに取り入れて、活かすことができそうなこと（ピンク）

☆３　ベトナムでは取り入れることが難しいこと（なぜ難しいか理由もあわせて書いてください）（水色）

［第１グループ］

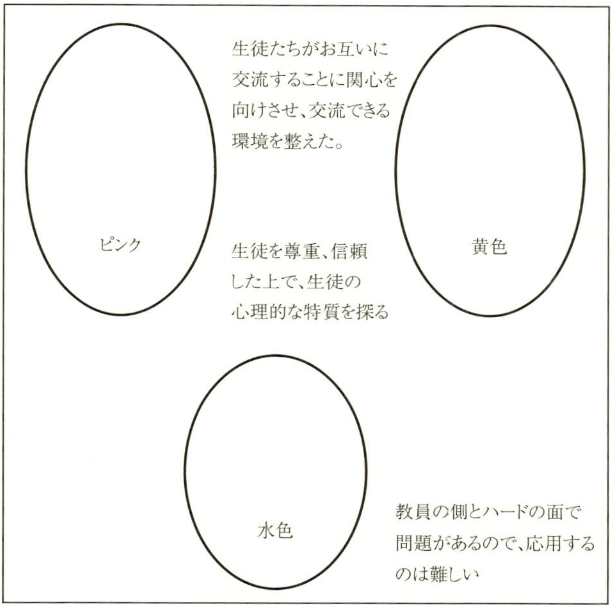

ピンク

▶先生が親しみをもって生徒に関心を向ける。

▶生徒が（他の生徒と共に）学びあいができ、積極的な姿勢で学習できるようにさまざまな教育方法を用いる。

▶生徒たちが異文化をより深く理解できるような体験学習を行う。

▶ビデオで見た教え方は大変おもしろく独創的なので、ベトナムでも応用できる。

▶各少数民族出身の生徒たちが、ビデオで見たように交流したり学びあったりできる環境づくりをする。

▶全クラスで国家という枠組みを越えて各民族の特徴的な文化を紹介する。

▶母語や民族語に関心を持ったり勉強をしたりする時間を設ける。

▶教員が生徒たちのグループ学習に加わる。

▶各地域の特徴的な食文化を知るために、生徒たちが実地学習活動に行く。

▶生徒たちの興味を導き出す独創的な教育方法は高い教育効果がある。

▶生徒たちにいろいろな学習活動を体験させる。

▶生徒たちが学び合う環境づくりをする。

▶教員は今勉強しているテーマについて生徒個人個人に対して心配りをしながら教える。

▶勉強が遅れがちな生徒を対象とした補習授業クラスを設ける。

▶昼ごはん時に給食を分配する。

▶先生は教室の出入り口に立って、生徒たちが入ってくるのを迎えてあげる。

黄色

▶生徒の自立心を養うような工夫をする（御飯を分け合って食べる）。

▶教員が親しみやすい態度で常に生徒に関心を注ぐ。

▶教員も生徒たちと一緒に御飯を食べる。

▶生徒たちをグループに分ける。

▶生徒たちがお互いの気持ちを察しあうようにする。

▶先進的な教え方を取り入れる。

▶教員は生徒一人ひとりの学習状況・生活・文化といった個別の特徴まで注意を払う。

▶生徒たちが仲良く学び合えるように支援する。

▶生徒たちがお互いの暮らし・勉強・文化について理解しあえるような環境づくりをする。

▶生徒の心理状態を理解し、生徒の存在を尊重する。

▶教員は転入生がクラスメートと仲良くなれるように、また生徒たち一人ひとりの思いや希望を共有できるよう、それぞれの生徒について深く関心を注ぐ。

水色

▶ベトナムには基礎的な設備が揃っていない。

▶各学校の教員数が十分ではない。
▶生徒一人ひとりに対して指導するためグループ学習に時間を割ける教員が少ない。
▶基礎的な教育設備が足りていない。
▶生徒を一人ずつ指導するほど教員数が十分ではない。
▶生徒が使用する言語で教える教員がいない。
▶社会的・経済的な理由でベトナムでは取り入れられない。
▶教育設備や教育のスキルの面で限界がある。
▶生徒の母語による授業は、教育設備の点や（英語以外の）他言語を教えることができる教員がいないため、実現が難しい。
▶ハード面、財政面、教員のレベルの面で取り入れるのは難しい。

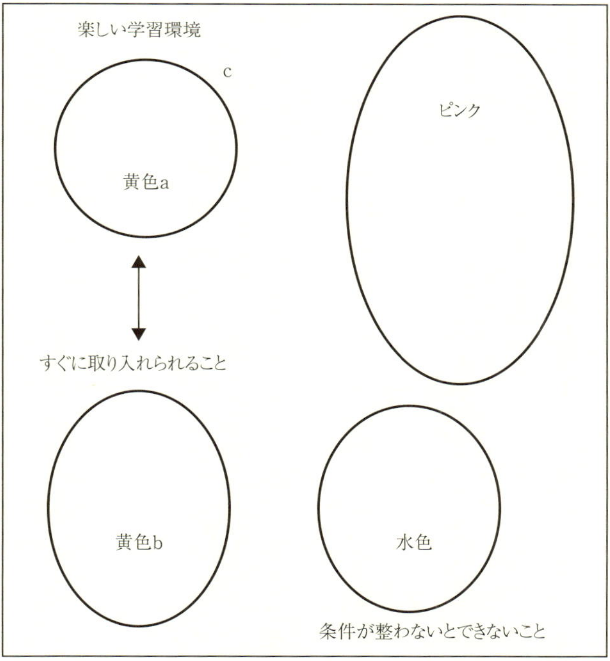

［第２グループ］

黄色ａ

▶給食の時間に先生は生徒たちと一緒に昼食を取る。先生は常に親しみやすく生徒たちと仲良くする。

▶理解していない生徒がいたら補習授業をする。

▶一つの教室に外国籍の生徒が多数在籍できる。

▶教員は、楽しいゲームを交えながらグループ学習を通して理解していない生徒に対して指導する。教室内と課外で生徒と先生がディスカッションをする。

黄色ｂ

▶教員は生徒個人個人に注意を払っている。

▶教員は、自らの民族の矜持を大切にするように励ますと同時に、他国の文化を尊重することの大切さも説く。

▶教員と生徒の関係がオープンで和やかな学習環境を作る。

▶生徒たちが（机上でではなく）実際目の前の事柄を観察できる。

▶生徒たちが、自分が考えたり発言したことに基づいて想像力や考察力を発揮することができる。

▶相手の気持ち、趣味、愛情、故郷などを理解して初めて、相手のことを興味をもって学ぶことができる。

▶教員は生徒と親密な関係性を作ることで指導がよりしやすくなるので、日頃から生徒とおしゃべりをしてコミュニケーションをとることが大切である。

▶クラスに複合的なアイデンティティの生徒が多数在籍していても（ビデオで見たような）温かくてのびのびとした親密な雰囲気があれば、生徒たちは多文化を楽しく吸収しようという気持ちが生まれる。

▶ベトナムではこのような授業は一部の地域では行うことができるであろう。

▶教員と生徒が和やかでオープンな雰囲気でコミュニケーションを取りながら授業をする方法。この方法を用いることによって、生徒は授業中に積極的かつ自主的に勉強に取り組み、思考力や想像力を更に伸ばすことができるし、教員側も生徒から発せられるさまざまな反応を受け取ることができる。その結果、授業時間が白熱し、生徒は多くの知識を吸収できるようになる。

ピンク

▶勉強嫌いな生徒に対してゲーム遊びを取り入れて興味をわかせる。

▶教員側が相応のスキルを身に付けていれば、ベトナムでもすぐに取り入れることができる。

▶ベトナムでも取り入れることはできるだろうが、この教育方法は比較的新しい手法なので地域によって差が出るだろう。

▶大切なのは教員がこの方法をどのような形で実践するかにかかっている。

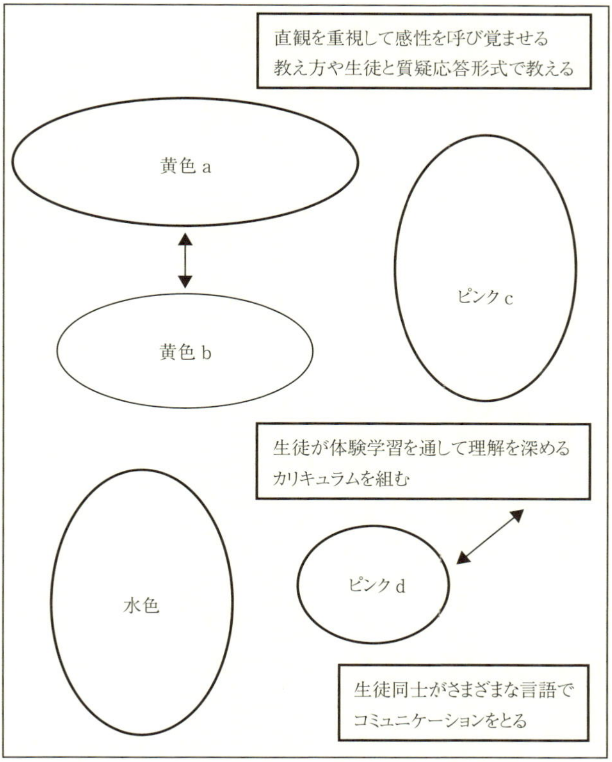

[第３グループ]

黄色ａ

▶教員は、生徒が自分の意見を発表しやすくなるように質疑応答をするような、既存の教え方と直観教育方法を統合して教える。

ベトナムでは以下のような教え方は既に現場で行っている。

積極的に教える。

実物を使いながら教える（直観教育）。

質疑応答を通して意見を引き出す。

生徒と仲良くなり親しみやすくする。

▶積極的能動的な教え方を用いる。

▶質疑応答したり、実物を使ったりした直観教育。

▶教えるときに動作や態度で示し、言語を用いないで教える方法。

黄色ｂ

▶熱心に生徒に向き合う。

▶積極的な教育方法（生徒の考えを引き出す、質疑応答など）。

▶生徒の能力を引き出す。

以上の中で既にベトナムで取り入れられている方法は、質疑応答と直観教育である。

ピンクｃ

▶教員は生徒が校外での体験学習を通して理解するような取り組みを行う。

▶（ビデオで見たような）教育方法はベトナムですぐに取り入れることができるが、生徒を校外に引率して授業を行うことについては、わが国ではまだ制限がある。

▶生徒たちを実地見学に引率する。

▶生徒たちを授業の課題となっている現場に引率し体験学習をする。

ピンクｄ

▶生徒を実地見学に引率し授業のテーマの理解を深める。

▶グループ学習の際、それぞれのグループに１名の教員がつきディスカッションをする。

水色

▶教員－生徒のマンツーマン授業は、一クラスの生徒数が多いので困難。

▶外国語や方言を使って行う授業。

▶多言語を使って生徒とコミュニケーションを取る。

▶ベトナムには外国籍の生徒が多くないので、さまざまな言語を使って生徒たちとおしゃべりをしたりコミュニケーションを取り合ったりすること。

▶グループ学習の際、生徒たちが地域の言葉や文化について話し合うこと。

▶一つの教室でいろいろな言語を使って生徒とコミュニケーションを取ること。

[第４グループ]

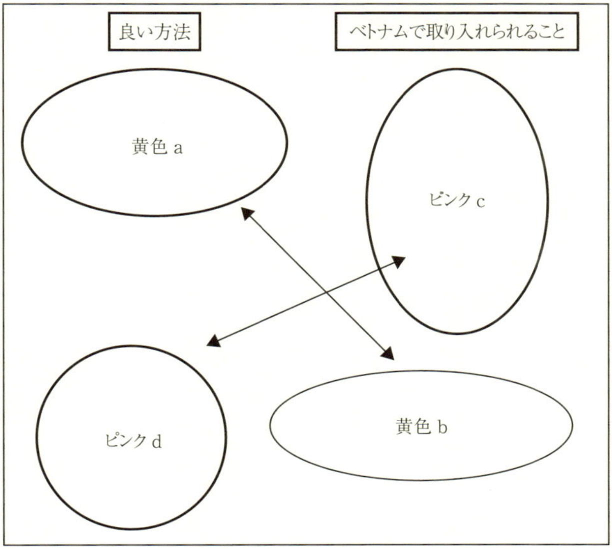

黄色a

▶教員の指導が活発で熱心であり、生徒たちと親密な関係にある。

▶教員は教え方が大変上手で、広い知識を持っている。

▶教員は生徒の家族の状況まで把握するように努めている。

▶教員が仕事に対して情熱を持っていて、親しみやすい。

▶生徒たちと和やかな雰囲気を作る努力をしている。

黄色b

▶教員の問いかけに生徒が答えるやり取りを繰り返しながら、生徒の意見を引き出す。教師が質問する際は生徒がわかりやすい問いかけにし、常に生徒に寄り添った親しみやすい姿勢に終始する。

▶授業のテーマになっている事柄の現場に生徒たちを引率する体験学習。

▶さまざまな方法で生徒たちをほめて励ます。

▶生徒たちが和やかに勉強できるような雰囲気作りに腐心する。

▶転入してきたばかりの生徒に対する親切で和やかな接し方。

▶近代的な設備が整った教室。

▶給食時は生徒たちが自分たちで机を並べ替えるように、生徒の自主性を育てる。

▶教師が生徒たちに討論をさせる場合は、討論の目的を明確に示した上で、生徒の身近な問題に引きつけて問題を設定する。

▶生徒たちとディスカッションをする場合は、常に生徒たちの様子に関心を払い真摯に話し合う姿勢を貫く。

[第５グループ]

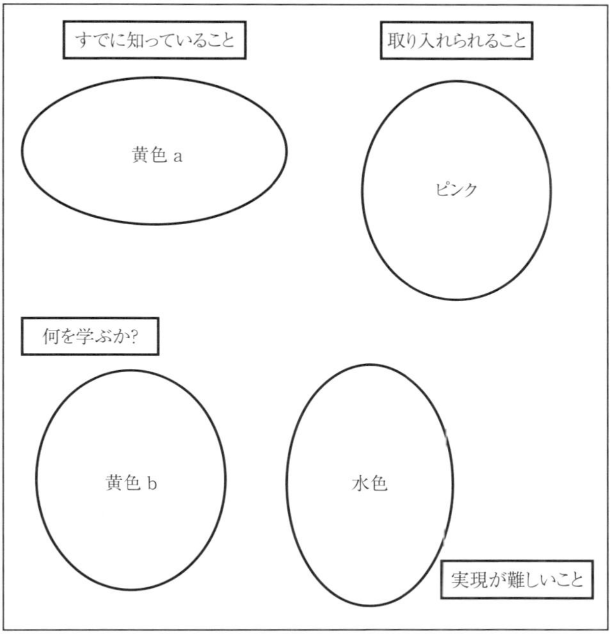

黄色a

▶生徒に対し熱心にかつ親しみを込めて向き合うこと。

▶さまざまな活動を通して授業を進めていく際には、肩肘を張った内容にはせず、柔軟な形で教えていく。

▶教える際は、生徒の心の内の声をよく聴いて、生き生きとした躍動感あふれる形で説明をする。

▶生徒には体験を通じて学ばせてから、納得がいく説明をする。

▶教員は生徒に親しみやすい態度に終始し、生徒の民族的自尊感情を高めるよう励ましてあげる。

▶非言語コミュニケーション（身振り、目の動き）を通じて感情を体現する。

▶生徒には自分の考えていることを言葉で表現するように、常日頃から指導する。

▶机上での学びと実生活とを関連付けさせる。

▶生徒が自分の意見を発表しやすいように、生徒に対して押し付けがましくするのではなく、皆が和やかな気持ちになれるような雰囲気作りをする。

黄色b

▶教員はもっと生徒たちと仲良くするべきである。

▶生きた教育スキルをもっと重視するべきである。

▶教員は生徒に親しみやすく振る舞い、教職に情熱を傾けるだけでなく、生徒たちの言語（母語）や文化にも精通すること。

▶生徒同士が仲良くしお互いを尊重するように指導する。

▶生徒自らが主体的に学ぶようにする。

▶生徒たちが遊びながら学べるような工夫を教員側がする。

▶生徒と親しい関係を築くことで、生徒の気持ちに寄り添い、心を通わせる。

ピンク

▶ベトナムでも取り入れることはできるが、実現可能なのは大都市地域に限られるであろう。

▶できるだけ多様で豊富な方法を駆使して授業を行う。

▶生徒による学習活動は円滑に遂行させ、生き生きとした内容にする。

▶教室内が活気に満ち溢れ、楽しい雰囲気に包まれるように努める。

▶理論を教えるだけではなく（現場に行ったり実物に触れたりし）行動を通して教える。

▶生徒とのコミュニケーションの取り方や状況に応じた接し方を学ぶ。

▶教員は生徒が自分の考えを言葉で表現するように促す。

▶おそらく大都市であれば取り入れることができる。

水色

▶ベトナムでは教員の語学力や専門性が高くないし、体験学習は認められないので、取り入れることは難しい。

▶ハード面が整備されていない。

▶生徒のニーズに十分応えられるようなレベルに達していない教員がいる。

▶各クラスでそのような授業を行うには、経済的な面、ハードの面、そして教員数が十分ではない。

▶生徒たちがあらゆる活動に参加できるほど十分な設備が整っていない。

▶教師と生徒のマンツーマン授業は難しい。

▶教室に入ってから、いたずらをしたり秩序を乱すことはできない。

▶生徒が実習（校外でインタビューしたり、実物を見に行ったり）するため体験学習する条件が十分でない。

▶生徒を個別に教えるマンツーマンレッスン。

▶和やかで楽しい雰囲気を作ることができない。

（4）考察

はじめて体験する方法論であったにもかかわらず、全体の雰囲気としては予想以上に楽しそうで活発であった。しかしよく見ていくと、グループの話し合いでは、積極的に参加する学生と、とまどっている少数の学生の両方が見られた。このときは、どの学生が少数民族出身かわからない状態であったが、とまどっている学生は少数民族出身学生であり、ベトナム語で参加すること自体に困難があることに後で気づかされた。すなわち、ベトナム語によるグループ学習という場がより教育格差・学力格差を強く認識させるものとなった可能性がある。深く反省させられた点である。今後、グループ編成等ですべての学生が参加できる手立てを考案していく必要性を投げかけられた。

ここではごく簡単ではあるが、付箋紙に書かれた内容（緑色、黄色、ピンク、水色）について考察を述べる。

①子どもの表情の中で、いちばん印象的で心に残った表情はどれですか。どうして、印象に残ったのですか（緑色の付箋紙）。

写真４●グループ発表場面

写真５●付箋紙に記入する学生たち

各々に子どもの表情の変容とそれを支えた教員の支援について、よく読み取っている。

「最初はやんちゃだったが、勉強に身が入るようになり、何事にも熱心に取り組み楽しくなった」「クラスの中で孤立していたので時々寂しく感じていたが、その後楽しくなった」と表情の変容のみをとらえて書いている学生もいるが、なぜその変容がもたらされたか、その要因に注目して書いている学生が多くいた。どのようなきっかけや理由があげられているだろうか。抜粋する。

▶スポットさん

・タイ人講師による授業

・自国の言語についての授業

・補習授業（特別授業）

・先生に民族愛の心について教えてもらってから、タイ人としての誇りを持てるようになった。おそらく日本人が自分のことを認めてくれたので、頑張って日本語を勉強しようと思えるようになったのだろう。

・自分の国や文化を大切にしようという授業を受けて

▶星さん

・先生が気にかけて親身になってコミュニケーションを取ってくれたおかげ。

・先生の授業を受けてからは、自国とキムチという食文化に誇りが持てるようになり、クラスメートにキムチを食べるように勧めるまでになった。

・「キムチ」のおかげ

・日本語を教えてもらってからは、先生や友達と日本語でコミュニケーションをることができるようになった。

・キムチの国・韓国から転入してきたので、最初は自信が持てず、恥ずかしがりやで、物怖じして友達とも仲良くなれなかった。しかし、日本人の先生は無理やり日本語の勉強をさせたり、日本文化を押し付けたりせず、民族の文化や伝統の大切さを説いて自尊感情を育む取り組みを日頃からしてくれたので、星さんは自信を持つことができるようになり、明るくなっていった。

以上より、子どもの表情の変容をもたらした要因について、①先生とのコミュニケーションのもとに成り立つ日本語学習によって日本語能力が高まったこと、②学校のカリキュラムにおいて母文化の尊厳を学ぶ授業が位置づけられ、母文化に愛情と誇りを持てるようになり、自信につながったこと、③上記①②によりクラスメートとの相互理解が深まったこと、の３点があげられていることがわかる。少数民族と共に学ぶ大学であるがゆえに、これらの３点について的確に指摘していることがうかがえる。

②教師や学校が、子ども同士の理解を深め、子どもの「心の居場所」をつくっていくために行った支援、授業のつくり方から学んだことを書いてください。

☆1	ベトナムで、すでに同様のことが実践されていて共感したこと（黄色）
☆2	日本独自の実践であるが、ベトナムでもすぐに取り入れて、活かすことができそうなこと（ピンク）
☆3	ベトナムでは取り入れることが難しいこと（なぜ難しいか理由もあわせて書いてください）（水色）

３つの分類が複雑であり、もっとシンプルな分類にすべきだったことが反省点としてあげられる。☆１、☆２が区別して書かれていなかったり、３つの項目のすべてについては書かれていなかったりするグループが見られた。

☆１に関しては大きく分類して、①教員像、②教育方法、③制度面について書かれている。その中から、①、②についてわかりやすく書かれた代表的な例をあげる。

ベトナムでは以下のような教え方は既に現場で行っている。

イ）積極的に教える。

ロ）実物を使いながら教える（直観教育）。

ハ）質疑応答を通して意見を引き出す。

ニ）生徒と仲良くなり親しみやすくする。

こうした「子ども中心主義」に基づく親しみやすい教員像、積極的・能動的・対話的な教育方法や、実物を用いる直観教育の方法がベトナムにおいても浸透しつつあることがうかがえる。一方で、「生きた教育スキルをもっと重視するべきである」「教員は生徒に親しみやすく振る舞い、教職に情熱を傾けるだけでなく、生徒たちの言語（母語）や文化にも精通すること」など、「〜するべきである」「〜すること」という表現で書かれたものもあり、これらの教員像はベトナムにおいて浸透しつつあるが、未だ実現すべき課題でもあることも読み取ることができる。

これに加え、③制度面については「全クラスで国家という枠組みを越えて、各民族の特徴的な文化を紹介する」「母語や民族語に関心を持ったり勉強をしたりする時間を設ける」などが記述されている。こうした民族語や民族文化に関わるカリキュラムは、日本では十分に制度的位置づけがなされておらず、ベトナムに学ぶべきところであろう。

一方、☆２で最も注目されるのは、地域差に関わる記述である。「ベトナムでも取り入れることはできるが、実現可能なのは大都市地域に限られるであろう」「ベトナムでも取り入れることはできるだろうが、この教育方法は比較的新しい手法なので地域によって差がでるだろう」というように、地域による教育格差があるという認識が複数示されている。

☆２では、その他、現場に引率して行う体験学習は新鮮に映ったようだが、ベトナムでは制限があり、実現が難しいと答えている。

☆３（ベトナムでは実現が難しいこと）については、①教育設備などハード面の整備、②少人数学習を保障する教員の量的確保、③児童の母語の背景に対応する語学力や専門性、スキルなど教員の質的確保についての記述が圧倒的に多い。☆３で「和やかで楽しい雰囲気を作ることができない」と教員像について答えた学生がいたことも興味深い。対話的な教員像は、☆１（すでに実践されていること）においてもあげられており、地域や学校で差があることを読み取ることができる。それが主に地域差によるものなのか、他の要因によるものなのかは、さらなる検証が必要である。

おわりに

KJ法による話し合いという学習者主体の方法論が、かえって民族間の教育格差や学力格差を顕在化させる場となってしまったことは、筆者らの深い反省点である。発表者はキン族学生であり、高等教育段階においてもベトナム語力において差があり、学びへの参加が十分に保障されていない現状が浮かび上がってきた。一方で、フモン族とキン族、タイー族の学生が相互に教え合い、時に微笑み合って助け合い、プレゼンテーション用資料を完成させる場面も多く見られた。初等教育段階における共通語としてのベトナム語の基礎力保障の課題の重要性とともに、民族を越えた学び合いをいかに実現していくか、大きな問いを投げかけられたワークショップであった。

4　第１日目終了後の学生の感想と疑問に答える

……善元幸夫

第１日目終了後、学生に感想を書いてもらった。学生たちは講義内容とワークショップの趣旨を深く理解していた。通訳を通しての講義であったが、その感想や意見・質問は講義とワークショップの内容の本質をとらえたものが多い。以下、感想をいくつかのテーマごとにまとめてみた。

（1）教育の目的「人格の完成」

▶教師とはただ単に知識を伝達するのではなく、生徒を理解し、子どもたちの自信を高め、自身の力を存分に発揮できるような友人になってあげることだと思いました。教師は幅広い知識に精通していなければならないのですね。教科書に書かれている知識だけではなく、自分たちが今生きているこの世界について生徒が正しく認識できるように指導するために、現実に即した知識も必要となってくる。（４年、キン族）

▶今日の授業で多くの学びあった中で一番のことは、先生方の熱意・熱血・教師という職業と子どもたちへの愛情です。「子ども中心主義」にそった先生方の教え方です。私はそれぞれの質問に生徒が自ら答えられるように導いていく方法に感服し、学ぶことが多かったです。（３年、タイー族）

⇨ ２人の学生たちの感想に見られるように、教育の主体は学習者であり、学習者を中心に教育は存在する。そのために教育は単なる知識習得だけでなく、現実社会をどのように把握し、そのために教師は何をするのか明確に考えて、教師の役割、心構えを書いている。今講座で学生がこのような考えを持ったことから、ねらいは達せられたといえよう。

（2）教育の方法

ここでは多くの学生がそれぞれに思いをこめて書いた。

▶地震、津波、沖縄戦の惨状の痕跡をパワーポイントで見終わったとき、私は心が打たれたと同時に、日本の方々に心を打たれました。先生方からは「子ども中心主義」にそった教育方法に関する知識を伝えていただいたので、大いに学び、良い経験をつむことができました。（３年、キン族）

▶授業は楽しく明るい雰囲気でしたが、天災や戦争による残虐な被害、生き残った人たちの暮らし、命、幸せについて人文社会学的に示唆に富む内容でした。教え方は、私が初めてみる手法で、教師と生徒の親密な関係性を構築し、生徒のやる気を起こさせるものでした。（３年、キン族）

▶ひとコマの授業でひとつのテーマだけを教えるのではなく、関連するさまざまな知識を一緒に学ばせたり、意見を言わせたりする方法も勉強になりました。（３年、キン族）

▶「教える」ということは常に生徒が中心である、ということを体験できました。この講義は注意力を喚起してくれるので集中できました。内容が魅力的なので、学習にもさまざまなスタイルがあることも知りました。教員の作法・姿勢についても学ばせていただきました。先生方の一挙手一投足、視線の向け方にも「子ども中心主義」に立つ教師像を体現していることがわかったのです。生徒との距離観、親しみやすさ、一体感と教えることの熱意についても大いに考えさせられました。（３年、キン族）

▶今日の授業はとてもおもしろかったです。なぜなら１つの専門科目でなく、私たちの将来に有益な教育方法や生き方をも教えていただいたからです。つまり誠実で親身、そして（生徒の目線と近く）仕事に向かう姿勢を学びました。グループ学習では１つの問題に対し自分の意見を言い、さらにお互いの意見を交換し合うことで自分たちの考えを（前に出て）説明する。このプロセスを通して科学的で斬新な思考を構築できることを学びました。（４年、キン族）

▶私は先生の教え方と教える姿勢が印象に残りました。そして今日勉強になったことは、教えたり学んだりする活動のひとつとしてのグループ学習です。お互いの意見を言い合い、自分の意見をまとめ全員の前で発表する方法です。（４年、サンジウ族）

⇒ 教育の方法は「子ども中心主義」で、現実に起きた社会現象、出来事を学習内容として捉えている。そこにおいての学習は事実に関連する事柄を一緒に、総合的に学習するということである。そのときの学習方法として学習者と教師の関係は「学びの共同探究者」としての親密な関係性が重要である。それはさまざまな知識を一緒に学ばせたり意見を言わせ、子どもにやる気を起こさせることとしている。さらにこの学習方法は、教師と生徒の関係性まで変えていくようである。教師も授業の中で共に考えていくのである。

このような授業スタイルは、従来の「教える」「教えてもらう」関係でなく、「教師と子どもが創る学びの共同体」といわれるように、相互関係の形成につながるものでもある。子どもが自尊の感情を持つことができるためには、子ども自らが学ぶ、生徒の積極性が重要だと結論付け、教師と生徒の関係性が対話型の双方向性（友人）になるということの大切さも、ベトナムの学生が感じていることがわかる。これからのベトナムの授業のあり方を考えるとき重要である。

（3） 教育の作風

▶私はこの大学で多くの教育方法を学んできました。しかし、たぶんいちばん学んでなかったことは「教師という職業を愛すること」「子どもを愛すること」、小学生に「言葉で伝えて理解してもらう方法があること」に、今日気がつきました。それが今、私に足りないところです。ほんとにありがとうございました。（3年、タイー族）

▶今日の授業を通して、先生から次のことを学んで、意義深く感じました。

教師の責任
生徒と仲良く親密になること
先生方の上手な教え方
生徒への共感（2年、フモン族）

▶先生方の今日のような教え方は、私にとってはとても興味がわきました。小学校の教師にとって大切なことは「（教師は）生徒にとって近くに感じる親しみやすさをもって、基本的なやさしい言葉で説明する。また言葉だけでなく、目の動きや動作も使いながら教えること」です。私は遊びの要素も取り入れながら学んだり、現実社会に即して教えていくやりかたが気に入りました。（3年、キン族）

▶先生方は授業を通して熱意と誠意を示されていました。顔の表情や態度、目の配り方、笑みなど（教師の）気持ちを伝えようとする方法は大切だと思いました。（3年、キン族）

▶今日の授業からいろんなことを学べました。特に印象に残ったのは、生徒たちへの親密な接し方と教え方、そして生徒への教育の最善の方法を見つけるための努力をされている姿勢でした。日本人は民族精神があって想像力に溢れ、うまく協力し合えるから、仕事に心血を注ぐことができるのだと感じました。（4年、フモン族）

▶集中講義では先生方からいろいろな教え方を学ぶことができました。将来自分が教壇に立ったときに、先生方のように楽しい雰囲気作りに腐心して、生徒と仲良くしながら学習成果が上げられるような教員になりたいです。（3年、キン族）

▶今日の授業は自分にとって学びが多かったです。先生方が私たちに胸襟を開いて親しく接してくれるので、逆に私たちも先生方に心を開いて親しくできるのですね。（2年、フモン族）

▶今日の授業は先生方の学生への接し方・教え方を通して、将来自分がつく仕事上役に立つ有益な事柄を学びました。私は先生方が生徒たちの心情を理解しようとする献身的な情熱に心を打たれました。私も努力していい先生になろうと思います。（3年、キン族）

⇨ 教育内容、カリキュラムなどというよりは、教育実践を行ううえでなかなか説明できないこと、教師の子どもとの関わり方など、目には見えない教師の子どもに対する接し方に関する感想である。私は、模擬授業をする中で教師の作風を身をもって示すことにした。学生たちはそのことを捉えて書いてくれた。表情や態度、目の配り方、笑みなど、（教師の）気持ちを伝えようとする方法などは授業実践の中でしか伝えることはできない。その意味で模擬授業は重要である。

（4） ベトナムのこれからの教師像への願い

▶今日は私たちに意義深い授業をするためにお越しいただき本当にありがとうございました。実は私はこの数日間悩んでいました。自分は将来ほんとに教壇に立つことができるのであろうか、ここから遠く離れた山奥の故郷に帰って教員になったとしても、いろいろな困難に対処できるのだろうかとの心配が尽きませんでした。それが今の私に足りないところです。ほんとにありがとうございました。（３年、タイー族）

▶今日の授業はとてもおもしろかったので疲れませんでした。日本は生徒たちにとってよい環境であり、先生方は親切で熱心に教える国であることがわかりました。（ベトナムのように）それぞれの生徒たちがそれぞれの言葉を持っていても理解し合えるのですね。自分が将来教師になったとき、どこで教えようとも、どんな環境下にあろうとも、生徒たちに寄り添って親身になれる人間でありたいと希望します。

今日の授業で、星さんと同じ心情である自分がいまだにいることに気づき……ました。（２年、フモン族）

⇨ 学生たちはこれからどんな教師になりたいか、学生たちが「この集中講義が将来の自分の仕事にどのように役立つか」「自分が将来教師になったとき、どこで教えようとも、どんな環境下にあろうとも、生徒たちに寄り添って親身になれる人間でありたい」「ここから遠く離れた山奥の故郷に帰って教員になったとしても、いろいろな困難に対処できるのだろうか」と書いてくれた。これからの自分の将来と関連づけて考えたことは今回の講義のねらいでもあった。

（5） 受講生からの質問

Q1 小学校の児童は覚えが早い分、忘れるのも早いです。「子ども中心主義」教育法でもその点が言えるのではないでしょうか。ノートに書かせないのに、どうやったら知識を覚えさせることができるのでしょうか？（３年、キン族）

⇨ 学習で子どもたちが得る学力は従来、知識・技能が中心でした。しかしこれからの学力は、私たちがこれから出会うさまざまな問題をどう理解し解決するのか、そのような方法を見極めることがその中心的な考えなのです。ですから学力は読んで身に付ける知識だけではないのですよ。

Q2　１つ質問があります。どうすれば生徒たちが頭で考えていることを把握することができるでしょうか？　生徒たちが何を欲し、何が必要かを知るためには、どのような教育方法が一番適しているでしょうか？（４年、ヌン族）

⇨ 教育の方法を考えるとき重要なことは、「子ども理解」です。子どもを知ることはまず地域を知ること、とりわけ子どもの家族や家族を取り巻く地域理解も大事です。子どもの生活を知ることが、この問いの鍵です。

Q3　先生は学生一人ひとりの気持ちを汲むような授業をなさいました。どうすればクラス全員の生徒の気持ちを理解することができるのでしょうか？（３年、タイー族）

⇨ 教育で大切なことはすべての子どもを一定のレベルに高めることです。また、一人ひとりの子どもの個性、子どもの学んだことが重要であると教師が意識することです。このことは「個性の伸長」といいます。今、日本では一人ひとりの「学びの履歴（カリキュラム）」を残していくことだともいわれています。私もこの課題に教職37年間を通して研究してきました。この歳になってもまだわからないことが多いのです。子ども理解は教育の究極の課題のひとつです。

Q4　私はこのような教え方が好きになりました。もっと先生から学びたいと思っています。ビデオの中で先生がなさったような授業を作るには、どのくらい時間をかけて準備をされるのですか？　また親しみやすくて和やかな雰囲気の中で知識を確実に身に付けさせる授業をするには、どのくらい時間を準備に費やせばいいのでしょうか？（４年、キン族）

⇨ 授業がうまくいくかいかないかは、授業研究が重要であることはいうまでもありませんが、私はそれ以上に重要なのは「教材研究」だと思います。授業は一方的に知識を伝えることではありません。子どもたちと対話の中で結論を導くのです。そのために教材研究は大切です。

Q5　今日の授業は楽しくておもしろかったです。先生方の熱心さと親しみやすさが印象的でした。いわゆる困難地域といわれるところで、今日のようなおもしろい学びの時間をつくるにはどうしたらいいのでしょうか？（４年、キン族）

Q6　（グループ学習を通して）私たちは自分の意見を発表する機会を持つことができました。質問があります。大久保小学校の番組を見て、２名の生徒（星君とスポット君）のような特別なバックグラウンドを持つ生徒たちに対して、授業をするために教員を配置する上で難しい点はどのようなことでしょうか？　そしてそのような問題を実際どのように解決しているのでしょうか？（４年、キン族）

⇨ 教育においては目的を達する方法は必ずしもひとつではありません。障害を持っている子ども、少数民族の子ども、都市の子ども、僻地の子ども、さまざまな子どもがいます。そのために教育を多様性を持って考えていくことが重要です。その認識が全体で確認できれば、特別な背景のある子どもに必要な教員の配置が求められていることがわかります。問題解決のためには、目の前にいる子どもを愛することです。教育の平等とはすべての子どもに均等に行うことではありません。教育がもっとも必要とされる子どもに可能な限りの支援をすることです。

（6）おわりに

今回、模擬授業と、日本の子ども中心主義がどのような歴史的経緯で出てきたかを話すことができた。それは日本の教育においても知識・技能の詰め込み教育が、子どもたちの自由でのびのびとした能力の開花を妨げてきたと考えたからである。教育の改革には国境はない。今、アジア各地域で、子どもの学びを中心とした教育実践の萌芽がある。ベトナムの教育改革は、こうした状況の中でその成果が注目されている。

うれしかったのは学生たちが私の講義に参加し、深く思考を深めてくれたことである。外国で通訳を通しての講演は何度もした経験があるが、今回のタイグェンの講義では模擬授業のあとの学生の感想で次のようなものがあった。

▶最後にお願いがあります。善元先生はぜひベトナム語を勉強して、今日のような日本の切実な状況をもっと知らせてください。（３年、キン族）

▶ただひとつ残念だったのは、先生と私は言語が違うばかりに、先生の熱意を十分に感じ取れなかったかもしれないことです。（３年、キン族）

外国で話してこういう感想をもらったのは初めてである。この学生は本気で私たちのことを深いレベルで知りたかったのだろう。子どもの学びを大切にする教育は、国境を越えるのである。

子どもは「学びの主人公」、それは単なる従来の授業のやり方の変更ではない。教育に対する思想の確立が重要である。私たちは同じ地球に生きている。海は世界をつなぎ、空気は世界中つながっている。共に教育改革を考えていきたい。

第 4 章

集中講義とワークショップ(2)

（2012年９月20日、タイグェン師範大学にて）

第３章に引きつづき、３日目午前には、１日目の集中講義に参加した学生35名を対象とし、西岡尚也が講義「世界地図と平等・公平な社会を考える授業」を行った。３日目午後には、２日目に観察実習を行った７名の学生を対象とし、トゥオンヌン小学校で出会った子どもたちに伝えたい思いを表現するワークショップを村上呂里が行った。このワークショップで生まれた学生たちの表現をぜひお読みいただきたい。

1　講義「世界地図と平等・公平な社会を考える授業」からの考察
――講義シナリオとベトナム大学生の感想を中心に

……西岡尚也

キーワード：世界地図認識、異文化理解、感想文、少数民族、開発教育の視点

（1）はじめに

本稿は2012年９月20日、ベトナム国立タイグェン師範大学で行った公開講義（２コマ）の実践報告記録である。それに加えて、講義に出席した学生の感想文（161ページ参照）から見えてきたことを考察した。

筆者はこれまで、ベトナムの小学校で小学生と教員を対象とした研究授業を３回実施[(1)]してきたが、大学生と大学教員への公開講義は初体験である。タイグェン師範大学は、ベトナム北部タイグェン省、山間地域の中心都市であるタイグェン市に位置し、少数民族出身者の教員養成を担う、多民族国家ベトナムにおける特色ある拠点大学である。独立の指導者ホーチミンの「すべての民族は対等である」という建国理念をうけ、国内で少数民族が集中する北部山岳地域に創設された、多民族国家ベトナムの特色ある教員養成機関である。

教員養成（教育学部・大学院）系分野のみで1万人を超える学生＝教員志望者の多くが、政府から奨学金を受けて学んでいる。卒業生の多くは故郷の山間地域に戻り、地元の学校で教育に従事することになる（たとえば感想文②の学生など）。

（2）公開講義（その１）の概要

□日　時：2012年９月20日、１限

□場　所：タイグェン師範大学

□対　象：大学生32人

１「世界地図」はどのように作られるのか。「面積」「方位」は正しいか？

２「平等・公平な社会」について考えよう。

３　異文化理解、開発教育、地球の課題を考えるための世界地図

①導入

日本語の「歴史」「地理」(2) と、ベトナム語の「Lich Su」「Dia Li」が発音がよく似ていることをきっかけとして、どちらも起源は中国語＝「漢字」であることを紹介した。このことで日本への親近感を感じてもらうのが目的である。学生諸君の反応は良かったので、導入としては、成功であった（写真１）。

写真１●小学校４年生教科書　「歴史と地理」

（出典：Lich Su va Dia Li 4, Nha Xuat Ban Giao Duc）

②メンタルマップ世界地図（頭の中の世界地図）

何も参照せずに各自のイメージで、世界地図（一種のメンタルマップ）を描いてもらう（５分間）という試みである。この手法と考察は、過去に日本の高校生・大学生を対象とした調査で、筆者がまとめたものがある（西岡1996、2007など）。

この中でも指摘したことであるが、「自分の国を大きく、中央付近に描く」傾向は、今回のベトナムの学生のメンタルマップでも見られた（図１～３）。しかしながらこの傾向は日本の学生よりも少ない。

通常日本では教材の世界地図は「太平洋中心」に描かれることが多いが、筆者の経験ではベトナムの小学校で使用されていた掛け地図や、教科書および地図帳の世界地図（教材）は、「大西洋中心」が多い。このことが自国＝ベトナムを中央とせず「右端」に描くことに影響していると考えられる。

さらに「満足のいく世界地図」が描けるかに関しては、日本と比べてベトナムの方が「少ない」という傾向が見られた。ただし、これは今回のベトナム学生数が32人と少数であり、断定はできない。今後調査対象を増やし明らかにしたい。いずれにせよ「世界地図を描くこと」は、今回の公開授業の「導入」を含んでいる。ここには「自分の頭の中の世界地図」＝自己の世界認識、に関心を持ってほしいという筆者の願いが込められている。

図1 メンタルマップ世界地図の例（タイグェン師範大学学生）その1

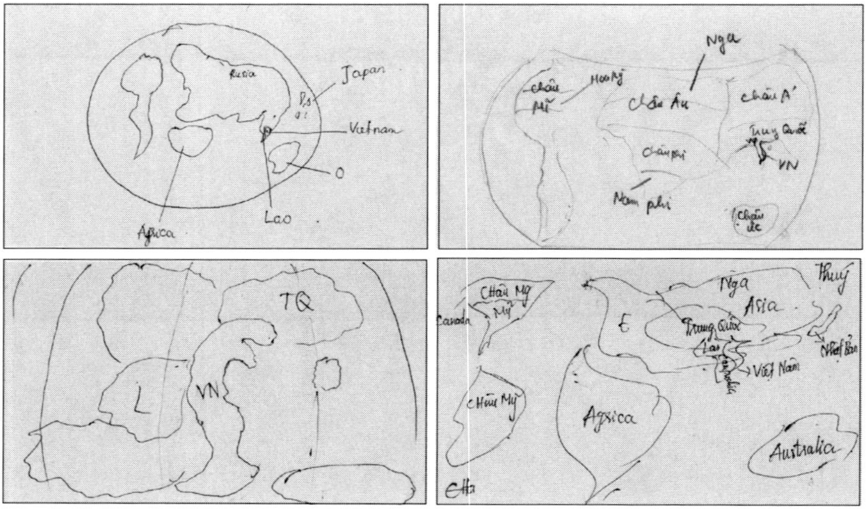

図２●メンタルマップ世界地図の例（タイグェン師範大学学生）その２

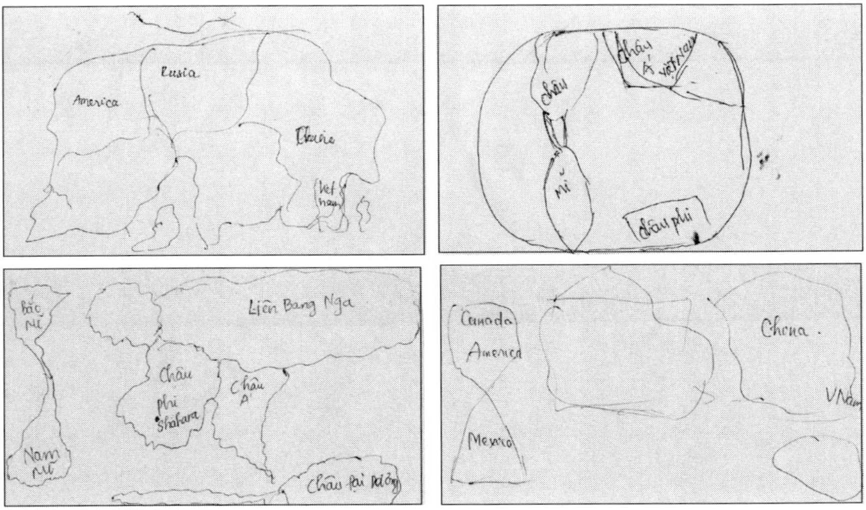

図３●メンタルマップ世界地図の例（タイグェン師範大学学生）その３

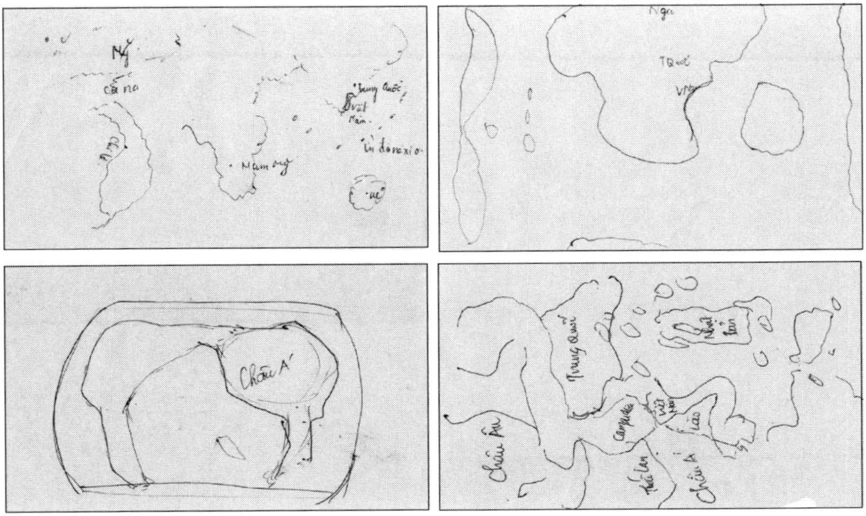

③５年前の２つの授業風景（DVD映像を見せる）

筆者が初めてタイグェン省を訪れた５年前2007年12月、クックドゥオン小学校のベトナム語の授業の様子をまず映像で見せた。私たち（日本からの来客者）が授業参観しているためか、子どもたちや先生方にも少し緊張が見られた。授業者の教員は木製の棒（定規）を持って、机をたたきながら授業を進めていた。教科書を解説しながら、何人かの児童にところどころ発問するという方法であった。残念であるが、私の印象では、この授業は「伝達」＝「一方通行」の授業に見えた。

次に同じ日に私がクックドゥオン小学校の５年生のクラスで行った、公開授業のDVD映像を見せた。このとき私がめざしたのは、「一方通行」ではなく子どもたちとの「対話」を重視することだった。手法としては発問と回答のやりとりを通じて「対話」授業を展開した。そのために筆者は意識的に教壇から降りて、机間を回ることを試みて、より子どもたちと身近に接する工夫をした。学生には２つの映像の異なる点を考えてもらった。

④世界地図ができるまで「地球の平面化」

ここからは受講生（大学生）に私がクックドゥオン小学校で行ったのと同じ授業を展開した（５～６人グループで討論 → 代表が黒板にグループの答えを描く）。

1　次の立体を平面に「展開」して、その展開図を黒板に描いてもらう。立方体、円柱、四角錐、三角錐、円錐、球（地球、オレンジの皮のイメージ）

2　地球を平面に展開した場合に、面積はどのように描かれてしまうか？

3　世界地図の面積を正確に描くためにはどのような工夫が必要になるか？

４つの立体を「展開＝平面化」することを考えてもらうために、実物（身近なものを用いた教材：箱、筒、オレンジ、ビーチボール）を示した。その回答をグループ代表一人が黒板に記入する方法を用いた。これは「伝達」「一方通行」になる展開を防ぎ、主体的「子ども中心」に参加させる授業への工夫である。この点は感想文でも「……いろんな立体を展開して描かせる方法や、身近にあるオレンジや箱など、目に見える形（実物）を用いていたことだ。この方法なら私たちにも将来応用できると思った。特に小学生には興味を持って学べる方法だ」（感想文①）「……オレンジの皮を使った地球儀の構造の説明がとてもおもしろかった。このような教え方があるとは知らず、大変驚いた」（感想文⑧）と、好評であった（感想文①④⑧など参照）。

写真２・３●公開講義のようす（2012.9.20、タイグェン師範大学）

⑤講義（その１）まとめ――学生に考えてほしかったポイント

①教師→児童への「一方通行」にならないために、どんな工夫がされたか。

②子どもたちの「関心をひきつける」ために、どんな工夫がされていたか。

③子どもたちを「ほめる」ことには、どのような効果があるか。

（3）公開講義（その2）の概要

□日　時：2012年9月20日、2限

□場　所：タイグェン師範大学

□対　象：大学生32人

1　異文化理解——世界の食卓と民族文化からの考察。

2　経済格差から派生する地球規模の課題には何があるか。

3　「平等・公平な社会」のために、私たちは何ができるのか考えてみよう。

①導入

ベトナムには54の民族が住んでいて、タイグェン市の周辺にはその多くが居住している。タイグェン師範大学の学生にも異なる民族出身の方がいる。ここでは2012年2月に私が、クックドゥオン小学校で行った公開授業「異文化理解——世界の食卓から」をふり返りながら、異文化理解教育の手法について考えてもらうのがねらいである。

②スライド写真「世界の食卓」（開発教育協会2010）の上映

スライド写真は2012年2月クックドゥオン小学校で子どもたちに見せたのと同じものである。クックドゥオン小学校には、キン族、フモン族、タイー族の子どもがいる。先生方は常にそれぞれの文化・伝統・言語を尊重しながら授業を行っている。そのことは、教室に貼られていた写真やベトナム建国の指導者ホーチミンを囲む、12人の民族衣装の子どもたちのポスター（第2章写真1）からも伺える。この根底には「少数民族の民族言語学習権の理念」（村上2008、276頁）や、「言葉とは民族にとって時空を超えた貴重な財産である」（村上2008、288頁）という指導者ホーチミンの思想が生かされている。さらに「歌」や「祭り」などに積極的に参加することで、自分たちの文化や伝統に関心を持つように工夫がなされていた。

スライドの前半は『写真で学ぼう世界の食卓・学習プラン10』（開発教育協会2010）という日本で作られた教材の中の写真である。

世界各地の家族とその家にある「食べ物」と「飲み物」をすべて並べてもらって撮影したものである。子どもたちの関心は、食べ物の種類だけではなく、家族の人数、とりわけ自分と同年代の子どもの様子に向けられる。他にも家具や食器類、冷蔵庫などの電化製品にも関心が向けられる。したがって時間をかけてゆっくりと一枚の写真を見せながら、何が写っているかを「発表」させながら見せていくことで、自分たちと異なる世界・地域の人びとの暮らしに関心が高まるようにする。

これは前時限の講義「世界地図ができるまで」と関連することであるが、それぞれの写真が撮影された国の位置を、必ず世界地図で確認させる。世界地図を用いて位置を調べるという作業から、そこに住む人びとを大きな視点から「客観視」（＝場所とのリンクでイメージ化）することが可能になる。いいかえれば広い世界の中で「自分たち」を「多文化の一つ」として、他文化と対等な存在として、さらに「多民族の一つ」と他民族と対等な存在として、「相対的に自文化、自民族を認識する」（アイデンティティの確立）が可能になる。すなわち「大きな広い世界」の中の「小さな存在」の自分に気づくのである。

世界地図で考えることは、国境や民族の枠を超えた空間的に広い世界の存在を認識するきっかけを作り「精神的にもプラスの効果」が生じるのである（荒木ほか2006、95頁）。

③ベトナムそして身近な写真からの考察

写真の後半は*54 Ethnic Groups in Vietnam*（VNA Publishing House 2008）の本からとった民族の写真をパワーポイントで見せる。ここでは『写真で学ぶ世界の食卓』（開発教育協会2010）は、実はベトナム国内の民族の「違い」にも通じることを、子どもたちに伝えたいという意図がある。また小学校周辺の写真、クックドゥオン村の食堂での料理、ハノイ市内の様子などの写真を混ぜておくことで、「遠い世界」と「身近な世界」をリンクさせるように配慮して写真の配置を構成した。スライド写真を見ての感想を大学生にグループごとに発表してもらった。

1	どんなことがわかったか（小学生にたくさんあげてもらうための質問）
2	どんな食べ物・飲み物がありましたか。
3	皆さんの家ではどんな食べ物を食べていますか（絵を描いてもらう）。 クックドゥオン小学校の授業では「特別な日（ハレの日）」の食卓（食事の様子）を描いてもらったが、時間不足でうまくいかなかった。
4	自分たちの「食卓」「食事の様子」を意識することが客観的な文化としての「自分たちのアイデンティティ認識」に結びつくと考えたからである。

④講義（その２）まとめで学生諸君に考えてほしかったポイント

- 異文化理解教育にとって最も大切なことは「文化には上下がない」ということである。これは「文化相対主義」の視点である。
- 多数民族だから「上位」で、少数民族だから「下位」という考え方は誤りであることを、子どもたちに伝えるためにはどんな工夫が必要か。
- あなたが少数民族の地域の学校で、「自尊心＝自分たちの文化に誇りを持たせる授業」を行う際に、どんな工夫をし、どんな点に注意するか。

（4）公開講義と感想文からの考察

①今回の講義（その１、その２）をふり返っての反省点

１限め「世界地図」の授業では、うまく学生の関心をひきつけ、グループ分けしながら「主体的」に授業に参加させる「参加型学習」ができた。感想文を見ると、この点ではある程度成功したのではないかと考える。当初の計画では１限の「世界地図」を発展させ、２限には「少数民族の文化」から異文化理解を深めることを考えていた。しかしながら時間不足の関係で「世界の食卓」の写真スライドを見せるのを省略した。

結果として日本への食糧輸入の話から、経済格差問題を明らかにして、先進国における過剰開発と、開発途上国における低開発の格差問題を紹介できた。感想文からも学生の反応は大変良好であったと思う。今後機会があれば、タイグェン師範大学側の希望を聞きながら、「環境問題」（＝大気汚染・水質汚濁・温暖化・森林破壊・砂漠化など）をテーマにした講義を実施していきたい。

②ベトナムにおける「開発教育」導入の可能性

地理教育とりわけ地誌教育においては、広く世界地誌で自分たちとは異なる世界の地域の実情を知ることがそのテーマである。ここで大切なのは単なる「知識として知る＝認識する」ことにとどまるだけではいけない。自分の日常生活や生き方、そして「世界観」「人生観」＝「地理的なものの見方や考え方」までつながっていくようにする。すなわち、私たち人類の生活舞台である地球や世界を正しく認識することは、日本の学習指導要領中学校社会科地理的分野でも述べられているように「地理的ものの見方や考え方」を習得することである（文部科学省2008、19頁）。この点でいえば、以下の学生の感想文は非常に興味深い。

▶感想文①……写真やビデオ映像を通して、世界で起こっているきわめて厳しい状況を見ることができた。そして、豊かになるとはどういうことなのか、各国の志ある人たちの博愛精神がどのような支援をしているのかもわかった。これらの視聴覚教材を通して、自分たちはもっとグローバルに物事を見ていく必要があり、私より大変な状況にある人たちに対して、小さなことでもいいから何かしなければならないと思った。

▶感想文②……まだまだ多くの問題を抱えて貧しい私の故郷ホアビン（Hoa Binh）省では食料も足りないし、経済発展から取り残されている。でも私はできる限り努力しなければならないと思う。故郷が私を待っているからである。一日でも早く故郷に帰って、子どもたちに知識や自分が経験したことを教えてあげたい焦燥感に駆られている。

▶感想文③……私の心の中で教育に対する信念に火が灯り、教職を今まで以上に好きに思えてきた。映像では日本の姿がわかっただけではなく、現代世界が抱えているさまざまな問題について知ることができた。生きていることそれ自体に価値がある。しかし今日の「平等と公平」の授業を受けて、豊かさと貧しさについて、この地球上の不公平について改めて考えさせられた。

▶感想文④……食糧と人類の暮らしについての授業では、多くのことを考えさせられた。アフリカ大陸で貧しい暮らしを余儀なくされている人たちへ同情するだけでなく、私たちとの関係性や私たちの暮らしを再認識させられた。「豊かな人と貧しい人の格差をなくすために、私たちは何をすべきでしょうか？」と「どうしたら誰もが平等になれるでしょうか？」の２つの問いに対しては、答えが出せませんでした。

▶感想文⑤……今日は地理の勉強を通して「平等と公平」について勉強ができた。実はこれまで私は、授業では教科書に書いてある内容を伝えればそれで十分だと考えていた。しかし今日の授業を受けて考えが変わった。教科書を教えるだけではなく、生き方やいかに生きていくかをも生徒たちに伝えていく必要がある。

▶感想文⑥……飢餓で苦しむエチオピアの人たちの様子を見て、私たちは地球に住んでいる人間としてお互いに平和に暮らしていくために手を取り合って助け合わなければならないと感じた。この講義ではただ地球に関する知識を教えるのではなく、生きていくうえでの大切な事柄をも教えてもらった。

▶感想文⑦……今日の講義テーマであった「平等と公平」は、人間社会にとって必要不可欠な要素であり、社会が発展していくことを担保するものである。アフリカ大陸のある地域（映像ではエチオピア北部）に暮らす人たちのビデオを見て、その痛ましい運命と状況に心を痛めた。翻って私は彼らに比べてなんて幸運なのだろうと思う。そう思える人はこの地球上ではきわめて限られていて、多くの人たちは支援を必要とする運命と境遇にあることを知った。

▶感想文⑧……映像からは日本やアメリカ合衆国のような経済発展をとげている国の様子がわかった。同時に物質的にも精神的にも苦しくて貧しい人たちには心を動かされた。「私たちは他人に無関心であってはいけない」これがビデオ映像を見ての私からのメッセージである。

これらの感想文から今回のタイグェン師範大学の学生の中に、世界地図認識＝地誌学習が「態度形成」まで発展する可能性が見られた点で、非常に興味深い（中山2001、130～131頁）。これは地誌と開発教育の接点の実例と考えられる。開発教育は1970年代に入り先進国でスタートしたが（西岡2007、104頁）、今日ではベトナムを含む途上国・新興国の学生を対象としても発展の可能性を十分に包含しているのである。このことをタイグェン師範大学の学生の感想文から筆者は確信するようになった。

すなわち開発教育の今後の方向として、「先進国と途上国の連携で、地球規模の課題解決へ向けた大きな進展が期待できる」と筆者は従来から考えてきた（西岡2007、120～133頁）が、このことが今回の感想で「証明された」のである。これは将来の開発教育発展の方向を示すものである。この意味で今回の公開講義の実施は大変意義深い。

地球規模の課題解決、たとえば南北間の経済格差や環境問題に関して、先進国と途上国の利害の対立＝意見の相違がみられる。このような状況で多くの先進国における開発教育実践者には「閉塞感」が存在する。しかしこれを乗り越えないかぎり、次のステップは見えてこない。では次は何を試みたらよいのか。先進国の開発教育実践者が途上国・新興国へ出向き、「出前授業」「出前講義」を行い、開発教育の手法や理念を拡大することで、このような「閉塞感」は必ず払拭できるだろう。これが筆者の考えである。

③ベトナム周辺国との少数民族教育の連携

公開講義前日の2012年９月19日、タイグェン市から北部山間部のトゥオンヌン小学校へ向かう車の中で、筆者は男子学生２人（フモン族）の隣に座る機会があった。この時間に英語を使って会話を試みた。このとき、持参してきた以前筆者が中国で入手した『雲南省少数民族写真集』とラオスで入手した *The People of Laos – Rural and Ethnic Diversities* 民族写真集を説明しながら彼らにみせた（詳細は文献参照）。

彼らにとって自分と同じフモン族が国境を越えた隣の国に生活し、その様子を写真で見ることは、おそらく初めての経験であっただろう。二人は食い入るように写真集を見ていた。私はベトナム語はわからないが彼らの「輝いた目」「興味津々な目」は、自分たちと同じ「生活様式・言語・風俗・伝統文化……」を共有する人びとが、すぐ国境の向こうに存在することに大きく感動していることを示していた。

フモン族はベトナム国内では「少数」かもしれない。しかし国境を越えて隣国に存在する「同胞」の存在が、彼らのアイデンティティを「刺激した」のである。多文化共生は開発教育の視点であるが、今回の経験は「教材（写真）の力」を用いることで、少数民族の子どもたちが「自信・誇り」を取り戻すきっかけになる、という手応えを私は感じた。

かつてブラジルの教育者パウロ・フレイレは、抑圧を受けてきた人びとが「識字教育」を受けることをきっかけに「自らの権利に目覚める」ことを「意識化」と呼んだ（モアシルガドッチ1993、47～56頁）。筆者は今回のタイグェン師範大学での公開講義の経験を通して「教材（写真や映像）の力」が、途上国そして少数民族の若者に、自らの文化や伝統に「自信」や「自尊心」そして「アイデンティティ」を取り戻す動機となることを知った。これはフレイレの「意識化」にもつながるのではないだろうか。開発教育の視点の芽生え、「新興国」での開発教育の可能性、とりわけ「教材開発」を今後も検討していきたい。

④結論

今回のタイグェン師範大学での公開講義は、筆者にとって大変大きな収穫であった。途上国・新興国の厳しい状況で学ぶ将来教員をめざす学生に、少しでも役だつ「教育実践」「教材への工夫」を体験してほしい、というのが筆者の当初の目標であった。このことは受講してくれた学生の感想文からもある程度達成できたと思う。日本の小・中・高校生や大学生を対象としてきた今回の講義の展開の手法や教材が、十分にベトナムの学生にも活用できることを実証できた。感想から読み取れたのは、日本からやって来た私たちの授業実践は「新鮮」であったという点である。今回の講義は筆者自身が社会科、とりわけ地理教育分野を専門にしていることもあり、地理教育分野の内容が中心であった。将来的には他分野の授業実践を提示していきたい。

謝辞

今回こような公開講義の機会を与えていただいた、ファン・ホン・クァン（Pham Hong Quang）学長をはじめ、タイグェン師範大学の諸先生方に感謝いたします。また、私の講義で同時通訳をしていただいたダン・タイ・ミン（Dang Thai Minh）さん、学生の感想文を訳していただいた那須泉先生に御礼申し上げます。

[注]

（1）筆者はタイグェン省ヴォーニャイ郡クックドゥオン小学校で合計３回（2007年12月、2009年12月、20010年9月）研究授業を行った。

（2）ベトナムの小・中・高校では、歴史・地理は社会科の中の小教科ではなく、単独の「歴史科」「地理科」であり、独立した教科として教えられている。日本で「社会科」が導入されたのは、第二次大戦後である。

［文献］

荒木一視・川田力・西岡尚也（2006）『小学生に教える地理――先生のための最低限ガイド』ナカニシヤ出版、95～96頁

開発教育協会（2010）『写真で学ぼう世界の食卓・学習プラン10』開発教育協会

中山修一（2007）「地誌で耕す地理教育――地誌と開発教育の接点」『地理』第46巻1号、130～131頁

西岡尚也（1996）『開発教育のすすめ――南北共生時代の国際理解教育』かもがわ出版

西岡尚也（2007）『子どもたちへの開発教育――世界のリアルをどう教えるか』ナカニシヤ出版

村上呂里（2008）『日本・ベトナム比較言語教育史――沖縄から多言語社会をのぞむ』明石書店

文部科学省（2008）『中学校学習指導要領解説　社会編』日本文教出版

モアシルガドッチ著、里見実・野元弘幸訳（1993）『パウロ・フレイレを読む――抑圧からの解放と人間再生を求める民衆教育の思想と実践』亜紀書房

山人（1998）『雲嶺之――雲南少数民族写真集』雲南美木出版社

Laurent Chazee（2002）*The People of Laos – Rural and Ethnic Diversities*, White Lotus

VNA Publishing House（2008）*54 Ethnic Groups in Vietnam*, VNA Publishing House

2 ワークショップ「子どもたちへ伝えたい思いを表現する」

……村上呂里

(1) ワークショップにこめた思い

第1日目の講義とワークショップ、第2日目のトゥオンヌン小学校訪問での子どもたちとの出会いを踏まえ、第3日目午後には「子どもたちへ伝えたい思いを表現する」というワークショップを行った。盛んに叫ばれるlay hoc sinh lam trung tam（学習者中心主義）について、単に学習者主体が活発に活動するという理解にとどまるのではなく、各々のライフヒストリーを懸命に生きる子どもたちの尊厳の地点から「学び」を問い返したい、少数民族地域の子どもたちへいちばん伝えたい思いとは何かを豊かにし、12月の授業づくりに臨んでほしいという願いから行った。

このワークショップの拠り所には、第三世界の識字教育理論家・実践家として世界中に知られるブラジルのパウロ・フレイレの「意識化」がある。「意識化」については、『被抑圧者の教育学』（小沢有作・楠原彰・柿沼秀雄・伊藤周訳、亜紀書房、1979年）の訳注で、次のように解説されている（序章 1頁)。

> 意識化、ポルトガル語ではconscientizaçãoで、フレイレの実践と理論の最重要概念である。ラテン系言語や英語では、意識と良心は同義語なので「良心化」さらには「人間化」と訳出してもよいかもしれない。フレイレはこの言葉を、抑圧され非人間化され、「沈黙の文化」のなかに埋没させられている民衆が、「調整者」（たんなる教師ではなく、民衆の苦悩と希望を共有することによって自らの人間化を求めようとする「ラディカルズ」）の協力をえて、対話や集団討論——すなわち、学習によって自らと他者、あるいは現実世界との関係性を認識し意味化する力を獲得しながら、自らと他者あるいは現実世界との関係を変革し人間化しようとする自己解放と同時に相互解放の実践、といったダイナミックな意味でつかっている。

この「意識化」概念を踏まえ、ワークショップの〈場〉そのものを、さまざまなライフヒストリーを背景としたベトナム側、日本側参加者が、国境を越え、相互に各々の尊厳を学び合い、「人間化」を求める実践として構想した。

タイグェン師範大学学生参加者は、フモン族出身学生５名、タイー族出身学生１名、キン族出身学生１名の計７名。

対話を生成創造する〈場〉を示すと、次のようになる。

フモン族学生　フモン族学生　フモン族学生　フモン族学生　フモン族学生

学習材

善元　　　　　　　　　　タイー族学生

アイヌ創作民話　　**沖縄創作民話**

西岡　　　　　　　　　　キン族学生

岩木・村上（ファシリテーター）・Minh（通訳）・那須・Tan（キン族教員）

学習材は、日本における先住民族であるアイヌ民族の創作絵本、宇梶静江『古布絵本　アイヌのカムイユカラ（神謡）より　シマフクロウとサケ』（福音館書店、2006年）とたいらみちこ『沖縄紅型（びんがた）絵本　ぶながやのみた夢』（工房ぶながや、2003年）を用いた。いずれも女性作家による布絵本である。「布」には、民族や地域に根ざした〈伝統〉を受け継ぎ、伝えたいという手仕事を通した願いがこめられている。「手仕事」の味わいを大切にした授業づくりをしてほしいとの願いもあった。

後者は、沖縄の山原（ヤンバル）に住む木の精・ぶながやを主人公とし、嶽（うたき）、火の神（ひぬかん）、シーサーなど沖縄の人びとの祈りに関わる民俗文化を織り込み、これらの文化を拠り所とし、沖縄地域に対する構造的差別の象徴といえる「基地」がなくなり、平和な島となることへの祈りをこめた創作民話である。

写真４●『沖縄紅型絵本』に見入る学生たち

前者は、大きな目で「夜も見張ってわたしたちを守ってくれる知恵のある神様」シマフクロウを主人公とした創作民話である。この「あとがき」については、翻訳したもの（訳者　落合幸子）も併せて渡した。この中の「アイヌの心」という項目を次に示す。

わたしたちアイヌは、自然界の神々を敬い、人と人の間の礼儀を尽くし、人が人を殺す道具を作らず、殺戮を戒め他の民族を侵略せず、言葉で伝えることを信じ、大切にしてきた民族です。祖先から伝えられた豊かな物語を、文字ではなく、語られる言葉と歌によって、営々と伝承してきました。しかし、アイヌの言葉と生活習慣を禁じられるという悲しい歴史の中で、わたしたちアイヌは、自分たちの心のよりどころを見失い、苦しみつづけてきました。わたしもその一人でした。

でもあるとき、シマフクロウのカッと見開いた金の目が、わたしの中で炎となって迫ってきたのです。燃えるような思いで夢中になって、わたしは、一枚の布絵を作りました。それが、わたしが初めて作った「炎のシマフクロウ」です。古い布とアイヌの伝統の刺繍をいかして作ったその絵を「古布絵」と名づけました。そして、アイヌの守り神、シマフクロウに背中を押されるようにして、この物語の布絵が生まれました。それは、わたしの中で、アイヌの心が再びいきいきとよみがえった瞬間でした。

ここには、「アイヌの言葉と生活習慣を禁じられるという悲しい歴史」の中で拠り所となり、営々と伝承されてきた「アイヌの心」と文化のありようが語られている。同様の悲しみを抱えてきた少数民族出身の学生たちの心を深く揺さぶるであろう。また少数民族の悲しみに触れることがあまりなかった学生たちや教員（それは私自身のありようでもあることを痛切に省み、忘れてはならぬ）が、その痛みと出会い、向き合う場ともなろう。

こうした学習材のありようについては、大沢敏郎「補論＝横浜・寿識字学校からの報告　わが身を鞭うち、いのちに励まされ」（パウロ・フレイレ／柿沼秀雄訳『自由のための文化行動』亜紀書房、1984年）に学んでいる。大沢は次のように述べる。

> 教材は、一人ひとりの人が自分の生きてきたことを問いかえし、その問いかえしがちからとなって、これから生きていけるような質のものでなければならない。言いかえれば、その人の心に教材の質がとどくかどうかということである。魂をふるわせ、いのちを励ますような教材でなければならないということである。

大沢は、パウロ・フレイレにより、教材を一人ひとりの生への「課題提起」としてとらえ、この課題提起を受け、対話的な〈場〉が生成すると述べる。

当日は、二つの創作民話を紹介し、宇梶による「アイヌの心」を丁寧に読み取った。また日本の伝統的な古布（絣(かすり)やアイヌ刺繡など）や、ベトナムで購入した少数民族の古布を実際に手に取ってその味わいに触れられるように学びの環境を整えた。とりわけ学生たちは、アイヌの刺繡とフモン族の刺繡の相似性に心を奪われたようであった。それぞれの地域に固有の〈根〉を掘り下げていけば、独自性を発揮しながら、つながり合い、通じ合う〈普遍〉へとひらかれ、国境を越えていく。こうした文化のありようを期せずして感じとったのであろう。

この後、「子どもたちへいちばん伝えたい思い」を表現し、最後に発表してもらった。筆者の予想を超え、おそらくこれまで学校という〈場〉で表現することがなかったであろうライフヒストリーや学校体験で抱えた奥深い思いを絵や言葉で表現してくれた。それは、二つの創作民話学習材の力を含め、この３日間の講義とワークショップのプログラムの総体を受けての「表現」として受けとめられる。祖母が学校に行けなかった体験を持つ日本側の参加者や、最後まで参加してくださった唯一のベトナム人教員（キン族出身）Tanさんが思わず涙ぐむ場面もあった。10年を超えるタイグェン師範大学との共同研究の歴史において、初めて少数民族出身学生の思いに触れ、最も深く学んだ瞬間であった。

学習材を媒介とした前掲図の〈場〉において、かけがえのない表現が生まれた。一方で、一心に時間を超過しても作文を綴っていたフモン族のＡさんは、発表の際には読み上げず、多くを語らなかった。彼女の、第１日目の感想文をあげる。

日本は生徒たちにとって良い環境であり、先生方は親切で熱心に教える国であることがわかりました。その一方、それぞれの生徒たちがそれぞれの言葉を持っていても理解し合えるのですね。自分が将来教師になったとき、どこで教えようとも、どんな環境下にあろうとも、生徒たちに寄り添って親身になれる人間でありたいと希望します。

今日の授業で、星さんと同じ心情である自分がいまだにいることに気づき、いつか自分も（星さんと同じように）皆と一緒に仲良くなれたらいいなと思いました。

そこには、「星さんと同じ心情である自分がいまだにいること」が語られ、「皆と一緒に仲良くなれたらいいな」という願いが痛切に語られている。

またＢさんも、途中で、書いたことを消しゴムで消した。Ｂさんは、次のように綴っている。

私がいたクラスではほとんどの人がタイー族でザオ族が一名、そしてフモン族は私一人だけでした。勉強がよくできるタイー族の生徒たちばかりの中で、タイー語が全然わからないのは自分だけだったので、心の中はいつも寂しさでいっぱいでした。

少数民族間にも、キン族に親和的な民族と必ずしもそうではない民族との間の隔たりが厳然としてある。内面の思いを表現しても、それをタイー族、キン族と共にいるこの〈場〉では口頭で発表できない、あるいは皆に伝えることができないという緊張関係があったことは、非常に重い意味を持つだろう。３日間を共に過ごしても、各々のライフヒストリーに根ざした内奥の思いを発表できる信頼関係を育むには至らなかった。そこには学生の中にも民族間格差に発する緊張関係が存在していることが十分想像される。この緊張関係をどう解き放ち、共に生きる関係を育んでいくか、重い問いかけがなされた〈場〉でもあった。

（2） ワークショップ参加者の作文と絵

以下、参加者全員の文章や絵を発表順にあげる。（翻訳：那須 泉）

◎「フモン族の小説に出てくる楽器 ケーン（Khen）」◎

フモン族　Ma Mi Vu

むかしむかし６人兄弟がいる家族がありました。６人とも音楽の才能に秀でていて、全員が笛を吹くことができました。笛を吹くときは一人ひとりが各音程を合わせて一つの旋律を作らないといけないので、全員で車座になって腰掛けました。でも困るのは誰か一人でもいなくなるときです。そこで一番下の弟が、中が空洞になっている木の筒を長さが違う数本の竹に穴をあけて繋げば、一人で複数の笛が吹ける方法を考えつきました。こうしてフモン族の楽器ケーン（Khen）が誕生したのです。

フモン族の青年たちは一生懸命練習して、フモン族のお祭りやお正月にケーンを吹けるようにします。

ケーンはフモン族にとって誇れる独特の文化の一つなのです。寂しいときも嬉しいときも、ケーンは自分の傍らにいてくれる“友達”なのです。

上の物語を通して僕は子どもたち全員に次のメッセージを送りたい。

「僕たちは普段から自分たちの独特な文化と共生していくことで、文化を守り誇りに思うことができるのです。フモン族にも、他の民族と同じように平等に自由の権利があります。だから臆することなく自らの文化を大切にしていきましょう」

Đàn Khèn theo truyền thuyết của dân tộc H’Mông.

Ma Mi Vu, dân tộc H’Mông.

Ngày xưa có một gia đình nọ có 6 anh em, cả 6 người đều có năng khiếu âm nhạc và đều thổi sáo rất hay. Khi thổi sáo vì mỗi người phải thổi một âm tiết để hòa thành âm điệu nên phải ngồi thành vòng tròn để thổi sáo, vì thế nếu vắng mặt ai hì sẽ thiếu âm tiết. Lúc đó người em út đã nghĩ ra cách đục lỗ những ống tre có chiều dài khác nhau, rồi buộc chung lại. Và như thế thì một người có thể cầm và thổi nhiều ống dài khác nhau tạo ra được nhiều thanh âm.

Từ đó nhạc cụ Khèn của dân tộc H'Mông đã được ra đời.

Các thanh niên dân tộc H'Mông đã cố gắng luyện tập thổi Khèn và cũng từ đó đàn Khèn được sử dụng trong những ngày lễ hội của dân tộc H'Mông hoặc ngày Tết. Người dân tộc H'Mông rất hãnh diện với đàn Khèn mang tính chất văn hóa đặc sắc của mình; dù trong lúc vui hay lúc buồn thì đàn Khèn vẫn luôn là người bạn sát cánh với người dân tộc H'Mông.

Qua câu chuyện trên, chúng ta hiểu được một điều là chúng ta phải hãnh diện với văn hóa của mình và phải bảo vệ những nét đặc sắc của văn hóa mình. Dù là dân tộc H'Mông hay dân tộc nào khác thì tất cả đều phải được tôn trọng, được bình đẳng và có quyền tự do như nhau, vì thế hãy mạnh dạn bảo vệ văn hóa của dân tộc mình.

◎「私の人生」◎

フモン族

私はベトナム北部の山あいの村で生まれ育ちました。私の人生は時の流れとともにめまぐるしく変わりました。ふるさとの山は深緑の季節もあれば落葉の季節もあります。でも私はといえば、20回以上お米を刈り取った時間の流れを経て、どのようにして大きくなって今日という日にいるのでしょうか？

私は、カオバン省ホアン郡ヴィエット村で生まれました。家族は全部で９人で、私は７人きょうだいのちょうど真ん中（姉３人と妹弟３人）でした。ですから狭い家に９人がひしめき合って、暮らし向きは日に日に厳しくなっていきました。両親は朝から晩まで身を粉にして働いていたので、姉たちの面倒は少ししか見ることができず、子ども全員を学校へ行かせる経済的余裕などまったくありませんでした。ですから３人の姉は両親の手伝いをするため小学校を卒業しただけ（訳者註：ベトナムの小学校は５年制）

で、それ以上学校へは行きませんでした。

私は村の小学校へ行きました。当時、私の鞄の中には鉛筆とノートしか入っておらず、教科書がなかったので他の級友たちと一緒に勉強していくのは大変でした。しかし一番辛かったのは心の中の寂寞感でした。

そんな状態ながらなんとか小学校を卒業し中学校へ進学できました。そこでは更に大変なことに、片道2時間かけて登校しなければなりませんでした。このことに私は相当苦しめられました。

何度か大雨の日がありましたが、それでも私は学校へ行きました。そんな日ほど普段より早く登校するようにし、結局私は一度も遅刻はしませんでした。しかし雨の日は道が泥でぐちゃぐちゃになり、足をとられて転ぶこともありました。全身どろんこのまま学校へ行くのですが、椅子に座ると椅子が濡れて泥で汚れるので、立ったまま授業を受けました。友達は家に帰るように薦めましたが、両親にお願いしてやっと学校に行かせてもらっている手前、絶対に家に帰ることなんてできませんでした。学校を途中で切り上げて帰宅するのは、どうしても両親の手伝いをしなければならないときや、家にお金がなくなってお米を手に入れるために家財を売ってお金に換えに行くときだけでした。それ以外は途中で下校したことはありませんでした。学校から帰宅すると、水場へ行って桶に水を汲んで天秤棒で担いで帰り、炊事の手伝いをしました。

写真5●「私の人生」を一心に綴る学生

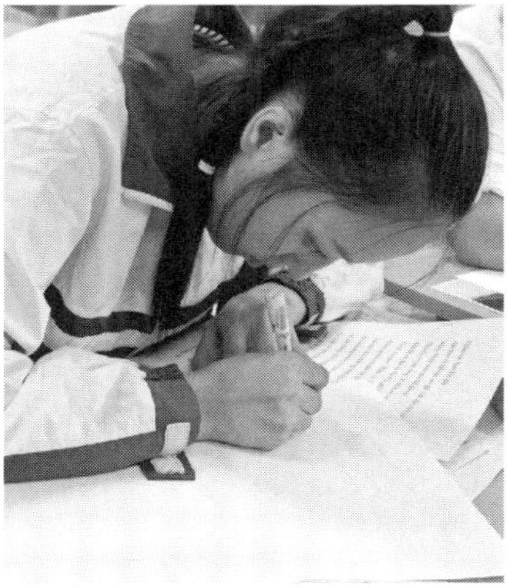

そんな生活でしたから、お風呂に入ったり、服を洗ったり、髪の毛を洗ったり、きちんとした服を着たりすることは私にとっては決して当たり前のことではなく、他の人たちからはずいぶん変わった暮らしをしていると奇異な目で見られていました。そんな視線を小学校、中学校の間ずっと浴びていたので、私は口数が少なくなり、沈黙の中に自分を押し込み、誰とも遊ばなくなり、放課後は一人でぽつんと教室の椅子に座ったっきりで

した。

時は流れて高等学校に入学すると、寄宿舎に入ることになり、自分の人生に少しは陽がさしてきたように思えました。とはいうものの、物質的には相変わらず厳しくて、級友の誰にも勉強の面ではついていくことができませんでした。高校を卒業して高等専門学校に進学すると、幸運にも大学へ行くチャンスに恵まれました。それは同時に今まで以上の苦労を背負い込むことでもありました。その中でもお金の問題は深刻でした。両親は私にこれ以上財政的な援助はできません。しかし、他の人とは違って、私はお金の面では十分ではありませんが、それで十分だとだんだん思えてきました。両親はこれまで私に有形無形の多くのものを与えてくれました。だから今は私は十分満ち足りているので、お父さんお母さん本当にどうもありがとうと伝えたいのです。でもなかなかその言葉を口にすることができず、私は一人黙ったままでいることしか今はできません。

現在私はタイグェン師範大学の２年生です。それは私にとって大変名誉なことです。私は他の人たちと比べると成績が悪いので、もっと身を入れて勉強をしなければならないのですが、それよりも家族のことが心配で、お金がさらに必要になってくることも心配です。父は現在腎臓結石で入院中です。今後のことを考えると私と下の妹弟たちは母だけに頼って暮らしていかなければなりません。そんなことを考え出すと悲しくなり、故郷に帰りたくなってしまいます。私には何もできないかもしれませんが、お父さんのそばにいて面倒をみてあげたいです。そうすればお母さんの仕事が少しは軽くなるのではと思っています。とにかく家族の苦境と困難が少しでも穏やかになるよう自分が手助けをしたいのです。でも実際は私は何もできないのです。また押し黙って涙を流すことしかできないのです。そして成績は更に下がっていく……。

しかし少し時間を置いてみると、今この瞬間からちょっとでも勉強をして努力をすればそれが将来両親のためになるのだ、と考えることもできるようになりました。そうすると少しは気持ちが明るくなって、いつの日かは今のような孤独感に苛まれたり、お金で苦しんだり、勉強で劣等感を持ったり、両親と先生以外の人には関心を持ってもらえなかったり、遊んでもらえなかったり……という状況ではなくなるだろうと思えてきました。だから私はすべての子どもたちに言いたい。

「頑張って！　そうすればみんな一人ひとりは他の人たちと同じように素晴らしい将来を手に入れることができる。だからどんな境遇にあっても、自分の人生をあきらめないで」と。

今、私は信じています。今日が深い穴の中にいて涙にくれようとも、いつの日か私は子どもたちを学校に連れて行ける先生になると両親に伝えられる日が来ることを。

私は自分の家族を愛しています。特にお父さんとお母さんを愛しています。

Đời tôi

dân tộc H'Mông.

Tôi sinh ra và lớn lên tại một vùng nuí phía Bắc của nước Việt Nam,cuộc sống của tôi có rất nhiều biến đổi theo thời gian. Đời nuí có thể xanh hơn hoặc có thể lở nhưng còn tôi, tôi đã lớn lên theo thời gian, giờ đây tôi đã hơn hai chục tuổi và tôi đã lớn lên như thế nào để có ngày hôm nay.

Tôi được sinh ra trong một gia đình nghèo, quê ở lũng phầy Hồng Việt, Hòa An, Cao Bằng, cả gia đình tôi gồm 9 người, Bố mẹ, ba chị và 3 em tôi là một thành viên ở giữa tất cả 7 chị em, cả nhà đông nên gia đình ngày càng khó khăn, Bố mẹ tôi làm lụng vất vả nhưng cũng chỉ tạm đủ nuôi bảy chị em tôi, cũng không dư giả gì cho chúng tôi ăn học cả, nên các chị chỉ học hết lớp 5 phải về hết để giúp bố mẹ, còn tôi tiếp tục đi học,tiểu học thì tôi học tại xóm,trong quá trình tuổi thơ của tôi cắp sách đến trường chỉ có một quản bút và một quyển vở thôi, nên tôi theo các bạn học là rất vất vả và cực nhọc đặc biệt là buồn chán, nhưng rồi tôi cũng qua cấp I, quá trình tôi học cấpII còn vất vả hơn. Tôi phải bước bộ đi đến trường trong vòng hai tiếng đồng hồ đối với tôi thật sự là cực nhọc lắm. Cứ mỗii lần mưa lũ tôi cũng đến trường, nhưng tôi đến trường không bao giờ muộn học tôi đến sớm hơn những ngày bình thường, dù trên đường mưa đường lầy lội nhưng tôi vẫn đi, cũng có lần tôi bị ngã rất bẩn, đến trường cũng không thể ngồi học mà chỉ đứng thôi bởi vì quá ướt quá bẩn đất các bạn ai còn về gia đình tôi cũng chẳng thế cho tôi gì hơn, ngoài cho phép tôi được đến trường học, cứ mỗi buổi được nghỉ tôi lại về giúp bố mẹ hoặc đi tìm bất kỳ thứ gì có thể bán được lấy tiền để tôi được ăn cơm trong những ngày học cả ngày, khi đi học về tôi phải gánh thêm bình nước về nấu cơm giúp bố mẹ, vì điều kiện tôi không được tắm giặt, gọi đầu, ăn mặc tử tế như người khác, tôi thường được các bạn sống rất kỳ thị với em và suốt một hành trình cấp I và cấp II êm phải sống trong im lặng không chơi với bất kỳ ai, ngoài giờ học em ngồi một mình. Rồi thời gian cũng trôi qua em được bước vào cấp III lúc đó em được bước vào một mái nhà nội trú em thấy cuộc sống mình ấm cũng hơn,nhưng cuộc sống vật chất em không bao giờ theo kịp bất kỳ ai cả học tập. Rồi cũng trôi qua cấp III tôi bắt đầu bước vào một trường cao đẳng, và rất mây mắn tôi lại được bước vào mai trường Đại học tôi gặp muôn vàn khó khăn, đặc biệt là tiền bạc. Bố mẹ không thể cung cấp cho tôi bởi còn các em nữa, cho dù tôi không được đầy đủ như các bạn nhưng đối với tôi vậy là đủ rồi,Bố mẹ đã cho tôi quá nhiều, đôi lúc tôi muốn nói với bố mẹ tôi là đủ rồi con rất cảm ơn nhưng sao lời nói đó khó quá tôi chỉ biết im lặng một mình, giờ đây tôi đã là một sinh viên Nàm Thứ 2 của trường Đại học Sư Phạm Thái Nguyên tôi rất vinh hạnh, dù tôi học kém hơn các bạn, đối với gia đình tôi là một mối lo lắng hơn, tiền bạc nhiều hơn, Bố tôi đang phải nằm viên vì sỏi thân cả 4 đứa em và tôi phải dựa vào mẹ mà sống, tôi thấy rất buồn và nhớ nhà hơn, tôi rất muốn ở bên cạnh chăm sóc bố tôi dù không giúp được gì cho bố, tôi muốn ở bên bố để mẹ bất nhọc nhàn, tôi muốn giúp gia đình tôi dịu đi nới đau và khó khăn của gia đình mình,nhưng thật sự tôi không làm được gì cả,tôi chỉ biết ngồi đây lặng im với những giọt nước mắt rơi và ngày càng học kém hơn.

Nhưng trong một khoảng khác nào đố tôi đã từng nghĩ rằng từ giây phút này đây phải cố gắng học chỉ có học sẽ làm bố mẹ tôi vui, rồi một ngày nào đó tôi sẽ không phải cô lập như bây giờ không có tiền, học không giỏi, không có bất kỳ một cư quan tâm và chơi cùng ngoài bố mẹ,và thầy cô, tôi muốn nói với bất kỳ với em nhơ nào rằng hãy cố lên em, em sẽ có một tương lại một cuộc sống tốt đẹp như bao người khác. Tôi muốn nói với các bạn rằng đừng bao giờ bỏ cuộc nhé, tôi tin rằng hôm nay là hố sâu và nước mắt nhưng sẽ có một ngày tôi đến đáp cho bố mẹ tôi và là một giáo viên đem đến cho các em đến trường.

Tôi rất yêu gia đình tôi đặc biệt là bố mẹ tôi.

Ngày 10—10 âm lịch Mừng cơm mới của dân tộc Tày.

Các bạn ơi hãy cùng góp sức giúp đỡ nhau trong công việc cũng như trong học tập để cùng vượt qua mọi khó khăn nhé.Các bạn hãy cố lên.

◎「自分について」◎

フモン族

（訳者注：那須 泉）：

この学生は画用紙に絵を描いて作文を書いたのですが、提出する段になって作文を消しゴムで消しました。ですから訳す際は、消しゴムで消された筆跡を蛍光灯で透かしながら判読したので、数箇所どうしても読み取れない箇所がありました。ご本人の了承を得て、以下、掲載します。

私は、とうもろこしを栽培する農家で生まれました。６歳になったとき、父母は学校へ行かせてくれました。学校へ行く道は悪路なうえ２時間かかりました。雨の日は道がぬかるんでよく転びました。私がいたクラスではほとんどの人がタイー族でザオ族が一名、そしてフモン族は私一人だけでした。勉強がよくできるタイー族の生徒たちばかりの中で、タイー語が全然わからないのは自分だけだったので、心の中はいつも寂しさでいっぱいでした。父母が学校へ行きなさいと言うので、仕方なく行っていたというのが本音です。

でも先生はそんな私のことをいつも気にかけてくれたので、先生といるときだけはうれしかったです。（この部分判読不能）

ある日、病気で学校を休んだら、先生がわざわざ２時間かけて私の家までお見舞いに来てくれました。私に会うために先生が急な山道を登ってこなければならなかったことを考えると、先生に申し訳ない気持ちでいっぱいになりました。それ以来、私は学校で以前より身を入れて勉強するようになりました。(この部分判読不能)

Bản thân em.

dân tộc H'Mông.

(Chú thích của người dịch : Em Việt đã vẽ tranh và viết văn của mình trên giấy nhưng khi nộp thì lại xóa lời văn của mình đi. Vì thế khi dịch tôi đã cố gắng chiếu đèn pin, dò theo nét chữ đã bị xóa để đọc, tuy nhiên vẫn có nhiều chỗ không thể đọc được)

Em sinh ra trong một gia đình nông dân, trồng bắp. Em được bố mẹ cho đi học lúc 6 tuổi. Đường đi đến trường rất xa và có nhiều trở ngại, phải tốn đến 2 tiếng đồng hồ. Những ngày mưa, đường lầy nên em hay bị té ngã. Trong lớp học, phần lớn các học sinh là người Tày, có một học sinh người Dao và người dân tộc H'Mông thì chỉ có em. Em cảm thấy rất buồn và cô đơn vì các học sinh người Tày học giỏi mà em thì lại không biết tiếng Tày. Em chỉ đi học là vì muốn nghe theo lời bố mẹ bảo phải đi học.

Cô giáo rất quan tâm và hiểu em, chỉ có những lúc được nói chuyện với cô giáo là em cảm thấy vui nhất.

(Phần này không đọc được)

Có lần em bị ốm, không đến trường được. Cô giáo đã đi từ xa, tốn gần hai tiếng đồng hồ đến thăm em. Khi nghĩ cô giáo phải leo đường núi dốc, từ xa đến thăm, em cảm thấy đã làm phiền cô rất nhiều.Từ đó, em để tâm học tập hơn trước rất nhiều. (Phần này không đọc được)

◎「協力し合う文化」◎

フモン族

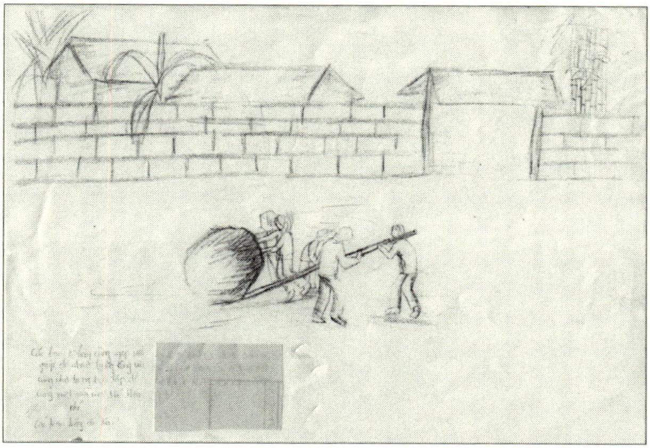

◎「子どもの頃楽しかったタイー族のお祭」◎

タイー族

◎「記憶」◎

キン族

私を産んでくれたお母さんは、仕事に熱心な学校の先生でした。だから小さいときから私は厳しく躾けられました。そのことは一生忘れません。

あれは私が小学校一年生のときでした。母にちゃんと躾けられたにもかかわらず、学校ではクラスメートと仲良くできませんでした。そしてしばらくしてからあの事件が起きたのです。私は遊ぶのが大好きなおてんばな性格でした。教室でもおとなしく勉強に集中するタイプではありませんでした。椅子に座っていてもいつもおしゃべりをしていました。あの日のことは今でも忘れられません。全然勉強しなかったのでテストでひどい点を取ってしまいました。私自身びっくりしたのですが、８点だったのです。そのことは母もとても心配しました。母はこの子はよくできる子だと思っていたからです。罰として暑い日中に戸外にずっと立たされました。御飯も食べさせてもらえませんでした。

幼かった私にはどうして母がそのようなことをするのかが全然理解できませんでした。私のことが憎らしいから？　腹の虫の居所が悪いから？……とさえ思っていました。しかしその陰で母が涙を流していたことを私は知る由もありませんでした。

私が大人になった今、母がそのようなお仕置きをしたのはひとえに子どもを愛していたからだということがやっとわかりました。将来知識を身に付けて礼儀正しくなってほしいという気持ちがそうさせたのです。母親はどの母親もそのようなものです。そして先生の教えには背いてはいけません。自分の将来のために努力を惜しんではなりません。勉強や躾がきっちりできていれば、いい子どもになれるのです。

Ký ức

dân tộc Kinh.

Con sinh ra đã là con của mẹ.
Người giáo viên chăm chút cho nghề.
Được mẹ rèn rũa từ khi còn bé.
Mà có lẽ suốt đời con chẳng quên.
Ngày đố khi con vào lớp Một
Thấn bỡ ngỡ khi gặp thầy gặp cô
Chẳng hòa nhập với bạn bè gì nữa
Dù con đã đưa mẹ luyện rèn.
Nhưng thời gian đó chẳng được bao lâu.
Thấn con là đứa ham chơi đùa nghịch.
Đến lớp mà chẳng ham học tập.
Chỉ ngồi nghịch nói chuyện leo leo.
Cái buổi đó làm con nhớ mãi.
Đã chẳng học hành lại bị điểm hư.
8 điểm là điều con không mông ước.
Mà với mẹ mẹ cũng đau lòng.
Cố lẽ mẹ đã kì vọng vào con quá
Phạt con đúng giũa trời nắng trưa
Lại còn không cho ăn cơm nữa
Sao chẳng thương con tí teo nào
Ngày thơ dại con còn chưa hiểu chuyện
Thấy ghét mẹ vì mẹ phạt con
Giận dỗi mẹ không ăn không uống
Đâu biết rằng nước mắt mẹ tuôn.
Đến giờ lớn con đã hiểu ra rằng
Mẹ phạt con vì thương con nhiều lắm
Mẹ mong con sẽ trở nên chững chai

Để con trị lược trên đường đời.
Nếu ai có mẹ xin đừng làm mẹ khác
Đừng phụ công giáo dục của thầy cô
Thầy phấn đấu vì tương lai mình nhé
Học tập luyện rèn mới là đứa con ngoan.

（3）おわりに

「私の人生」と「自分について」という作文は、山岳地域に住む少数民族学生の学校体験の困難さと、そこで抱えた哀しみや痛みを如実に伝えてくれる。２名のフモン族学生の作文に共通して使われる「寂寞」や「寂しさ」は、教育格差の矛盾を象徴的に表しているといえよう。

一方、キン族の学生の作文からは、ベトナムの教員像のある典型を母親の姿を通して垣間見ることができる。能力主義と罰（お仕置き）による躾による教育を、「愛情」ゆえと自らに納得させている。「先生の教えには背いてはいけません。自分の将来のために努力を惜しんではなりません。勉強や躾がきっちりできていれば、いい子どもになれるのです」というまとめの箇所からは、こうした「勉強」＝「躾」ととらえる古風な能力主義的・管理主義的教員像が今後も再生産される可能性を読み取ることができる。マイノリティに位置づけられた側も、マジョリティに位置づけられた側も双方がそれぞれに異質な痛みを抱えていることが浮かびあがる。

この双方の根深い断層にこそ、「格差」という用語では表現し尽くすことのできない、ベトナム教育改革の根本的課題があるといえるのではないだろうか。それは当然のことながら、日本の課題そのものでもある。すなわち「学校」（「国民形成」の場としての小学校）という場で、一方は「マイノリティ」として貧困や差別・排除のシステムと直面させられて「寂寞」や「寂しさ」を抱え込まされ、一方は「マジョリティ」として競争や管理のシステムを自らの生育史において「正しい」ものとして内面化させられる。両極の矛盾に発する典型的ともいえる表現が、このワークショップで生成したことになる。差別抑圧される側の学校体験、痛みや哀しみとの出会いが、お互いの教育観を豊かにし、共に生きる関わりを生成し、能力主義・管理主義に基づく教育観の内面化から解放される契機となるであろう。パウロ・フレイレのいう「自らと他者あるいは現実世界との関係を変革し、人間化しようとする自己解放と同時に相互解放の実践」としての「人間化」の〈場〉づくりとしての可能性を、このワークショップで生まれた学生たちの表現は示していると言えよう。相互解放の道筋を今後とも探究しつづけたい。

第 5 章

タイグェン師範大学学生による研究授業とワークショップ

（2012年12月14日、トゥオンヌン小学校にて）

2012年9月27 ～ 29日の集中講義とワークショップを踏まえ、そこに参加した学生たちが、2012年12月14日午前に行ったトゥオンヌン小学校で行った研究授業（Aチーム・Bチーム）と授業研究会の記録である。

Aチームの研究授業の前半は、国境をめぐる中国との緊張関係の高まりをリアルタイムで反映したものとなっている。さらに午後に行われた民族楽器奏者コウサカワタルによるワークショップ「楽器の来た道、音楽の行く道」に関する論考を掲載している。最後に、一連の集中講義とワークショップを体験した学生の感想文を掲載した。

1　タイグェン師範大学学生による研究授業

……Aチーム

□ベトナム・地理の授業

□授業者：ファン・ティ・トゥイ（Pham Thi Thuy）（タイグェン師範大学３年生）

□日　時：2012年12月14日（火）

［授業の実際］

Thuy「皆さん、教室にお入りください」

「今日の授業には、日本の琉球大学の先生方、タイグェン師範大学の教員が参加します。皆さん拍手をお願いします。

自己紹介をします。先生の名前はファン・ティ・トゥイ、タイグェン師範大学から来ました。今日は皆さんと一緒に、私たちベトナムの地理について新しい課を勉強したいと思います。課に入る前に一緒に歌いましょうね。皆さん、'Bon Phuong Troi'の歌を覚えていますか？」

C　「はい、覚えています」

Thuy「先生がリズムをとりますので、皆で先生と一緒に歌ってくださいね」

（歌）

Thuy「今日は新しい課を勉強しましょう。私たちベトナムの国土についての課です。では地図を貼ります」

（先生が世界地図を黒板に貼る）

Thuy「さて、地図上でベトナムがどこにあるか示せる人はいますか？はい、どうぞ」

（男子生徒が前に出てベトナムの位置を示す）

Thuy「そうです、ベトナムはここです。では別の人にもベトナムがどこにあるか示してもらいましょう。どうぞ」

（女子生徒が黒板の前に出てベトナムの位置を示す）

Thuy「そうです、ベトナムはここです。皆さん、ベトナムが世界地図の上でどこにあるかもう知っていますね。では、地球儀の上でベトナムがどこにあるか、誰かに示してもらいましょう。先ほどの二人以外で、誰かいませんか。どうぞ」

（男子生徒が先生の机の前に行き、ベトナムの位置を示す）

Thuy「そうです、ベトナムはここです。だれか他に地球儀の上でベトナムがどこにあるか示せる人はいますか？」

（Thuy先生が生徒の近くに移動、一人の生徒が地球儀の上でベトナムの位置を示す）

Thuy「そうです、皆さん正解です。４名が世界地図の上のベトナムの位置と地球儀の上のベトナムの位置を示してくれましたので、では質問です。私たちの国は世界でどの地域にあるでしょう？　どうぞ」

C　　「先生、アジア地域です」

Thuy「正解です。私たちの国はアジア地域にあります。二つ目に、ベトナムはインドシナ半島にあります。そして三つ目に、ベトナムは東南アジアにあります。皆さん、写真のベトナムの地図を観察してみましょう。だれか、前に出て地図上のベトナムの国土を示せる人はいますか？　どうぞ」

（男子生徒が前に出る）

Thuy「地図上で私たちの国の国土を示してくださいね」

（男子生徒が国土を示す）

Thuy「正解です。別の人もどうぞ」

（女子生徒が前に出て国土を示す）

Thuy「正解です。これは東南アジア地域での私たちの国の国土です。では、グループでディスカッションをしてもらうため、いくつか質問をします。これからクラスを３つのグループに分けます。この列はグループ１、この列はグループ２、この列はグループ３。皆さん一緒に話し合ってください。それぞれのグループ内でグループ長と書記を決めてください。皆さん、書記は何をするか知っていますか？」

C　　「記録します」

Thuy「そうです。書記はグループの意見をまとめ、記録します」

（Thuy先生が紙を配り、生徒はディスカッションのグループに分かれる。その後、Thuy先生が各グループのディスカッションの結果が書かれた紙を黒板に貼る）

Thuy「グループの代表者はディスカッションの結果を発表してくださいね。グループ１の代表者からお願いします」

（男子生徒が前に出る）

Thuy「どうぞ説明してください」

（質問：私たちの国はどの国と接していますか？）

C　　「ラオス、カンボジア、中国と接しています」

（質問：私たちの国で海に面しているのはどの方角ですか？　その海の名前は何ですか？）

C　　「東方の南シナ海です」

Thuy「誰か他に意見はありますか？　グループ１は他に追加の意見はありますか？」

C　　「西と南です」

Thuy「他に追加の意見はありますか？　では、グループ２の代表は前に出て発表してください」

（女子生徒が前に出て発表する）

（質問：私たちの国はどの国と接していますか？）

C　　「カンボジア、ラオス、中国と接しています」

（質問：私たちの国で海に面しているのはどの方角ですか？　その海の名前は何ですか？）

C　　「東、東南、南シナ海です」

Thuy「誰か追加の意見はありますか？　グループ２の結果について、他のグループは何か考察がありますか？　各グループはどう考えますか？さあ、どうぞ」

（女子生徒が立ち上がり回答）

C　　「中国の名前を書き間違えていて、大文字になっていません」

Thuy「そうですね、国の名前は大文字で書かなければいけません。ラオスも同じです。カンボジアは正しく書けていますか？　Cam Mu Chiaではなく、Cam Pu Chiaです。こちら側もそうです。ラオスの文字は大文字で書かなければいけません。では、他に何か考察がありますか？　誰かグループ２について考察がありますか？　ではグループ３お願いします」

（質問：私たちの国はどの国と接していますか？）

C　　「カンボジア、ラオス、タイ、中国と接しています」

（質問：私たちの国で海に面しているのはどの方角ですか？　その海の名前は何ですか？）

C　　「南シナ海です」

Thuy「ありがとう。グループ３は他に意見がありますか？　他のグループもどうぞ」

C　　「東南、南シナ海です」

Thuy「これは３グループのディスカッションの結果です。では、先生が上の２つの質問の回答をします。どのグループが合っているか考察しましょう。これは私たちの国の国土が接している国の名前です。中国、ラオス、カンボジア。グループ３のタイは正しくないですね。私たちの国の東側と南側は全て海に面しています。これは東側、これは南側です。

ではこれから誰かに、写真を見て私たちの国の諸島と島について話してもらいます。どうぞ。前に出て、チュオンサー諸島とホアンサー諸島がどこにあるか教えてくださいね」

（女子生徒が前に出る。チュオンサー諸島とホアンサー諸島で国境をめぐって中国との間で緊張関係が高まっていることを反映した授業展開と考えられる）

Thuy「別の人にもチュオンサー諸島とホアンサー諸島を示してもらいましょう。どうぞ」

C　　「これはチュオンサー、これはホアンサーです」

Thuy「正解です。他に誰か、どうぞ」

C　　「ホアンサー、チュオンサーです」

Thuy「正解です。もう一度先生が示します。これはホアンサー諸島、これはチュオンサー諸島です。ではこれから皆さんにいくつかの参考写真を見てもらいます。写真の中にはどの民族が写っていますか？　どうぞ」

C　　「タイー族、ヌン族、キン族、フモン族です」

Thuy「私たちの国にはどのような伝説がありますか？　百の卵を産む話

……」
C　　「龍と仙人です」
Thuy「そうです、龍と仙人です。それではベトナムの民族はどの民族でしょう？」
C　　「キン族？　タイー族……？」
Thuy「いいえ、私たちはラックホンの子孫、つまり龍と仙人ではラックロンクアンとオウコ姫の子孫です。私たちの国には54の民族がいますが、すべて一つの家系の兄弟です。ではこれから皆さんにいくつかの民族の写真を紹介します。これはいくつかの民族だけです。皆さん覚えておいてくださいね。私たちは皆、龍と仙人です。私たちの国には54の民族がいますが、皆龍と仙人、そして一つの家系の兄弟です。これはいくつかの民族です。タイー族ですね。タイー族にはどのような伝統音楽がありますか？」
C　　「民謡テンです」
Thuy「民謡テンにはどのような楽器が必要ですか？」
C　　「ダンバウ……？」
Thuy「皆さん、これは何の楽器か知っていますか？　これはティンという楽器です。次はフモン族です。衣装の色がとても多彩ですね。だれかフモン族の衣装がどのようなものか説明できる人はいますか？」

（タイグェン師範大学・フモン族学生Vietさんが民族衣装を着て、登場する）

このフモン族の衣装は、皆さん注意してね、女性はスカート、首のあいた服、前身頃と後ろ身頃、「lang」はベルトです。男性は普通丈の短いシャツをベルトの横、もしくは下に着ます。衣は小さく、袖はやや広いです。普通は頭にターバンを巻き、異なる文様の丸い銀の彫り物を付けた帽子を被るグループもいます。

これは（パワーポイントで写真を提示）楽しく遊んでいるフモン族の子どもたちです。注意して見ましょうね。祭や儀式、もしくは何かの機会には歌と音楽があります。皆さんは何か楽器の種類を知っていますか？

これから一つ紹介しますね。フモン族はとても有名な２種類の楽器を持っています。それはケーンとダンモイです。楽器は生活を表現し、また「出会いの広場」でケーンを吹き、感情を表現するためにあります。皆さんの中でケーンがどのようにできたか、その起源を知っている人はいますか？　ではこれからケーンの起源を探求するためにVu先生（タイグェン師範大学・フモン族学生）を紹介します。Vu先生は皆さんにケーンの起源を紹介します。ではVu先生、どうぞ」

（Vu先生がケーンを持って教室に入る）

写真1 ケーンを持って登場するVu先生

Vu　「先ほど皆さんはトゥイ先生から各民族とケーンの紹介を聞きました。皆さんはこれが何の楽器かわかりますか？　これはケーンです。これから先生はケーンの起源について話しますので、皆さん聞いてください。

むかしむかし、6人の男の子を授かった家族がありました。6人とも皆音楽の才能があり、笛を吹くのがとても上手でした。笛を吹くときに、ハーモニーを奏でるためそれぞれが1つの音を吹くので、輪になって座らなければいけません。そのため、もし誰かいないと音も欠けてしまいます。そのとき一番下の子が、多くの音を奏でるために長さの異なる竹の筒に穴を開け、一緒に縛ることで一人でもその長さの違う筒を持って吹くことができると考えました。それからフモン族の楽器ケーンが誕生したのです。

フモン族の青年はケーンを一生懸命練習し、またその後ケーンはフモン族の祭礼やお正月のときに使われるようになりました。フモン族の人びとは独自の文化を持っているケーンをとても誇りに思っています。嬉しいときも悲しいときも、ケーンはいつもフモン族と一緒にいる仲間です。

この話を通して、私たちは自分の文化に誇りを持つこと、そして自分の文化の独自性を守っていかなければいけないことがわかります。フモン族だけでなく他の民族もすべて尊重され、平等に扱われ、対等な自由の権利を持たなければいけません。そのため皆さんはしっかりと自分の民族の文化を守っていきましょう。

　では、皆さん聴いてみたいですか？」

C　　「はい」

Vu　「では皆さん手拍子をしてくださいね」

　（演奏が始まり、終わる）（拍手）

Vu　「では、皆さん地理の授業に戻りましょう」

Thuy「次に、皆さんにいくつかの写真を見せますね。はじめに、これは何の料理でしょう？」

C　　「おこわです」

Thuy「何のおこわかな？」

C　　「五色おこわです」

Thuy「だれか作り方を知っていますか？　きいてみましょうね。どうしてこの黄色、黒、紫、赤のように色々な色があるのでしょう、どのように作るのでしょう？」

C　　「赤いおこわはガック（注：ナンバンカラスウリ。赤い果肉でお米といっしょに炊きこみ色づけする果物）のおこわです」

Thuy「さあ、だれかどうぞ」

C　　「色は天然の葉っぱから取ります」

Thuy「そうですね。それではこの料理は何の料理か皆さん知っていますか？　これはフモン族の特産料理ですよ。皆さんに紹介しますね。この料理は乾燥ネギをとても細かい粉にするために２回砕きます。とても簡単に作れます。これはあらかじめ砕いた粉を準備し、それから粉がくっつき過ぎないように水を入れます。

　これから皆さんスライドを見ましょうね。これはベトナムを紹介するスライドです。皆さん、私たちのベトナムがどのように美しい国か知るために見てくださいね」

　（ベトナムの風景のスライドを見せる）

Thuy「では、これからゲームをやってみましょう。『観光ガイドになってみるゲーム』です。クラスを２つのグループに分けます。皆さん各グループで代表者を決めてください。そして自分の故郷の良いところを紹介してください。よりおもしろく魅力的な紹介をしたチームが勝ちです。先生は師範大学から来たばかりで、何も知らないグループということにしましょうね。そうすると、ここの故郷の良さを紹介するためにどうしたら良いでしょうね。では２つのグループはディスカッションを始めてください。グループは立って紹介してください。（グループ学習）ではカウントします。10、９、８、７、６、５、４、３、２、１、時間終了です。始めましょう。どのグループがおもしろく魅力的な紹介をするか見てみましょうね。だれか、どうぞ。先生はプレゼントをあげますよ……はい、どうぞ」

C　「私の故郷はバナナがあります。橋があります。稲があります」

Thuy「ではあなたは自分の故郷で何が一番美しいと思いますか？」

C　「はい、田んぼです」

Thuy「そうですね、田んぼがあります。どのような田んぼですか？」

C　「広大な田んぼです」

Thuy「ではこのチームはどうぞ立ってください」

C　「私の故郷は学校があります。皆団結しています」

Thuy「そうですね、ありがとう。

クラスの皆さんにききますね。皆さんはどのチームがよりおもしろく魅力的な紹介をしたと思いますか？　先生は２つのグループとも面白かったと思います。皆さんの紹介では、故郷には田んぼがあり、学校があり、学校では皆団結し、高い山があって……結論は２つのグループともおもしろい紹介だったと思います。ではどうぞ、２つのグループの代表者は前に出てください。２つのグループにプレゼントを贈ります。皆で２つのグループに拍手をしましょうね。では最後に、皆さん、次の課の予習を忘れないでくださいね。

先生方、皆さん、本日私の授業に参加していただき、ありがとうございました」

2 タイグェン師範大学学生による研究授業

……Bチーム

□刺繍の授業

□授業者：ブイ・ハーイ・メン（Bui Hai Men）（タイグェン師範大学３年生）

□日　時：2012年12月14日（火）

［授業の実際］

Men 「自己紹介をします。先生の名前はブイ・ティ・メンです。他の先生方と一緒に来ました。今日は皆さんに13課を教えます。チェーンステッチの課です。チェーンステッチの左面と右面の見本を使います。では皆さん、これを見て考察してください。皆さんこれを観察してくださいね。これはチェーンステッチの左面の形です。あ、間違えました、これは右面です。では誰か、右面のチェーンステッチはどのような形か、立って説明してください。ほら、縫い目は何と同じ形ですか？　どうぞ」

C 「細かい刺繍の縫い目です」

Men 「そうです。右面のチェーンステッチは、細かい刺繍の縫い目、小さな糸の輪をこのようなチェーンステッチの輪を作るために連続させます。では左面の刺繍の形はどうですか？　どうぞ。左面はどうでしょう？　同じように小さな糸の輪ですか？　そうですね？　そうです。左面のチェーンステッチは細かい縫い目を同じように連続させ、普通の刺繍の縫い目に近いです。合っていますか？」

Men 「皆さん見本を見て、チェーンステッチの左面と右面の縫い目を理解しました。では誰かチェーンステッチの縫い目はどのようなものか説明できますか？　何と同じだった？　何かな？　小さな糸の輪ですよね？　チェーンステッチの形はこのように連続した輪を作るための連続した小さな糸の輪です。先生はチェーンステッチを応用したいくつかの作品を皆さんに紹介するために持ってきました。これは何でしょう？」

C 「チェーンステッチのハンカチです」

写真２●Men先生の刺繍の授業、後ろは民族衣装姿のViet先生

Men「きれいでしょう？　これは刺繍ハンカチの見本です。自分のハンカチの目印になるようにとても小さな刺繍だけです。皆さんよく見えますか？」

C　「はい」

Men「誰か立って説明してください。私たちは他に何かを装飾するためにチェーンステッチを使うことはできますか？」

C　「袋、包みです」

Men「このようにでしょう？　そうです、皆さんは袋や包みのようなものを飾るためにチェーンステッチを使うことができます。もしくは自分の服の襟をよりきれいにするために襟の上にも刺繍できます。他にはタオルやハンカチの上に自分の名前を刺繍することもできます。人びとはさらに伝統衣装を飾るためにこの刺繍を使います。では、これから皆さんに衣装の見本を紹介します。フモン族の衣装です。ヴィエットさん、どうぞ」

（大学生ヴィエットさんがフモン族の衣装を着て前に立つ）

Men「これはフモン族の衣装です。皆さん、きれいな衣装でしょう？」

C　「はい、きれいです」

Men「フモン族の衣装について少し紹介したいと思います。フモン族の衣装は、袖などにある装飾や縁取り線の飾りのように、とても美しい糸によって非常に多彩に装飾されています。人びとは自分の装飾をより美しく輝かせるためにこの基本の刺繍線を使いました。これらの装飾はフモン族

独自の色合いを強く帯び、またベトナム民族全体の文化を感じさせます。ヴィエットさん、教室の皆に見えるように一周回ってくださいね」

（フモン族の衣装を着たまま、ヴィエットさんが一周回る）

Men 「皆さん拍手してくださいね。皆さん、自分でもこのようなきれいな作品を作りたいですか？」

（アイヌ民族の刺繍を施したベストを着た善元先生が、前を通り、笑いが起こる。アイヌ民族の刺繍とフモン族の刺繍が似ていることをとらえさせたい善元先生のねらいがある）

Men 「あら、先生も刺繍されているとてもきれいな服を着ています。皆さんよく見えますか？　皆さん、先生の服の肩の部分が見えますか？　とてもきれい、とても特別ですね」

善元 「これは日本の服です。ベトナム民族の刺繍がとても好きなので、この服に付けました」

（皆が拍手）

Men 「皆さんもこのようなきれいな刺繍をしたいですか？」

C　　「はい、したいです」

Men 「それでは次のステップに進みましょう。刺繍の手順です。皆さん、観察してくださいね。よく見えますか？　では最初のステップを教えます。最初のステップは刺繍線の印を引くことです……皆さんこれをよく見て考察してみてくださいね。間隔について、どのように縫い線を引いていましたか？　どうぞ。どこからどこへ線を引きますか？　ここからここへ、ですよね？」

（中略、刺繍の手順について学んでいく）

Men 「同様に縫い目を連続させると、チェーンステッチの線が完成します。さて、先生は実際にやって見せて、皆さんは観察しました。

第一ステップは刺繍線の印を引きます。第二ステップでチェーンの縫い目を刺繍し、第三ステップで刺繍線を結びます。では皆さんに、刺繍線を結ぶ方法について教えましょうね。もう一刺しチェーンステッチを刺繍しますね。皆さんよく見てね。刺繍するときは布が縮まないように、針を強く引き過ぎたり、またはゆるくし過ぎたりしないようにしてくださいね。

さて、刺繍線を結ぶステップです。刺繍線を結ぶときは、皆さんここを観察してね。針を下ろし、最後の縫い目を締めます。針を刺繍の輪の外側に下ろしてくださいね。針をこの外側に下ろしてくださいね、皆さん見えますか？　最後の縫い目を締めるためです。それから糸を引き、裏側に布をひっくり返します。ここの糸の線を締めるため針を下ろし、結び目を作るため針を上げます。できましたか？

さて、では誰かチェーンステッチの全手順を立って繰り返してください。どうぞ」（児童に説明させる）

C　「第一ステップは刺繍線を引きます。第二ステップはチェーンの縫い目の刺繍をします。第三ステップは刺繍線を結びます」

（残念ながら電池切れのため、ここで記録が途切れた。児童自身が説明していき、授業は終了する）

3　ワークショップ「楽器の来た道、音楽の行く道」

……コウサカワタル

タイグェン師範大学生の研究授業終了後に、民族楽器奏者のコウサカワタルがワークショップを行った。世界地図を示し、世界の口琴を紹介した後、演奏した。以下はコウサカ自身がまとめた記録である。

シンチャオ カックバン トイ ラ ワタル。ニャックシィー ニャットバン（こんにちは皆さん、僕は日本の楽士、ワタルです）。って、これだけで皆大爆笑って！

口琴と書いてコウキンと読む。

世界中にさまざまな素材、形で分布する、手のひらサイズの簡単な楽器である。

この出張では、ベトナム口琴として雑貨店などでもおなじみの「ダンモイ」を、本家フモン族の皆さんに披露するのである。

せっかくなので台湾原住民の竹製の口琴、日本からアイヌのムックリ、フランスの歯に当て骨振動を利用するもの、太い竹に装飾が見事で低音が特徴的なフィリピンのもの等、世界中の口琴の仲間を紹介しつつ演奏を進める。

そうなんだよ、口琴は独りぼっちじゃない！　口琴兄弟アラウンザワールド！

素晴らしいことに、このダンモイは軽く唇に当てて弾くだけで簡単！　故に奥深い。誇って良いくらい個性的なんだ。

話しながら弾くとロボット声になるし。世界一安いボコーダー（人間の声をシンセサイザーで解析し、機械的に合成して音を鳴らす技術、エフェクターのこと）とも言える。

フモン族の間では「ンチャ」とか「ウチャム」と呼ばれてるらしいのだが、ここにいる生徒から先生まですべて初めての体験で、知っていてもテレビで見たという答えばかり。フモン族といってもベトナム北部広域に分布しているの

で、この地域では使わないということなのか？（注：フモン族が居住する地域によって、民族楽器も異なってくる）

さ、これからがお楽しみ。皆で一つずつ口琴を使ってのワークショップの始まりだ。

ものすごいテンションで学生の手から口琴を受け取る児童たち。「では、これから紐の解き方から演奏法まで皆でやります」って、聞いちゃいね～し。どんどんケースから取り出して、ビヨ～ンと聞こえては笑い声。と思えば、まったく間違ったやり方で、ともすれば壊してしまいそうな力加減で好きに始めちゃってる子も。

ケースから本体を出し、持ち方ができたら目の前で弾く。

人差し指で軽く弾いたら、今度はそれを唇で甘噛み。すると、ビヨ～ンが大きな音で響き出す。口腔が楽器のボディーの役割を果たすのだ。

楽器が身体と空間をつなぎ、自分の中心から宇宙の果てまでの一体感。

下校時に鳴らしながら帰る子、ンチャが家庭でどんな会話の種となったかききたいな。

写真3・4●口琴を吹く子どもたちとコウサカワタルの演奏

4　授業研究会――学生たちの研究授業について

□日　時：2009年12月29日昼食後、14～15時

□場　所：トゥオンヌン小学校校長室にて

□参加者：Loan校長、タイグェン師範大学学生、Thao先生、Hoa先生、Nhung先生、Tan先生、善元、西岡、村上

□通　訳：那須

□記　録：岩木

＊この授業研究会では学生主導で進めた。

Men「トゥイさんの授業は教師と生徒の間に程よい距離をとっていました。教師のリードによって生徒が積極的に授業に参加していたことはとても良い点です。良くなかった点については、時々長く話し過ぎることがありました」

Linh「先生方、良かった点は皆さんが既に言ったように、トゥイさんは頭脳明晰で、生徒たちは積極的に学習を受け入れていました。また良くなかった点は、時々長く話し過ぎるために教室の秩序が乱れ、全体を統制できていなかったことです」

Viet「私はトゥイさんの授業の結果はとても良かったと思います」

Lu　「私の意見は、先ほど３人が既に言った通りです」

Phuong「先生方、私も皆さんと同様の意見です。ただ1つ良くなかった点は、トゥイさんの指導の部分で、数名の生徒だけに絞られていたことだと思います。たとえば、誰が理解していて誰が理解していないのかに集中するなら、それらを強調するような方法を探すべきです」

（良くなかった点を指摘し合うようになりそうになった）

村上「良かった点、学んだ点について、さらに共有していきましょう」

Nga「先生方、良かった点については私も皆さんの意見に同意します。良くなかった点についてだけ補足します。私が感じた良くなかった点は、生徒への質問がややわかりにくいことがあり、また説明も十分ではありま

せんでした。先生方、トゥイさんの授業での教訓は、生徒に質問をするときはより明確にしたほうが良いということ、またゲームについては他のゲームをしたほうが良かったと思います。なぜなら今日のゲームはトゥイさんもゲームのルールについてはっきりと説明できていなかったので、生徒にとってわかりにくく、自分の考えを表現できていませんでした。以上です」

Vu 「先生方、皆さん、トゥイさんの授業について私が言いたかったことは先の皆さんが既に発表しましたが、私は後から来たので前半部分についてはわかりません。しかし質問の部分とゲームの部分は少し複雑だったと思いますので、少し改善する必要があると思います」

Thuy 「先生方、皆さん、今回直面した大変だった点について発表させていただきます。まず、私はこの授業を教科書の中の一つの課から作成したわけではありません。これは、ベトナムの地理といくつかの民族について生徒たちが理解を深めるための課外活動の課の一つです。今日私はすべての民族については講義せず、いくつかの民族についてだけ教えました……。

二つ目に大変だった点は、私はキン族で平野部に住んでいるため、ここに住んでいる生徒たちの学習の受容力について実際には知ることができない点です。ゲーム作成の部分では、自分でも生徒たちにとって難しいと感じました。予定では、このゲームについての生徒への説明の場面で、私がまずゲームの見本を紹介するつもりでした。しかし時間に限りがあったので、生徒に見本を示すことができず、生徒たちにとってとても難しいゲームになってしまいました。私の地域の生徒たちは観光ガイドがどのようなものか大体知っていますが、この高原地域の生徒たちはおそらく観光ガイドとは何かまだ知りません。そのため、私の授業の中で生徒たちに適合していないことが多々あったと思いますが、強調したいことは、私の課は教科書の中の一課ではなく、課外授業の一課であったということです。私からは以上です」

善元 「教材は自分で作ったのですか」

Thuy 「はい、そうです。また他の先生方の意見も取り入れました。たとえば楽器ケーンを紹介するときはVu先生（フモン族の学生）をお招きし、ケーンとケーンの起源について紹介してもらい、その後私は授業の続きに戻りました」

善元「とても素晴らしい教材だと思いました。ありがとうございました」

Tan「先生方、トゥイさんの授業について、私は次のような意見があります。良かった点は既にたくさん出ました。

当然ながらまずトゥイさんは師範大学の３年生なので、生徒たちの反応を十分評価できていない部分があったと思います。二番目に説明方法について、講義内容が少し長すぎるため、生徒にとってよりわかりやすくなるようまとめたほうが良いです。三番目に、旅行ゲームのような質問の場面では、事前に生徒たちにゲームのルールを明確に示してあげることで生徒たちは理解し、参加することができます。続いての問題は、スライドが速すぎたため、多くの生徒が観察できないうちに写真が変わってしまったことです。生徒たちがはっきりと観察する時間を取れるよう、スライドはゆっくり写すと良いでしょう」

（以下、テープが切れてしまった。前半、ベトナム側学生が授業研究会を進めていった際、良くない点を指摘する緊張した雰囲気が生まれたため、日本側参加者から「授業者がやってよかったと励まされるようなコメントを」、と途中で発言した様子を読み取ってほしい。第６章226ページのTan先生の論考参照）

◎学生たちの感想文

▶ Hau Thi Viet（ハウ・ティ・ヴィエット、フモン族）

今回先生方に再会でき、さらに有名な音楽家にも会うことができて大変嬉しかったです。遠い国から来ていただく先生なのにいつもベトナムの生徒たち、特に少数民族の生徒たちに大きな関心を寄せていただき感動しました。先生方がベトナムの生徒たちの様子をつぶさに観察し、何とか理解しようとしていた姿勢を見て、私は教師という仕事がより好きになり、良い先生になるためにもっと頑張ろうと思いました。

一番印象的だったことは、クラスの中の生徒一人ひとりの様子を観察し、なかでも授業についていけていない生徒に特に関心を払っている点でした。民族楽器のワークショップのときも、少数民族の生徒たちの面倒をみていらっしゃったり、全員が仲良く参加するように声をかけていらっしゃいました。

皆さんがベトナムの生徒へ温かい気持ちを寄せているその一方で、私たちは将来教師になるというのに、教職や生徒たちをを本当にはまだ愛せないことを恥ずかしく思いました。仕事への愛情と情熱を私たちに伝えていただき、ありがとうございます。

▶ Tran Le Phuong（チャン・レー・フォン、キン族）

タイグェン師範大学が日本国琉球大学と共同して小学校教育向上プログラムを行ったことは大変名誉あることです。そして小学校教育課程の学生である私たち自身がこのプログラムに直接参加できたことはさらに喜ばしいことです。まず、私たちをヴォーニャイ郡トゥオンヌン小学校での実習授業に引率していただいた琉球大学の先生方に深くお礼を申し上げます。今回学校現場に立てたことは大変有益でした。そして、この実習授業で自分の力を出しきれるよういろいろご指導いただいたタイグェン師範大学小学校教員養成課程の先生方にも感謝致します。

僻地の山奥にある小学校に初めて行って、少数民族の生徒たちに囲まれて直接お話をしたり勉強を教えたりすることは、正直に言って、私にはとても大変なことでした。しかし２回目の訪問となった今回は、一つの教室で一時間授業をすることを通して、生徒たちの心の中はとても純粋で子どもらしいことがわかりました。教育環境と教育方法がしっかりした中でこの子どもたちが勉強できれば、将来必ず有為の人材になると思います。どの国にも欠点はあります。ベトナムの欠点は教育です。私たちのように将来教師になる者は、この点をしっかり肝に銘じて忘れてはいけないでしょう。

日本の大学の先生方の集中講義と２回にわたる実地研修はとても楽しく、興味を持って参加することができたので、非常に有意義でした。特に小学校教員養成課程に在籍している私たちが実際の小学校で教えることができたのは、貴重な経験となりました。２回の授業研究会の席上で、参加した学生一人ひとりが個人的な意見と感想を発表したことも有意義な体験でした。

教育方法のドイモイは現代ベトナムが注視している問題の一つです。そして私たちは将来の教員です。ですからこの喫緊の問題に対して、私たちが責任を負い、取り組まなければなりません。小学校に実際行けたこと、自分の仲間が授業を実際に行ったこと、自分たちの力を出せたこと、経験を積むことができたこと……と振り返ってみて、これまで将来の教育の担い手を輩出してきたタイグェン師範大学の学生として、私は誇らしく思います。

▶ Vi Thi Nga（ヴィー・ティ・ガー、フモン族）

時は経つのが早いもので、試験期間が終わって、やっと今日私は感想文を書く余裕ができました。皆さんはお元気ですか？　私は皆さんのことをいつも思い出しています。

ヴォーニャイ郡トゥオンヌン小学校での実地研修を終えて、参加した各学生はそれぞれの思いがあるでしょうが、私はとても楽しかったし、教師という仕事が以前にも増して好きになりました。トゥオンヌン小学校の管理職の方々と先生方が生徒たちのことに大変気を配っている姿を目の前で見て、私は心を動かされました。特に現場の先生方は生徒たちが自分たちの周囲の世界に溶け込める機会を持てるよう心を砕きながら指導したり、授業をされていたことがよくわかりました。私の友人が授業をするのを参観することで、教師としての経験を積むことができたと同時に、現場の先生方のご苦労も今回よくわかりました。トゥオンヌン小学校の先生方が粉骨砕身して生徒のために仕事をされていることに敬意を表します。

今回の実習は、自分自身の目で教育現場の現実を目の当たりにし体験することができた良い機会でした。そういう環境に自分の身を置くことで勉強にもなったし、自分という人間形成にも役に立ちました。

実習のあいだ時間はあっという間に過ぎてしまいました。日本の先生方は、私が勉強するためにこのプログラムに参加する機会を与えてくださり、授業研究会のときに発表した私の意見に対しておほめの言葉、励ましの言葉、そしてご忠言をいただき、ありがとうございました。おかげさまで大変貴重な経験をさせていただき、勉強になりました。

この実習を通して、自分は大学の学業に対してより多くの努力をすることが必要だと痛感しました。その努力の暁には、そう遠くない将来に、この国の先生方、特にトゥオンヌン小学校の先生方のような模範的な教員になれるように希望します。私にはまだまだ多くの至らない点があるし、経験も足りません。ですから皆様には今後ともぜひご支援いただき、今回のような活動にもっとたくさん参加できるような環境を整えていただきたく思います。

▶ Ma Mi Vu（マー・ミー・ヴー、フモン族）

僕は琉球大学が行った３日間のプログラムに参加してとても嬉しかったです。なぜなら教育とは何かということを理解する手助けになったし、トゥオンヌン小学校での実習に行かせてもらったおかげで、現場の先生方、教育実習をした友人のトゥイーさんとメンさんがどのような方法で生徒たちに教えているかを身をもって体験できたからです。さらに日本の先生方とタイグェン師範大学の先生からいただいたご指摘・ご指導も大変ありがたかったです。

おかげさまでこれまで以上に教育への理解が深まり、視野を広げることができました。特に日本の先生方とタイグェン師範大学の先生がおっしゃったこれまでの教師経験に基づいたご意見は、完全に理解することができましたし、日本の先生方が行った集中講義の内容とその教え方、そして私たちへのメッセージには感動し大変興味を持つことができ、貴重な経験と勉強をすることができました。

実は僕にとっては上のこと以外にも心に残ったことがあります。それはコウサカワタルさんです。僕が吹く笛と初めて競演してくれたのがコウサカさんですし、音楽を生業とする演奏巧者のプロのミュージシャンと笛でジョイントしたのは、僕の人生で初めての経験でした。僕はコウサカさんのような至高の演奏家に大変憧れます。はからずも共演できたことは望外の喜びです。いつかコウサカさんと再会し、一緒に笛が吹ける日が来ることを切望します。

▶ Thao A Lu（タオ・アー・ルー、フモン族）

トゥオンヌン小学校での研修を通して、僕たち師範大学の学生はそれぞれの思いを胸に秘めているでしょう。僕個人としては、師範大学の学生にとって今回の研修は大変楽しくもあり有益でもあったと思います。なぜならば教育現場の実際を目の当たりにし実体験を積んだ上で、自分も授業をしてみることができ、スキルを磨くには大変良い機会となったからです。教育現場に行きそのうえ実習に参加することによって、教育に関してのキャリアや知識を高めることは容易ではないことが初めてわかったし、自分はいろいろな面で未熟であることに気がつきました。ですから教育に関する知識を身に付けるためには、普段から勉強をして積極的な姿勢を崩してはならないと自分に何度も言い聞かせました。教育現場実習では、トゥオンヌン小学校に足を踏み入れたときから、ここの先生と生徒たちは親しみやすくて、明るい雰囲気の教育施設だと感じました。そのおかげで初めての慣れない環境を前にしても躊躇することなく、逆に力づけてもらい、教育実習という初めての仕事に対して決意を新たに自信を持って臨むことができました。

授業を参観して最も心に残ったことは、先生方が生徒たちに注ぐ厚い心配りです。先生方は、生徒たちがクラスの雰囲気に早くなじめるように気を配りながら、懇切丁寧に授業を進めていました。この点がこの地域で仕事をする教員や学校管理職にとって質の高い教育をする上で、重視し優先して取り組まなければならないことなのだと感じました。

その他に大切だと思ったことは、生徒に常に寄り添い、心を賭して丁寧な指導を心がけ、もし生徒が間違っていたらどんな些細な箇所でも正してあげることです。このように先生方の授業を見せていただいて良い経験を積めましたが、同時に教師という職業は大変骨の折れる仕事だなということをはっきり認識することができました。

今回の研修を終えて貴重な経験を得ることができ、教職という仕事にはどのような重責があるかを身を持って感じています。だからこそ、この仕事が以前にも増して好きになりました。僕としては、今回の研修が大変有益だったので、今後ももっと研修に参加していろいろな先生方やさまざまな人たちと一緒に何かができる機会を持ちたいです。

▶ Nguyen Thi Hoai Linh（グェン・ティ・ホアイ・リン、タイー族）

タイグェン師範大学並びに私が小学校教育の向上プログラムに皆様と一緒に関わることができて大変光栄です。このプログラムに参加して、私は初めて僻地にある小学校に行き、そこの生徒たちと直接おしゃべりをしたり、授業をしたりしました。この体験を通して、知識面で勉強になったばかりではなく、先生方の熱のこもった科学的な教え方も学ぶことができました。僻地に住む子どもたちが抱える困難を先生方が上手に取り除いて指導されているなと思いました。このことは、今後私がより高いところをめざし、国家にとっての「人を植える」事業に私のような未熟者が関わっていくために、より勉強を積んでいくための礎でもあり拠り所でもあります。どうもありがとうございます。

▶ Bui Hai Men（ブイ・ハーイ・メン、キン族）

時が経つのは早いものです。まだ私たちのことを覚えていらっしゃいますか？

私は今でも西岡先生がおもしろい動きと顔つきで歌を歌われたことをはっきり覚えています。私には西岡先生が歌った歌の意味はわかりませんが、その歌にはきっと楽しいことや愉快でたまらないことが含まれているのでしょう。ですからあの場にいた全員が笑い声に包まれてしまいました。

去年９月に西岡先生が行われた授業は、本当の意味で特別な内容で、リアリティに富み、引き込まれまれる内容でした。あの時間では教師と学生の間の距離を感じさせず、濃密なエネルギーが教室内に充満していました。私も先生が行ったような授業ができるように頑張ります。

善元先生からはアイヌの文様に関する本をいただき、何度も読んでいますが、どの型もまだマスターできていません。とても難しいですね。刺繡もまだ縫ってはいませんが、一番簡単な型紙だけは切り抜いてみました。

桃子先生、私は先生が行った朝の体操が大好きです。あれは本当に効果がありますね。その他に桃子先生はシャッターチャンスを逃さずにきびきびとカメラマン役をこなしていらっしゃいましたね。

民族楽器を演奏されたコウサカさん、実はあの日私は自分の授業の準備のため教室で作業をしていたのでコウサカさんの演奏を見ていません。でも後でダンモイ（口琴）を吹いてみたのですが、少ししか音が出ませんでした。ただ唯一できたのは、手に持って手を開いたり握ったりすることだけでした。次回いらっしゃるときは、必ず私たちの前でたくさん演奏してみせてくださいね。

最後に那須トゥエン先生、私たちの考え・発言・メッセージを先生方に伝える橋渡し役をしていただき、ありがとうございます。遠く離れた二つの国の先生と学生が不思議なことに親しくなれたあの瞬間瞬間を、私はずっと忘れないでしょう。皆様が近いうちにまた私たちの大学にいらっしゃっていただくよう願っています。

タイグェン　2013年3月5日

第 6 章

ベトナム側は
この試みをどう受けとめたか

本章は、共同授業研究会の歩み全体に関する論考として、タイグェン師範大学学長Pham Hong Quang「共同授業研究プログラムの意義」、全プログラムに参加した国際交流室（当時）のTu Quang Tan「タイグェン師範大学と琉球大学教育学部の協力がめざす道程」を掲載した。さらに【補論】として、2008年に新宿区立大久保小学校日本語国際学級の授業を参観したタイグェン師範大学Nguyen Thi Nhungによる「大久保小学校日本語国際学級の授業を参観して」を併せて掲載した。いずれもベトナム語原文を収録している。

1　共同授業研究プログラムの意義

……タイグェン師範大学学長・教育学博士　Pham Hong Quang

わが校が日本の琉球大学と学術協力協定を締結以降この10年余りの間で、琉球大学教育学部の教員と学生の方々が何回にもわたってこちらまで足を運んでいただき、更に私たちも日本を訪れる機会に恵まれた。そのような互恵的共同研究プログラムを積み重ねた結果達成することができた諸成果の意義について、以下確認していくこととする。

（1）教育人文科学的な意義

沖縄県に位置する琉球大学の教員の方々が、常に〈ベトナム〉と〈日本〉の２地域を比較しつつベトナム北部少数民族に対して行った教育カリキュラムと研究手法には、教育人文科学的に大変大きな意義が内包されている。その意義は以下の観点の中で具現化されている。

この教育プログラムがまず注目したのは、少数民族出身の子どもたちであった。

ベトナムの少数民族居住地域は生活環境が厳しく、交通の便が悪く、生産収益が低く、他の地域との接触が限られている。特に上級学校への進学率が低いため、ベトナム政府は当該地域の教育向上問題の中でも特に少数民族出身の児童に対して特別な関心を払い、多くの優遇向上政策を打ち出してきた。そういった状況の中で、本授業共同研究プログラムが少数民族出身の児童を焦点にあてて行ってきたことは、今後のベトナム側の対少数民族政策（特に教育政策）に多くの示唆を供することになるであろう。

本共同研究プログラムが少数民族出身者に対して行ってきたさまざまな教育活動の成果を見ると、それが新たな科学的な証左となることが明らかになった。つまり、少数民族児童の学力や能力は、新しい教育モデルに対しても十分呼応できるものであり、キン族や他の少数民族の生徒たちと一緒に机を並べて授業に参加できる資質と知力を十分兼ね備えていることが実証されたのである。

教育を通じて学習者が自分自身に自信が持てるようになるという、全人的な教育が本来めざす重要な成果を得ることができた。学習者が自分自身に自信が持てるようになると主体的に学ぼうとする意欲が自然と湧いてきて、学校生活のみならず社会生活の場においても自らが認められ鼓舞されることで学ぶことに没頭し、夢中になることが確認できた。外国からやって来た教員と少数民族出身の生徒たちが、授業中の対話を通して平等な関係性を維持できることが、もともと他の地域と接触する機会が著しく限られている生徒たちにとっては大変重要であることが明らかになった。

（2）教育科学理論の側面からの意義

本共同研究プログラムを通じて得ることができた成果は、従来の教育理論を実証し、更に発展させることにも繋がった。ベトナムでは特にこの20年来“生徒中心主義教育”を命題として関心が持たれ続けている。生徒中心主義の本質とは、学習者に重きを置き学習者の主体性を尊重するという、ヒューマニスティックな意味を持った進歩的な教育観であると同時に教育的アプローチである。そして、学校教育活動の場でもそのような姿勢を貫き、教員中心主義といった誤った授業観とは一線を画すことで、教育のあるべき目的・本質・ニーズに忠実な認識と行動が求められるべきなのである。

しかしながら、ベトナムにおける近年の教育の実情といえば、教員が本来担うべき役割を傍らに置きやり、生徒中心主義教育を字面で機械的に理解するのにとどまり、生徒側に学ぶことを丸投げして放任している風潮にある。したがって、“学習者の活動を中心に据えた教育”の中身とは何であるかを正しく理解徹底させることがまず先決であり、その次に学習者が成長することを第一義とする学校現場での教育システムやさまざまな形式の改革に着手すべきである。人格を発展させるためには「自ら学ぶことを主眼に置」(1)き、「個人の主体的な活動こそが決定的な要因となる」(2)のである。そして同時に忘れてはならないことは、教員側が授業に臨むにあたっての準備に、より積極的に、より創造的に、そしてより多くの時間をかけなければならないということである。

私たちは、琉球大学教育学部の教員と学生がタイグェン省ヴォーニャイ郡クックドゥオン小学校、トゥオンヌン小学校、並びにタイグェン師範大学教育学部で行ったモデル授業を参観して、以下のような印象を受けた。

日本側教員の授業に向けての準備は実に緻密で周到であり、さまざまなアイデアが盛り込まれたものであった。特筆すべきは、良い授業をしようという明確な意識があるからこそ、できるだけ簡単で入手しやすい、そして実際に使い勝手のよい資料や実物を有効に活用して授業のテーマを明確化した上で準備を行っている点である。日本側教員は、一コマの授業の中、冒頭でさまざまなテクニックと教案を駆使して生徒たちの関心を引くべく心がけているので、もともと教員と学習者の間にあった距離感を取っ払ってしまった。そしてその日の授業のいくつかのテーマを、質疑応答や問題提起を繰り返し、さらには動作で示した上で明らかにすると、冒頭の数分で生徒たちは授業に引き込まれ、熱心に取り組み始めていた。生徒たちがそれらの授業に参加する姿勢が、きわめて自然体でありながらも積極的であり、あたかももともと生徒たちがその授業テーマに大変興味を持っていたかのような印象を受けた。

以上のように生徒中心の積極的な授業案の存在というものが、琉球大学教育学部の教員と学生の方々が実際に行っていただいた授業を通して証明されたわけである。私たちタイグェン師範大学の教員と学生一同は、この一連の授業から教育理論をこれまで以上に深く理解することができた。

そして私たち一同におしなべて印象的だった場面は、少数民族出身の生徒たちにとって、言語も文化もおよそかけ離れた外国から来た人たちと生涯で初めて接触したにもかかわらず、親しげにかつ心を開いて日本側教員とコミュニケーションを交わすことができたシーンであった。それは、日本側教員の授業をよく観察してみると、ベトナム人教員による授業では従来から必ず存在する、教師と生徒間の距離というものを見て取ることがなかったからである。逆に言えば、日本側教員は子どもたちと仲良くなり、子どもたちの輪の中に入ることに熱中するあまり、教室内での教師の“威光”が陰るほどであったが、授業前の準備段階では教員の表情が一変し引き締まった顔つきになったことを鮮明に記憶している。

教育理論の側面からもう一点証明されたことは、授業内容と指導案に関してである。日本側教員は授業を通して「指導案の内容の向上」とはどういうことなのかをこれまで以上に明らかにしてくれた。実はベトナムはこの点において理論を理解する段階から実践に移す段階にわたるまで、多くの問題に直面している渦中にいる。日本の教員の方々は“鋳型にはめ込んだ”ような既製の指導案とはまったく異なる多様な指導案を作成してきていた。特筆すべきは、少数民族居住地域に関する情報と知識（それは現地の人間にとっては当たり前のことなので、意識的に見なければ気が付かない地域の特性や豊かさなど）を各々の日本側教員が綿密に調べ上げ、それを指導案に反映させていたことだ。そのような指導案に基づいた授業は生徒にとっては大変魅力的なものとなり、自分たちの身の周りの暮らしで見落としていたことや気が付かなかった価値について、授業を通じて自然に理解することができたであろう。

その一方で、ベトナムでは旧態依然のままの指導方法が踏襲されており、つまり、教師の言うとおりに生徒を行動させ、教師が読んだことをノートに写させ、それを生徒に読ませたり暗唱させている。この実情から、教員の立場と役割は何なのかを深く考え、大きな変革を行わなければならないと痛感した次第である。実はベトナムの教育育成省が2015年以降に予定している教科書ドイモイ（刷新）カリキュラム案は、概ねその方向で進んでいる。つまり、教員にとって最も求められる能力とは、指導案を向上させる能力とされ、それは今回日本の専門家の方々がベトナムで行った各授業をベトナム側の教員が実践していく中で基礎的技術を身に付けていく必要がある。その意味で、日本側教員から伝授していただいた授業内容は、ベトナム人教員にとって新たな意欲と積極的なモチベーションを醸成する基盤を築くことになったと確信する。

もう一つ注目すべき点は、一つの授業の中にさまざまな要素を取り入れる技術の高さである。たとえば『太陽と山に住む人たち』という一つのテーマの中には、地理、歴史、人類学、文化などの教育的な要素が折り重なっており、それを生き生きと教師自らが身体を挺して授業を進めるので、生徒たちの集中力は自ずと高まっていった。これこそがベトナムにおける2015年以降の教育ドイモイカリキュラム案の一つである。そして、この一つの授業を通して、ベトナムの教員たちは自らの能力を再認識し、教員が本来持っている想像力は決して小さくないことに気づき、少数民族出身の生徒たちの能力の高さを再評価することになったのである。

（3）教育の方法と形式に関するドイモイの意義

共同授業研究プログラムの成果は、教室内外での教え方や授業や授業外での教育活動の形式に色濃く反映され、それがひいては師範大学の教員、各学校の管理職、教員、学生、生徒、そして保護者に至るまで波及することになるであろう。

この項では、私たちが日本を訪れ日本の学校で日本の教員が行う授業を参観した結果、印象に残った点を記す。

授業内での教え方（方法、技術、形式、練習、評価の仕方など）がおしなべて教育科学理論に完璧に依拠している。教室内でのさまざまな授業活動方法は、教員にとって決して難度の高いものではないので、管理職側の決断と責任、そして現場教員への支援体制を整えさえすれば、ベトナムでも決して実現不可能ではない。

生徒一人ひとりを尊重することが教育改革を行う際の最大原則となる。

教育の内容を複雑化することはないが、だからといって授業内容が凡庸なレベルに堕してはならない。授業の着想は常に深化しかつ柔軟性に富んでいるべきで、授業の準備段階ではあらゆる角度から周到な用意をすべきである。

以上から、教員自らが試行錯誤して実践する教育方法のドイモイが、ひいては教員自身の自信に繋がるということを、日本の教育専門家が身をもって示してくれた。この成果は我が国の小学校現場に持ち帰られ、教員たちが目下継続して実践中である。翻って山岳地帯などのさまざまな特別な困難事由を抱える地域は、もはやドイモイの機会を逸したわけでは毛頭ない。地域の特色を活かし、その地域にしかない産物から発想する授業のドイモイ案を自らの手で作りあげることこそが、その地域の条件と環境に根差した教育力を向上させることになると確信する。

（4）ベトナム山岳地域における教育研究の障壁と改善策

これまでベトナム北部山岳地帯における教育活動とその研究に携わってきた者として、以下所見を述べる。

一つ目は、生徒たちの人格はいくつかの要素が重なり合って形成されていくという点である。つまり、基礎的要因としての生物学的遺伝子の影響、主体的要因としての教育効果、決定的要因としての生育環境、直接的要因としての個人の自主的行動が、積み重なった上で人格が決定する。したがって遺伝的に優れた素質や生活環境が及ぼす優位性が人格に反映されるか否かは、主体的な教育を実践することにかかっている。同時に先天的な欠点や限界性を克服し、劣悪な生活環境に対しても抵抗力を身に付けられるか否かは、個々人の努力に依拠する。つまり個人のアプリオリな能力を起動させることが真の教育なのである。

この論をベトナムの少数民族出身の生徒たちに当てはめると、彼らは他の民族と同等の権利と能力を十分に有している。それはベトナムの教育制度の下で成長することができた学力と文化レベルを見れば明白である。したがって少数民族が多く居住する地域において最も力を注ぐべき点は、生活環境を改善・向上させるための教育であり、それが彼らの人格形成を決定づける最大のポイントとなる。生活環境の要素を無視しては教育は成り立たない。「生活環境」と「教育」という人間にとって重要な要素同士が結合することで、初めて教育の主体性が発揮されるのである。ということは、少数民族居住地域における最善の教育政策とは、実は彼らの生活環境を優先的に整備することではなく、当該地域がアプリオリに有している可能性を真摯に尊重することなのである。そうすることで多くの困難を抱える山岳地域の潜在的な能力が開花・向上し、そのことが教育基盤の確立と発展につながっていくのである。

二つ目は、固有の文化を保存継承していくニーズと個人や地域共同体が発展することとの間で矛盾が発生し始めている点である。地域の特性や文化を保存することと、各少数民族の言語を保存継承することは表裏一体でなければならない。しかしながら、より多く学ぶためにより高く発展していくためには、キン族の言語であるベトナム語を学ぶ必要性が母語を学ぶ必要性より高まってきているのが現状である(3)。これは少数民族出身の生徒たちだけに見られる傾向ではなく、生徒の家族や地域共同体全体が、保存継承のベクトルと発展向上のベクトルとが一致せず、その矛盾に直面し、いわば立往生してしまっている。したがって、これまで進められてきたバイリンガル教育についても今後どのように行っていくかを引き続き研究していく必要がある。

三つ目は、現在世界中の多文化国家では、特有の文化を有する各地域共同体のニーズにも呼応できる柔軟な教育システムと、それに基づいたオリジナルな諸政策が必要となっていることである。したがって我が国の多文化地域における教育も、地域性と国際性の両面を見据えつつ、言語と文化の地域的特性を教えることができるモデルを構築することが肝要である。

[文献]

(1) ホー・チ・ミン（Ho Chi Minh）「仕事上の慣習の改善（Sua doi le loi lam viec）」1947

(2) ハー・テー・グー（Ha The Ngu）、ダン・ヴー・ホアット（Dang Vu Hoat）「教育学大綱（Giao duc hoc dai cuong）」教育出版社、1987

(3) グエン・ヴァン・ロック（Nguyen Van Loc）「ベトナム北部における少数民族の言語と文化の保存継承に関する研究（Nghien cuu bao ton va phat trien ngon ngu, van hoa cac DTTS vung Viet Bac）」2004-2006

（翻訳：那須 泉）

Ý NGHĨA CỦA CHƯƠNG TRÌNH NGHIÊN CỨU

Phạm Hồng Quang –PGS.TS Giáo dục

Hiệu trường Trường ĐHSP-ĐH Thái Nguyên

Sau gần 10 năm quan hệ hợp tác với Trường Đại học Ryukyu Nhật Bản, đặc biệt là với các giáo sư của khoa Giáo dục, các giảng viên và sinh viên đến từ Nhật Bản và qua những dịp đến thăm đất nước Nhật Bản xinh đẹp, chúng tôi có những ghi nhận về ý nghĩa của chương trình nghiên cứu như sau:

1. *Về ý nghĩa giáo dục nhân văn của chương trình nghiên cứu*

Việc các giáo sư của trường Đại học Ryukyu ở Ôkinawa có ý tưởng và triển khai nghiên cứu về giáo dục đối với người dân tộc thiểu số qua phương pháp so sánh giữa 2 vùng của Việt Nam và Nhật Bản là một công trình có ý nghĩa nhân văn sâu sắc.

Ý nghĩa nhân văn được thể hiện ở các khía cạnh sau đây:

i) Đối tượng của chương trình nghiên cứu hướng đến là con người-trẻ em dân tộc thiểu số, ở Việt Nam đây là đối tượng chịu nhiều thiệt thòi về điều kiện sống khó khăn, giao thông trở ngại, trình độ sản xuất thấp, ít có cơ hội giao lưu, đặc biệt là khả năng học lên chiếm tỉ lệ thấp…Vấn đề phát triển giáo dục vùng có người dân tộc thiểu số, đặc biệt là trẻ em đã được chính phủ Việt Nam quan tâm đặc biệt và dành nhiều chính sách ưu tiên và phát triển. Do vậy, chương trình nghiên cứu giúp cho phía Việt Nam có thêm nhiều kinh nghiệm trong việc hoạch định chính sách (đặc biệt đối với chính sách giáo dục) đối với người dân tộc thiểu số;

ii) Kết quả nghiên cứu về các hoạt động giáo dục trên đối tượng người dân tộc thiểu số đã giúp phía Việt Nam có thêm dữ liệu khoa học để khẳng định: trình độ, năng lực của các em học sinh là người dân tộc thiểu số có đầy đủ khả năng tiếp cận nền giáo dục mới; các em có đầy đủ các tố chất và sự thông minh để tham gia giáo dục bình đẳng so với người Kinh cũng như các dân tộc khác;

iii) Kết quả giáo dục đã tạo ra niềm tin của người học đối với bản thân mình –đây là kết quả quan trọng của chiến lược giáo dục con người. Khi người học có niềm tin về bản thân sẽ giúp họ có động lực học tập tích cực, có được sự hăng hái và say mê bởi họ được tôn trọng và khích lệ trong suốt quá trình học cũng như khi tham gia vào đời sống xã hội;

iv) Sự bình đẳng giữa người dạy (chuyên gia giáo dục nước ngoài) với người học (học sinh người DTTS) thông qua hoạt động giao tiếp rất quan trọng đối với trẻ em vùng DTTS vốn ít có cơ hội mở mang các quan hệ giao tiếp.

2. *Ý nghĩa về lí luận khoa học giáo dục*

Kết quả của chương trình nghiên cứu đã làm phong phú thêm các lí thuyết về giáo dục. Đặc biệt ở Việt Nam gần 20 năm qua đang quan tâm đến mệnh đề “Dạy học lấy học sinh làm trung tâm”. Thực chất đây là quan điểm, hướng tiếp cận giáo dục tiến bộ có ý nghĩa nhân văn về việc tôn trọng và tích cực hóa người học-thực chất là công việc lõi của hoạt động nhà trường; quan điểm này muốn khẳng định việc nhận thức và hành động cho đúng bản chất, yêu cầu và mục tiêu tốt đẹp của giáo dục, khác với cách làm sai lầm: dạy học lấy người thầy làm trung tâm. Tuy nhiên về thực tiễn ở Việt Nam ở một số năm gần đây đang có xu hướng coi nhẹ vai trò của người thầy, hiểu máy móc việc dạy học lấy học học sinh làm trung tâm là khoán mọi việc cho học sinh. Về bản chất phải hiểu đúng “Dạy học lấy hoạt động học của người học làm trung tâm” do đó mọi hình thức, việc làm của hệ thống nhà trường phải hướng vào, phải tập trung vào sự phát triển của người học làm cốt lõi. "Lấy tự học làm cốt..."[1]; trong sự phát triển nhân cách con người, "tự hoạt động của cá nhân là nhân tố quyết định trực tiếp"[2]. Đồng thời sự chuẩn bị của người thầy còn phải đầu tư nhiều hơn, tích cực hơn và sáng tạo hơn.

Thông qua các giờ dạy mẫu ở trường tiểu học Cúc Đường, Thượng Nung (huyện Võ Nhai, tỉnh Thái Nguyên) và tại Khoa Giáo dục tiểu học Trường ĐHSP Thái Nguyên, chúng tôi nhận thấy:

i) Việc chuẩn bị của giáo viên (Người Nhật Bản) rất cẩn thận, đầu tư rất nhiều trí tuệ cho công tác chuẩn bị; điều đáng nói ở đây là nhiều dụng ý sư phạm tốt được chuẩn bị để thể hiện ý tưởng dạy học từ những vật liệu, dụng cụ hết sức đơn giản, dễ tìm, dễ làm.

ii) Trong hoạt động giảng dạy, giáo viên coi trọng khâu khởi động (bằng nhiều hình thức, phương án...) đã làm xóa đi khoảng cách vốn có giữa người dạy và người học; các vấn đề dạy học được nêu ra bằng tình huống (câu hỏi, vấn đề, hình mô phỏng...) rất hấp dẫn tạo sự chăm chú và hấp dẫn ngay từ phút đầu.

iii) Sự tham gia của học sinh vào bài học được diễn ra một cách tự nhiên, tích cực, như là bổn phận của người học và rất hào hứng...

Phương án dạy học tích cực lấy học sinh làm trung tâm đã được chứng minh thông qua các bài giảng của các giáo sư và sinh viên đến từ khoa Giáo dục trường Đại học Ryukyu. Chúng tôi là những giảng viên Trường Đại học Sư phạm và các sinh viên sư phạm đã hiểu sâu sắc thêm về lí thuyết giáo dục từ các bài giảng đó. Điều cảm nhận chung được rút ra là người học (ở đây là học sinh người DTTS) lần đầu tiên trong đời được tiếp xúc với người nước ngoài, xa lạ về ngôn ngữ, văn hóa, nhưng rất gần gũi, cởi mở về phong cách giao tiếp. Khi quan sát các giờ dạy của các giáo sư Nhật Bản, chúng tôi không nhìn thấy khoảng cách thầy-trò, vốn thường thấy trong giờ dạy học của các giáo viên Việt Nam mà chỉ nhận thấy có sự quan tâm đặc biệt đến trò một cách thân thiện, hòa đồng và vị trí người thầy bị "lu mờ" trong lớp học nhưng rất "rõ nét" khi nhìn vào các công việc chuẩn bị cho hoạt động giáo dục.

Một khía cạnh nữa của lí luận giáo dục đã được chứng minh là về chương trình và nội dung dạy học. Khi tiếp cận giờ học, các chuyên gia Nhật Bản đã làm rõ thêm khái niệm "Phát triển chương trình" vốn đang còn gặp nhiều trở ngại đối với các giáo viên Việt Nam từ nhận thức đến hành động. Trong các giờ giảng tại Việt Nam, các giáo sư Nhật Bản đã tạo ra những giáo án không giống "khuôn mẫu đúc sẵn". Đặc biệt là tri thức bản địa (vốn rất phong phú ở vùng DTTS) đã được các giảng viên khai thác triệt để. Nhiều giờ giảng có sức hút lớn đối với học sinh có lẽ bởi các em nhận thấy các giá trị, các nội dung của cuộc sống quanh mình được đưa vào giờ học tự nhiên. Ở Việt Nam, cách tiếp cận chương trình của giáo viên vốn đang quen thuộc với cách cũ: tuân thủ, đọc chép và tái hiện...nay đã có cảm nhận sâu sắc về vị trí vai trò của người giáo viên phải thay đổi lớn. Đề án đối mới chương tình sách giáo khoa sau 2015 của Bộ GD-ĐT Việt Nam đang triển khai theo hướng này. Năng lực cốt lõi của giáo viên phải có là năng lực phát triển chương trình- những kĩ năng cơ bản của giáo viên cần hình thành trong các giờ giảng ở Việt Nam do các chuyên gia Nhật Bản truyền dạy đã góp phần hình thành nên ý thức mới, nhận thức mới rất tích cực đối với giáo viên Việt Nam.

Khả năng tích hợp trong giờ giảng rất cao. Một chủ đề, ví dụ "Mặt trời và người dân miền núi" đã được tích hợp giáo dục về địa lí, lịch sử, nhân chủng học, văn hóa...với cách thể hiện rất sinh động và hấp dẫn cao. Đây là phương án mới của chương trình đổi mới sau 2015 ở Việt Nam. Thông qua các bài giảng này, các giáo viên Việt Nam đã nhận ra năng lực của chính mình, khả năng sáng tạo của giáo viên không hề nhỏ và sức học của học sinh người DTTS rất tốt.

3. *Ý nghĩa về đổi mới phương pháp giáo dục, hình thức giáo dục*

Kết quả của chương trình nghiên cứu được tô đậm nhất ở phương pháp hình thức tổ chức dạy học, trên lớp, ngoài lớp, hoạt động giáo dục và dạy học, tác động mạnh đến giảng viên đại học sư phạm, cán bộ quản lí trường học và giáo viên và học sinh, phụ huynh học sinh...

Thông qua các giờ giảng của giáo viên Nhật Bản và được thăm quan giờ học, lớp học, trường học tại Nhật Bản đã cho thấy kết quả đáng ghi nhận như sau:

i) Các cách thức giảng dạy (phương pháp, kĩ thuật, hình thức, mô hình, cách đánh giá...) đều dựa trên căn cứ lí thuyết khoa học sư phạm chắc chắn.

ii) Việc đổi mới cách thức hoạt động trên lớp không phải là quá khó đối với giáo viên,

nếu có quyết tâm, trách nhiệm và có sự động viên khích lệ từ các nhà quản lí;
iii) Tôn trọng học sinh là nguyên tắc cao nhất trong đổi mới phương pháp dạy học;
iv) Không phức tạp quá các tình huống giáo dục nhưng không được tầm thường hóa các nội dung học vấn, mọi ý tưởng sư phạm phải sâu sắc, uyển chuyển và phải được chuẩn bị rất kĩ từ nhiều phương diện.

Có thể nói, tạo được niềm tin đối với mọi giáo viên về khả năng đổi mới phương pháp dạy học của mình là điều các chuyên gia Nhật Bản đã làm được. Kết quả này đã được các giáo viên tiểu học ở các trường triển khai tiếp tục-đây là yếu tố cốt lõi tạo nên sự phát triển bền vững về năng lực giáo viên. Thậm chí ở các vùng đặc biệt khó khăn thì cơ hội không phải đã hết, việc tự tạo ra các phương án đổi mới dạy học bằng lực lượng tại chỗ, từ vật liệu sẵn có, với điều kiện và hoàn cảnh ấy, chắc chắn chất lượng giáo dục sẽ đi lên.

4. *Một số trở ngại khi nghiên cứu giáo dục miền núi ở Việt Nam –hay các vấn đề cần tiếp tục hoàn thiện từ dự án này*

Trong quá trình nghiên cứu và hoạt động giáo dục ở miền núi phía Bắc Việt Nam, chúng tôi có những suy nghĩ như sau:

Một là, vấn đề nhân cách học sinh được hình thành bởi các nhân tố: ảnh hưởng của di truyền-sinh học (nền tảng quan trọng); ảnh hướng của giáo dục (chủ đạo); ảnh hướng của môi trường (quyết định) và ảnh hưởng của tự hoạt động cá nhân (quyết định trực tiếp). Do vậy, trong việc “chủ đạo” của giáo dục thể hiện ở việc phát huy các ưu thế của yếu tố di truyền, yếu tố môi trường để giáo dục và đồng thời uốn nắn những hạn chế của yếu tố sinh học, tạo sức đề kháng cho cá nhân trước tác động xấu của môi trường…thì vai trò hoạt động cá nhân rất quan trọng. Giáo dục chính là sự “kích hoạt” các năng lực sẵn có ấy. Đối với học sinh là người DTTS ở Việt Nam, các em có đầy đủ quyền và đầy đủ khả năng để phát triển bình đẳng. Khả năng học vấn và trình độ văn hóa của những người trưởng thành từ hệ thống giáo dục Việt Nam đã chứng minh điều đó. Vấn đề cốt lõi của giáo dục ở vùng có nhiều người là DTTS là xây dựng và phát triển môi trường sống –đây là yếu tố quyết định quan trọng để hình thành nhân cách. Giáo dục không thể đứng ngoài yếu tố môi trường, vị trí chủ đạo chỉ có thể thành công khi hòa nhập được các yếu tố con người –môi trường và giáo dục. Bởi vậy, chính sách tốt nhất cho giáo dục vùng DTTS không phải là ưu tiên điểm số mà là tạo điều kiện tốt nhất về môi trường sống cho chính họ; với thái độ tôn trọng và đề cao năng lực tại chỗ, chúng ta hoàn toàn có khả năng xây dựng một nền giáo dục tiến bộ ở vùng còn nhiều khó khăn.

Hai là, đang xuất hiện mẫu thuẫn giữa nhu cầu bảo tồn văn hóa và phát triển cá nhân, phát triển cộng đồng. Bảo tồn văn hóa, bản sắc phải gắn với bảo tồn và phát triển ngôn ngữ các DTTS, nhưng đang xuất hiện nhu cầu học tiếng Việt (tiếng Kinh) để học lên, để phát triển nhiều hơn là học tiếng mẹ đẻ [3]. Đây không chỉ là nhu cầu đối với học sinh DTTS mà bản thân gia đình học sinh và cộng đồng cũng đang vấp phải mâu thuẫn giữa yếu tố cần bảo tồn với yếu tố để phát triển. Do vậy vấn đề giáo dục song ngữ đang cần nghiên cứu và triển khai.

Ba là, các quốc gia đa văn hóa cần có một hệ thống giáo dục linh hoạt xuất phát từ nhu cầu của cộng đồng tại chỗ với các chính sách đặc thù. Trọng tâm của giáo dục vùng đa văn hóa là tạo dựng mô hình giáo dục bản sắc cộng đồng về ngôn ngữ, văn hóa trong bối cảnh hội nhập khu vực và quốc tế.

TÀI LIỆU THAM KHẢO CHÍNH

1. Hồ Chí Minh-*Sửa đổi lề lối làm việc*, 1947.

2. Hà Thế Ngữ -Đặng Vũ Hoạt, *Giáo dục học đại cương*; NXB Giáo dục, 1987.

3. Nguyễn Văn Lộc-*Nghiên cứu bảo tồn và phát triển ngôn ngữ, văn hóa các DTTS vùng Việt Bắc*, 2004- 2006 (Đề tài độc lập cấp nhà nước).

2　タイグェン師範大学と琉球大学教育学部の協力がめざす道程

……タイグェン師範大学大学院人材育成室室長　Tu Quang Tan

ベトナムのタイグェン師範大学と日本の琉球大学教育学部との学術協力は、「ベトナム北部の多言語民族地域における言語教育研究」というテーマで2003年から始まった。以降、両校は我が校やタイグェン省のトゥオンヌン小学校などにおいて多岐にわたる研究調査を行い、情報・資料・論文を共有し合ってきた。

琉球大学教育学部の教授陣と授業経験が豊富なうえ類いまれな実践力を有する日本の専門家の方々と一緒に仕事をしていく中で、我が校の教員と学生はいくつかの点で蒙を啓くことができた。以下、その具体例を2013年に実施された一連の協力プログラムに筆者自身が関わった経験に基づいて述べる。

（1）きめ細かな準備と計画が授業の成功の鍵

琉球大学の教員と専門家の方々（以下「日本側教員グループ」と記す）が我が校を訪問してから一緒に仕事を進めていく中でまず刮目すべきは、日本側教員グループがベトナムを訪問する少なくとも４か月前から計画書を筆者に送ってきていたことである。そして訪越までの数か月間は、些細な点に至るまでおびただしい回数の連絡を重ねて確認作業を行った。

一行が訪越しタイグェン省に到着した後も作業は続いた。たとえば2013年９月、日本側教員グループは、日本における子ども中心主義に即した授業を紹介する集中講義と「子どもの自尊感情を育てるための授業」と題したワークショップを、我が校の教員と学生を対象に行うことになっていた。その際、日本側教員グループは、あらかじめ日本で教案を作成し、講義に使用する各種教材や現物を持ってくるだけではなかった。

集中講義が行われる前日の午後、わざわざ会場となる教室まで赴き、受講生が座る椅子と机の向きを並べ替え始めた。さらに日本から持ってきた各種教材を置く場所を一つ一つ確認し、講義記録用のビデオカメラの撮影位置と方向まで取り決めていた。

講義当日、一行は講義開始時間は午前６時45分なのにもかかわらず５時30分には既に教室にやって来ていた。講義直前まで昨日確認した段取りについてもう一度チェックしていたのである。つまり、わずか２時間の集中講義のために訪越前から講義開始直前まで周到な準備を入念に積み重ねたからこそ、受講生が身を乗り出してひとことも聞き逃すまいと耳を傾ける熱気溢れる講義が生まれたことを実感した。

我が校の小学校教員養成課程の学生を中心として編成した２グループが、トゥオンヌン小学校で研究授業を行うことが決まったときも、授業の準備、教案作成の段階から、村上・西岡・那須の３氏は２グループの学生たちに、何を生徒たちに教えたいのか、そしてそれをどのような方法で教えるのかを常に意識して準備するように説明していた。研究授業が行われるまでの期間も、３氏は頻繁に学生たちと連絡を取り合い、科目別の専門的な指導から、授業当日は自信を持って教壇に立つよう激励までしていた。

（2）既成の教材に依存しない

たとえばベトナムで世界やベトナムの地理についての授業を行う場合、通常、教員はベトナムの学校教材備品会社が制作販売する地球儀を持ち出して、生徒たちにベトナムや日本はどこにあるか、経度と緯度はどこに引かれているかと質問する。もし教室に地球儀がなかったら、生徒たちは経度、緯度、北極、南極とは何かをイメージすることも説明もすることもできずに授業は終了するだろう。ところが西岡先生は地球儀の代わりにみかんを教具とすることで、生徒たちに経度、緯度、北極、南極について考えさせるのである。さらに１枚の紙を取り出し、平たい紙から丸い地球儀を作るにはどうしたらいいのか、特に地球儀に描かれている各国の形や面積を平面の紙にはどのように描いたらいいのかを考えさせていた。たった１枚の紙でも、既成の教材がなくても実に有効な教具に変身するのである。

（3）生徒のやる気を引き出すさまざまな配慮とツール

日本側教員グループがトゥオンヌン小学校を訪問したとき、村上・西岡・那須の各氏は時間を見つけては生徒たちの輪の中に自分たちの方から入っていって、ベトナムの民間遊戯（竹馬、かごめかごめ、鬼ごっこなど）に参加するので、生徒たちはベトナム人とか日本人とかという意識をすることなく、言葉の違いや教師と生徒との関係などの壁を超えて楽しく遊んでいた。

そのうち村上・西岡の両氏は、「昨日の夜はよく眠れた？」「登校するのは疲れる？」「お家は遠いの？」などごく短い問いを子どもたちに投げかけ始め、教師と生徒との距離感を縮めようとしていた。フモン族、タイー族、ヌン族ら少数民族の生徒たちは初対面の人や大勢の人たちの前では萎縮してしまい恥ずかしがってコミュニケーションを取りたがらない傾向にあることを、日本側教員グループが事前に把握していたからである。琉球大学学生の岩木桃子さんは、授業が終わって休み時間になる度にスカーフをふって生徒たちを呼び集め、頭や手をぐるぐる回したり、腰を軽く叩き合う体操を始め、次の授業時間も生徒たちが楽しく集中して勉強ができるように疲れをとり、リラックスさせてあげていた。

その日はミュージシャンのコウサカワタル氏によるフモン族固有の楽器（口琴）が実は世界各地にあることを知ってもらうための「世界の口琴紹介とミニ演奏会」は、トゥオンヌン小学校の教員と生徒、なかでもフモン族の生徒たちにとっては忘れられない音楽を通したワークショップ形式の授業となった。コウサカ氏は日本から持参してきた世界各国の口琴を教員と生徒一同の目の前で吹き比べてみせてくれた。続いて我が校の学生であり自身フモン族であるマー・ミー・ヴー（Ma Mi Vu）君が、日本側教員グループとトゥオンヌン小学校教員生徒の前で、フモン族のケーン、横笛、草笛の演奏を披露してくれた。時にはゆったりとした、時にはリズミカルな旋律は、少数民族出身の生徒たちの耳には心地よく響き、マー・ミー・ヴーさんのような大学生になるには一生懸命勉強しなくてはと、心を奮い立たせる生徒もいたであろう。

（4）生徒の心理状況によって変容する授業内容と机の配置

村上先生と西岡先生が２グループの学生に繰り返し伝えていたことは、「授業が成功するとは、あらかじめ準備していた内容を時間内に教え切れたことを指すのではなく、生徒たちが授業内容を十分理解できたかどうかということに尽きる」という点であった。その言葉を裏付けるように、トゥオンヌン小学校教員による授業と２グループの学生たちによる実験授業の際、日本側教員グループは、終始生徒たちの様子や態度の変化を観察し、ある生徒が授業について行けなくなったり、勝手に“内職”を始めたりしたら、即座にその生徒のそばに行き、声を掛け、勉強の手助けをしていた。

さらに村上・西岡・那須の３氏は、授業内容を記録するとともに生徒たちの表情の変化を追うために、常にビデオカメラを回し続けていた。後日筆者たちはそのカメラ映像を使って、生徒たちがどのくらい授業内容を理解していたのか、そして授業中の生徒たちの態度がどのように変化していったのかを分析し、２グループの学生たちのその後の教育実習に役立てることができた。

教室の机と椅子は、授業内容に応じてその都度並べ替えることで、生徒たちの授業への集中度が大きく変わるということは、日本側教員グループから新しく学んだ大きな点であった。ベトナムでは通常生徒の机は黒板に向かって整然と並べられている。ところが今回日本側教員グループは、授業内容によって机の配列を菱形にしたり、４つ～５つの机を集めてグループを作ったり、Ｖ字型に並べたりと変幻自在であった。このように机を並べ替えることで、教員と生徒の距離が一気に縮まり、グループ学習や生徒同士の話し合いが深まり、生徒たちの意欲がいっそう高まるという多くの利点があることを体感できた。

（５）授業研究会はパラレルな意見交換の場

かつて村上先生は「アメリカや日本の教育が決して良いのではありません。ベトナムの教育から私たちも学ばせていただくことがたくさんあります」とおっしゃっていた。この発言を筆者が紹介したのを機に、教育が進んでいる国からいらっしゃった教員の方々と、トゥオンヌン小学校の教員・タイグェン師範大学の教員と学生との間に横たわっていた、いかんともしがたい距離感が一気に溶解した。それが如実に現れたのがトゥオンヌン小学校での授業研究会のとき（2013年12月）であった。授業研究会とは、我が校の学生であるファム・ティ・トゥイー（Pham Thi Thuy）さんが同小学校５年生のクラスで「ベトナムの地理」を、ブイ・ハーイ・メン（Bui Hai Men）さんが「刺繍の縫い方」を、そして同小学校の教員が「ベトナム語の読解」の授業をそれぞれ行った後、授業を行った学生と教員、そして授業を参観した人たち（同小学校校長、日本側教員グループ、２グループの学生たち）が一堂に会して意見交換をする場である。研究会の冒頭で村上先生は出席者全員に向かって「ブイ・ハーイ・メンさんの授業についていいなと思った点は何ですか？」等々肯定的意見を引き出す質問を矢継ぎ早に投げかけた。そのように問いかけていただけたからこそ、通常は専門的な厳しい意見が飛び交う研究会であるにもかかわらず、出席者の全員が自分の意見を自由闊達に発言することができた。この日の意見交換の時間に限っては、授業を見て（優れた人が劣った人を、教員が学生を）批判したり、欠点を指弾する発言は一切なかった。研究会の終わりの挨拶のときも、日本側教員グループは、実験授業で優れていた点を評価し、授業をもっと魅力的にするためのアドバイスを幾つか提案し終了した。

このように、日本側、ベトナム側、教員、学生がパラレルな関係性の上に立って授業研究会を行える裏には、日本側教員グループの見えない努力が実はあった。日本とベトナムの教育システムの違いから的はずれな意見を述べたり誤った評価をしないよう、日本側教員グループはこの10年余りの間、我々と意見交換をする際には、必ずベトナムの学校組織や教育システムについて理解を深める質問を積み重ねてきた。その蓄積があるからこそ、今回のような授業研究会が可能になったのである。

（6）結論

我が校の２グループ学生による実験授業がすべて終了した2013年12月14日、日本側教員グループを代表して村上先生が実験授業の成果についてファム・ホン・クアン学長に報告されている途中に、突然次のような話をされた。

「昨日の夕食会のとき、クアン学長から『良い教員とはどういう人のことを指すのでしょうか？』と尋ねられたとき、私は答えられませんでした。しかし、今回の実験授業プログラムが終了した今は、私は答えられます。本当に良い教員とは、タイグェン師範大学が育てる教員です」

そして、日本側教員グループから、教育実習は大学１年生のときから実施すべきである、（都市部だけではなく）少数民族が居住し多くの問題を抱えている僻地でこそ実習を行うべきである、との提案をいただいた。

村上先生の激励のお言葉と日本側教員グループの専門的なアドバイスを受け

て、我が校では目下教育実習カリキュラムの見直し中であり、近いうちに全面改変する予定である。

以上見てきたように、タイグェン師範大学と琉球大学教育学部の学術研究協力プログラムは、多くの成果を挙げつつ現在も進行中である。双方が貴重な経験を積み重ねる地平の先には、未見の国際協力と学術協力の道程が続いていることを確信する。

（翻訳：那須 泉）

HỢP TÁC GIỮA KHOA TRƯỜNG ĐẠI HỌC SƯ PHẠM THÁI NGUYÊN, VIỆT NAM VÀ KHOA GIÁO DỤC THUỘC ĐẠI HỌC QUỐC GIA RUYKYUS, NHẬT BẢN - MỘT HƯỚNG ĐI ĐÚNG ĐẮN

TS. Từ Quang Tân

Trường Đại học Sư phạm Thái Nguyên, Việt Nam

Trường Đại học Sư phạm Thái Nguyên, Việt Nam và khoa Giáo dục thuộc Đại học Ruykyus - Nhật Bản hợp tác nghiên cứu đề tài "*Nghiên cứu về giáo dục ngôn ngữ trong khu vực dân tộc đa ngôn ngữ ở miền Bắc, Việt nam*" từ năm 2003, hai bên cùng triển khai nghiên cứu nhiều nội dung, trao đổi thông tin khoa học được tổ chức tại Trường Đại học Sư phạm Thái Nguyên và Trường Tiểu học Thượng Nung thuộc tỉnh Thái Nguyên, Việt Nam. Trong quá trình làm việc với đoàn Giáo sư khoa Giáo dục thuộc Đại học Ruykyus và các chuyên gia Nhật Bản nhiều bài học kinh nghiệm bổ ích, quý giá được phía giảng viên, sinh viên Trường Đại học Sư phạm Thái Nguyên, Việt Nam lĩnh hội được, đó là:

1. Lập kế hoạch chi tiết - chìa khóa của thành công

Trong những chuyến tham quan, trao đổi kinh nghiệm, phía đoàn Giáo sư, chuyên gia khoa Giáo dục thuộc Đại học Ruykyus - Nhật Bản (gọi tắt là đoàn Giáo sư Nhật Bản) đã lập kế hoạch trước ít nhất từ 4 tháng trở lên, kế hoạch được hai bên trao đổi qua lại nhiều lần từ những chi tiết nhỏ nhất. Ví dụ như: tháng 9 năm 2013, đoàn Giáo sư Nhật Bản tổ chức giới thiệu một số buổi dạy học theo phương pháp lấy học sinh làm trung tâm ở Nhật Bản và giảng dạy theo chủ đề: phương pháp phát triển lòng tự trọng của trẻ em trong dạy học… cho giảng viên và sinh viên khoa giáo Giáo dục Tiểu học thuộc Trường Đại học Sư phạm Thái Nguyên, Việt Nam. Ngoài việc chuẩn bị giáo án, giáo cụ trực quan từ Nhật Bản mang theo, đoàn Giáo sư Nhật Bản đã đến phòng học là nơi tổ chức tập huấn từ chiều hôm trước để thảo luận sắp xếp chỗ ngồi cho sinh viên, bố trí giáo cụ giảng dạy, vị trí đặt máy quay camera…Hôm sau, mặc dù giờ dạy bắt đầu từ 6h45 nhưng 5h30 đoàn Giáo sư Nhật Bản đã có mặt để kiểm tra lại toàn bộ công việc một lần nữa trước khi tổ chức giảng dạy. Có thể nói trong hai ngày tập huấn cho giảng viên và sinh viên khoa giáo Giáo dục Tiểu học, nhờ lập kế hoạch và chuẩn bị tốt nên đợt tập huấn đã nhận được sự phản hồi tích cực từ phía người học.

Để chuẩn bị giờ dạy thực nghiệm của hai nhóm sinh viên tại Trường Tiểu học Thượng Nung, Việt Nam các Giáo sư Murakami Rori, Nishioka Naoya hay Nasu Izumi luôn quan tâm đến phương pháp giảng dạy hay lượng kiến thức mà nhóm sinh viên định giảng dạy. Các Giáo sư thường xuyên liên lạc với nhóm sinh viên để trao đổi chuyên môn, kích lệ các em tự tin giảng dạy thực nghiệm.

2. Đồ dùng dạy học không nhất thiết phải do các công ty sản xuất

Ở Việt Nam, nếu như giờ dạy Địa lý thế giới hay Việt Nam thì giáo viên thường sử dụng quả địa cầu do các công ty thiết bị trường học của Việt Nam sản xuất và chỉ cho học sinh biết đâu là Việt Nam hay Nhật Bản; đâu là đường kinh tuyến và vĩ tuyến… Nếu trong trường hợp không có quả cầu thì học sinh không thể tưởng tượng hay hình dung ra được đường kinh tuyến, vĩ tuyến, cực bắc, cực nam…, ở đây thầy giáo Yoshimoto Yukio đã hướng dẫn sinh viên sử dụng quả cam thay quả cầu làm giáo cụ giảng dạy từ đó học sinh có thể tưởng tượng ra được đường kinh tuyến, vĩ tuyến, cực bát, cực nam….; các mảnh giấy tưởng chừng bỏ đi thì lại được sử dụng để thiết kế quả địa cầu làm giáo cụ dạy học; đặc biệt là cách vẽ và tính diện tích các nước trên quả địa cầu…..

3. Tạo hứng thú cho người học bằng sự quan tâm và những trò chơi

Những buổi đi thực tế tại Trường Tiểu học Thượng Nung, Việt Nam các Giáo sư Murakami Rori, Nishioka Naoya hay Nasu Izumi luôn chủ động chơi những trò chơi dân gian của Việt Nam như: Đi khà kheo, bịt mắt bắt dê, rồng rắn lên mây… với học sinh mà không thể phân biệt gianh giới giữa người Nhật Bản với người Việt Nam, hay rào cản ngôn ngữ làm xa cách tình cảm giữa học sinh, giáo viên Trường Tiểu học Thượng Nung với các Giáo sư Nhật Bản.

Giáo sư Murakami Rori hay Nishioka Naoya bắt đầu bằng những câu hỏi rất gần gũi với học sinh như: tối qua bạn có ngủ ngon không, bạn đi học có mệt không hay nhà bạn có xa không … tạo ra cảm giác gần gũi giữa người dạy và người học, đặc biệt là với các em học sinh người dân tộc H'mông , dân tộc Tày, dân tộc Nùng…là học sinh người dân tộc thiểu số của Việt Nam thường tự ti, ngại tiếp xúc với người lạ hay chỗ đông người. Đầu giờ dạy học hay sau giờ giải lao vào lớp, sinh viên Iwaki Momoko luôn bắt đầu bằng những màn khởi động như lắc đầu, vẩy tay, nhảy tại chỗ hay trò chơi đấm lưng cho nhau tạo ra cảm giác bớt mệt mỏi nhằm gây hứng thú cho người học.

Học sinh và giáo viên Trường Tiểu học Thượng Nung, đặc biệt là học sinh người dân tộc H'mông khó có thể quên được giờ dạy thực nghiệm thông qua âm nhạc với chủ đề "Giới thiệu và biểu diễn nhạc cụ của dân tộc H'mông trên thế giới' của nhạc sĩ Kosaka Wataru tổ chức ngay tại trường. Giáo viên và học sinh được xem biểu diễn, được thực hành thổi các loại nhạc cụ do nhạc sĩ Kosaka Wataru chuẩn bị mang từ Nhật Bản sang. Đoàn Giáo sư Nhật Bản, giáo viên và học sinh Trường Tiểu học Thượng Nung cũng được xem và nghe sinh viên Ma Mí Vừ, sinh viên Trường Đại học học Sư phạm Thái Nguyên là người dân tộc H'mông biểu diễn thổi sáo, thổi khèn H'mông hay thổi kèn lá…. Những điệu nhạc khi thì réo rắt khi thì du dương đã tạo ra cảm giác gần gũi với học sinh người dân tộc thiểu số, kích lệ các em cố gắng học tập để trở thành sinh viên như sinh viên Ma Mí Vừ.

4. Nắm bắt tâm lý học sinh để điều chỉnh giờ dạy và sắp xếp chỗ ngồi

Giáo sư Murakami Rori hay Nishioka Naoya trao đổi với hai nhóm sinh viên rằng giờ dạy thành công không phải là dạy xong nội dung đã được định sẵn trong một khoảng thời gian mà điều quan trọng là học sinh phải hiểu bài. Dự giờ giảng dạy của giáo viên Trường Tiểu học Thượng Nung hay 2 nhóm sinh viên, các Giáo sư Nhật Bản luôn quan tâm đến cử chỉ và thái độ học tập của học sinh, nếu thấy học sinh không tập trung và làm việc riêng lập tức đến gần hỏi thăm và giúp đỡ học sinh học tập.

Giáo sư Murakami Rori, Nishioka Naoya hay Nasu Izumi luôn bố trí máy quay camera để ghi lại giờ dạy, đặc biệt là nét mặt trong khi học của học sinh để phân tích và đánh giá mức độ hiệu bài và thái độ học tập của học sinh để giúp 2 nhóm sinh viên giảng bài được tốt hơn.

Sắp xếp bàn ghế học tập theo từng nội dung giảng dạy hay bài dạy nhằm gây hứng thú cho học sinh học tập là điểm rất mới học được từ các Giáo sư Nhật Bản. Thông thường ở Việt Nam bàn học sinh thường được kê nhìn thẳng lên bảng giáo viên nhưng ở đây bàn, ghế của học sinh được kê theo nội dung của bài học như: kê theo hình thoi, kê theo nhóm từ 4-6 bàn, kê theo hình chữ V… Bố trí bàn học như vậy có rất nhiều ưu điểm như: thầy, cô và học sinh có khoảng cách gần nhau hơn, học sinh học nhóm và thảo luận tốt hơn hay gây hứng thú cho học sinh trong học tập.

5. Trao đổi thẳng thắn sau mỗi buổi trao đổi chuyên môn và dự giờ

Giáo sư Murakami Rori đã từng chia sẻ "Nền giáo dục của Hoa Kỳ hay Nhật Bản chưa phải là tốt nhất, nền giáo dục của Việt Nam cũng có nhiều ưu điểm mà chúng tôi cần học hỏi từ các bạn". Câu nói như vậy đã làm cho khoảng cách giữa Giáo sư ở nước có nền giáo dục phát triển và giáo viên Trường Tiểu học Thượng Nung và sinh viên Trường Đại học Sư phạm Thái Nguyên, Việt Nam trở lên gần gũi. Ví dụ như: sau buổi dự giờ của sinh viên Nguyễn Thị Thúy dạy thực nghiệm ở lớp 5 với chủ đề "Địa lý Việt Nam", sinh viên Bùi Hải Mến dạy thực nghiệm ở lớp 4 với tiết dạy "Kỹ thuật thêu móc xích" hay giáo viên Trường Tiểu học Thượng Nung với giờ dạy tập đọc là các buổi trao đổi kinh nghiệm. Giáo sư Murakami Rori luôn chủ động đặt câu hỏi với tất cả các giáo viên và sinh viên tham dự buổi dự giờ rằng: bạn thấy giờ dạy hôm nay của bạn Bùi Hải Mến thế nào? Bạn học được gì từ giờ dạy đó?... Tất cả các thành viên tham dự buổi trao đổi chuyên môn đều được phát biểu đưa ra ý kiến của mình, điều quan trọng trong buổi nhận xét là không có một từ "chê bai" về giờ dạy được đưa ra. Cuối cùng các Giáo sư

Nhật Bản đưa ra những nhận xét và góp ý nhằm nâng cao chất lượng giờ dạy hay những ưu điểm mà các Giáo sư học được từ giờ dạy.

Bên cạnh những nội dung trao đổi về chuyên môn, các Giáo sư Nhật Bản thường xuyên tìm hiểu về cơ cấu tổ chức của trường tiểu học, tổ chức đoàn thể của trường để có những đề xuất với chính phủ Nhật Bản tham khảo.

6. Kết luận

Ngày 14 tháng 12 năm 2012, Giáo sư Murakami Rori và đoàn Giáo sư Nhật Bản đã có buổi làm việc đánh giá kết quả tập huấn cho sinh viên Trường Đại học Sư phạm Thái Nguyên vào tháng 9 năm 2012 và buổi tổ chức cho 2 nhóm sinh viên đi dạy thực nghiệm tại Trường Tiểu học thượng Nung đã phát biểu chân thành: Hôm qua, Hiệu trưởng Phạm Hồng Quang có hỏi tôi "Thế nào là một giáo viên tốt" tôi không trả lời được, nhưng bây giờ tôi có thể trả lời "Giáo viên tốt chính là giáo viên do Trường Đại học Sư phạm Thái Nguyên đào tạo ra".

Các Giáo sư Nhật Bản cũng đề nghị Trường nên đưa sinh viên đi thực tế ở trường phổ thông từ năm thứ nhất; tổ chức cho sinh viên đi thực tập tại các trường ở vùng sâu, vùng xa, vùng có nhiều học sinh người dân tộc thiểu số. Hiện nay, những đề nghị của các Giáo sư Nhật Bản đã và đang được Trường triển khai và thực hiện tốt

Có thể nói, hoạt động hợp tác nghiên cứu khoa học giữa Trường Đại học Sư phạm Thái Nguyên, Việt Nam với khoa Giáo dục thuộc Đại học Ruykyus - Nhật Bản đang đi đúng hướng và đạt hiệu quả cao, đem lại nhiều kinh nghiệm quý giá cho cả hai trường đại học, khẳng định chiến lược hợp tác để cùng phát triển giữa hai Nhà trường là hoàn toàn đúng đắn, gợi mở một xu thế mới trong hợp tác quốc tế: xu thế hợp tác nghiên cứu khoa học.

3【補論】新宿区立大久保小学校日本語国際学級の授業を参観して

……タイグェン師範大学准教授・教育学博士　Nguyen Thi Nhung

善元幸夫による集中講義や新宿区立大久保小学校日本語国際学級を中心としたドキュメンタリー番組を教材としたワークショップに先立ち、ベトナム側研究者を日本に招聘し、善元幸夫教諭の授業を参観していただいた。以下は、2008年9月、タイグェン師範大学のNguyen Thi Nhung先生が新宿区立大久保小学校日本語国際学級で善元幸夫の授業を参観されたときの考察である。ここに、【補論】として掲げる。

東京新宿区立大久保小学校で日本語を教えておられる善元幸夫先生の授業を参観し、先生の謦咳に接することができて私は本当に幸せでした。言語教育の基本的な原則・内容・方法をおさえたうえで、数十年のご経験、情熱、才能を加味した授業に私は深く感銘しました。

（1）言語を教える際の諸原則を遵守することについて

善元先生は授業の中で、言語教育とバイリンガル教育の諸原則をきっちりと守っていました。特に厳格に守っていた点は、言語習熟度に合わせる、母語と学習対象言語との関係に注意を払う、視覚に訴える、生徒の積極性と主体性を引き出す、コミュニケーションを活発に行う、という原則です。

先生は言語を教える際、生徒たちの習熟度に大変注意を払っておられます。ご自分で「日本語の勉強が嫌いな子どもたち」と先生が呼んでいるクラスでは、並外れた忍耐力と特別な教え方をもって授業に臨まれています。先生は、子どもたちの暮らしぶり、思っていること、夢などを知るために、生徒たちに日記を書かせています。そして、生徒たちのレベルと関心度に応じてクラスを編制されています。その日記を用いて教材とカリキュラムを作成し、生徒たちのレベルに合った授業を行います。

先生は、生徒たちが母語を大切にするよう大変な努力をされています。先生は韓国語、中国語、タイ語を独学され、理解することができます。だからこそ、外国籍の生徒たちに日本語を教える際に、日本語と彼らの母語を比較しながら、同義語や音の近い語、同音語などを区別する指導ができるのです。そうすることで生徒たちに正確な日本語の知識と語彙を伝えると同時に、彼ら自身の文化と言語も維持し保存していくことをも学ばせているのです。

教室での善元先生は、いわば授業のデザイナーであり、案内役であり、生徒のレフェリー役であります。先生は知識を押し付けることはせず、無理強いしない形で子どもたち自身が学びの主人公となれるようにサポートされています。

日本語が十分でない子どもが教室へ行くのがおっくうになったり、教室で萎縮したりしないように、先生はこのクラスを「日本語国際学級」と名付けました。この名前の意味は、「ここではみんな、日本語を学ぶために自分たちの母語を使っていいんだよ、自分たちの母語・文化・歴史を忘れないように勉強するために日本語を使っていいんだよ」ということです。先生は、授業中はできる限り愉快で楽しい雰囲気になるように工夫されていました。生徒たちは楽しくなる学習ゲームに参加したり、自由に作業をしたり、必要とあれば自分の頭に浮かんだ新しい発想をすぐ実行することさえできます。たとえば、生徒たちは鉛筆を削りに行くのも自由だし、ベトナムから授業を参観するグループがやって来たと聞けば、ベトナムはどこなのか地球儀で探したりもできます。もし子どもたちの発案が本当に理に適っていれば、先生とクラス全員はそれに呼応して盛り上がります。たとえば、ある生徒が地球儀でベトナムを見つけることができたら、他の子どもたちもすぐに集まってきます。各自の考えが尊重され、楽しい雰囲気が常にあるので、生徒は大変積極的かつ自発的に黒板のところへ行き、授業をさらに展開していく意見を発表します。

生徒が積極的かつ主体的に学ぶためには、生徒のモチベーションを高めなければなりません。善元先生はこの点が大変優れていらっしゃいます。先生は生徒に多くの心を砕き、特段の情熱をもって授業に臨まれます。やんちゃ坊主たちの度を越したいたずらの前でも先生は叱る言葉をひとことも口にせず、背中を軽くたたいて、そのいたずらっ子を元の席に戻されました。いたずらっ子が背中を丸めて足を抱いたりすると、先生は思い切ってはっきりとした感情を口にして、生徒に自分の真っ直ぐな気持ちをてらうことなく示されました。そして、さわやかな秋の日だというのに、そんな生徒たちのために先生は汗びっしょりです。先生は言葉だけでコミュニケーションをとるのではなく、微笑み、目の輝き、口元の動きといった生徒をひきつけるあらゆるツールでアプローチしていきます。学習者自らの言語・文化を大切にし留意することを、実は先生自らが実践されているのです。先生は、生徒が効果的に学び、ますます興味を持つように工夫を凝らしたネタをたくさん持っていらっしゃいます。暗唱させるときは、先生は生徒たちにお経を読むような読み方を教えています。ことばの復習をするときは、カルタを使ったゲームをします。先生は言葉の意味を絵で描いたカルタの札をバラバラに並べて、生徒たちにそこからその言葉が書いてあるカルタをとても素早く探させます。カルタを一番多く集めた人がチャンピオンになります。授業参観に来た人もゲームに参加することができます。教室には楽しい歓声が絶えません。

先生は、視覚的イメージを大切にする原則を遵守することにも大変留意されていました。これは、子どもが物事を受容する心理に呼応して認識する効果を高めるからです。先生は、生徒に単語の意味を説明する際、とてもたくさんの絵（カルタの中にある小さな絵も含む）を使用されます。先生の唇の形でさえ、子どもらが発音のしかたを目で確認する生きた視覚教材になります。

コミュニケーション活動の原則には、先生は特に関心がおありです。言語の単位はすべて先生によってその機能活動を提示されていきます。単語は語句に、語句は文章にといったふうにです。そうすることによって、学習者は新しく学ぶ言語の単位の使い方を簡単に理解することができるのです。先生は授業の最後の数分間を、子どもたちの日々の生活や最新の時事問題について生徒たちと直接会話することに割いていらっしやいます。たとえば、先生が「何時に起きましたか？」「そして何をしましたか？」「朝ごはんは食べましたか？」などと質問をされます。次に生徒たちが先生に尋ねなおすことで、これらの語句をマスターできます。この方法で生徒たちはコミュニケーションの練習ができ、先生は生徒のことをさらに理解することができ、そして先生と生徒たちとの心的距離がますます近くなります。

（2）教育内容について

先生が授業で取り上げるテーマは、常に生徒の生活と関連しています。先生は子どもの日記にそって指導案を組み立てています。そのため、先生が提示するそれぞれの単語、語句は生徒にとって身近なものばかりで、生徒は無理なく喜んで言葉を吸収していきます。生徒が大好きなもう１つのテーマは、自分自身の民族の文化や歴史に関するものです。この教材を通して、先生は日本語を教えると同時に生徒の民族のプライドと学習意欲を高めるばかりか、日本における民族コミュニティを前向きにとらえる気持ちを持たせることができます。

先生は毎回の授業で常に、聞く・読む・話す・書く、の４つの技能の練習をうまく組み合わせています。生徒たちは、日本語の発音を単語ごと、語句ごとに練習でき、先生の言葉や話していることを聞いて理解する練習ができます。子どもたちは、単語ごと、語句ごとに読む練習ができ、教材を読んで理解する練習ができます。読解練習では、書く練習も組み合わされています。つまり、２つの文章を１つの文章にまとめるように先生は生徒たちに指示します。さらに各単語を正確に書いたり使えるようにするため、ノートや黒板に文章を書く練習もさせます。日記を書かせるのも、書く練習の一環です。具体的には、自分の考えや感動を表現することで、単語を使って語句を作り表現の練習をするのです。会話の練習は、先生とのおしゃべりから始まって、日常生活の中で生徒同士で意見交換する中で行われます。先生が質問することで生徒は学びを深めることができ、先生がユーモアたっぷりに答えると教室の雰囲気が楽しく和やかになり、生徒は自信を持ってもっと会話しようとします。

（3）方法について

善元先生は他の言語に置き換えたり、直接日本語を教えたり、また積極的に生徒とコミュニケーションを図るなどさまざまな方法を採っていらっしゃることが、授業参観を通してよくわかりました。

訳語法（事項や文章を訳す）については、韓国、中国、タイの生徒に教える際、先生はこの３つの言語をご存じなので、最も一般的な方法を使用されています。つまり、一つ一つの語句や文法事項をわかりやすく説明するとき、あるいはある文章の意味をより深く教えるときに、先生は逐一母語に翻訳されます。この方法は、外国語教育の最初の段階では大変有効です。それは、母語と外国語の２つの言語系統を比較する一助になるだけでなく、外国語の文法や語彙の知識を母語を教授言語として活用することで容易に理解させることができるからです。単語や文法事項を翻訳法を通じて生徒たち伝える一方で、先生は直接法も併用されています。つまり、学習者に質問を投げかけることで、外国語の単語と文法様式を母語を介さずにその意味を直接的に連想させる方法です。この方法は、新しい言語で物事を思考する習慣や能力を形成するのに有効で、母語を介すという消極的な回路を遮断し、直接的にコミュニケーションすることを促します。学習者が既にある程度日本語の語彙を習得している場合、言語学習の最初の段階で用いられる翻訳法と、外国語学習がある程度進んだ後に導入される方法を組み合わせたケースです。その母語を知らないような民族の生徒たちに対する日本語教育では、善元先生は後者の方法を最初から使用しなければならず、教えることの困難さを痛感されるでしょう。

同時に、先生は積極的なコミュニケーション方法を意識的に取り入れています。それは授業中に先生が生徒とのおしゃべりを通じて言語活動を教えられるときです。また、善元先生の生徒たちは、自然な方法で日本語を学ぶこともできるでしょう。この方法は、生徒たち自身が言語を形成していく過程と同様の言語学習の方法です。なぜなら先生の生徒たちは日本語を話す人たちのコミュニティの中で暮らしており、学校では日本人の友達と一緒にほかの教科を勉強できるからです。

（4）交流・情報交換について

善元先生は子どもたちにとって誇るべき人物であると私は思います。勤勉で、厳格で、教えるのがうまく、熱意に満ちあふれた方です。先生の仕事ぶり、愛情、そして葛藤が、私に感動と感服の念を惹起させました。私は先生の小さな友人の一人と考えたいし、先生が直面されているいくつかの問題をすすんで共有したいと思います。

先生は、現在自分が知らない言語を母語とする生徒に対する教育がいかに難しいかを痛感されています。私が思うに、日本語ができる外国人大学生を補佐するサポーターとして依頼してはいかがでしょうか。そうすれば、どんな国の生徒がいても、その国の大学生に補助教員として助けを借りることができます。このような外国人大学生は、東京では決して少なくないと思います。この学生たちは、先生が翻訳法で教える必要があるときに手助けとなりますし、また先生がその言語を勉強する際にも支援してくれることでしょう。

外国籍の生徒たちが学校で日本語を勉強することの裏返しとして、両親を見下すようになるのではと先生は心配されています。なぜなら両親は学校に行くことができず、子どもたちより日本語が下手だからです。この問題は、先生が同僚の日本語教育担任教員と共に学校や教育委員会に相談して、子どもの両親や昼間は生活のために仕事をしているが日本語の学習を希望している他の外国人も含めた夜間クラスを開設すればよいのではないでしょうか。その場合、学習者がどのように日本語を使うかという目的に合った教え方が肝要で、目的別に受講生をクラス分けすべきでしょう。商売をしたり主婦の方など日常生活に使う日本語を勉強するだけの人たち向けのクラスは、日本の社会でビジネスとして日本語を使う人たち向けのクラスとは違いますし、日本語を深く研究しようとしたり書物を書いたり文化的な活動として日本語を使う必要がある人たち（研究者や大学生）などのクラスとも違っています。

これらすべてを通じて改めて考えたことがあります。つまり、先生は生徒たちのルーツである母語と文化を教えることに大変深い理解を持っておられるからこそ、ご自分のクラスの生徒たちに教える際は、単語の本来の意味やコミュニケーション能力を重視されている、ということです。

また、このような新しい教授法を導入することによって学校に興味を持てるし、一人の子どもの教育基盤を確立した上で、新しい言語を学習することができます。先生がキムチが好きな韓国の子どもを前にするとき、あるいは友人とタイ語であいさつができてすごく喜んだタイ人生徒を前にするとき、そのときの先生の気持ちが、私の心に染み込んできます。私が先生の立場であったら、同じ気持ちになることでしょう。

それを踏まえて生徒たちのモチベーションをいかに高めるか、そしてどのような指導法を選ぶかについて、若干、個人的意見を申し上げます。私が思うには、生徒たちの興味を引き出すためには、彼らの民族の文化について話すだけでなく、年齢相応の嗜好や夢などをテーマにした主題についての話も加えたらよいと思います。たとえば、子どもたちが好きな遊びや歌、物語などを教材として用いることができます。私は、先生の教師としての才能があればこそ、テレビのドキュメンタリー番組に出てくるタイ人生徒のように、生徒自らが授業を作り、参加して意見を積極的に発表するように指導できると信じます。

興味深いことに、ここに来て私たちはますます次のことがよくわかるようになりました。それは、子どもはどこでも同じ子どもなのだ。ベトナムの子どもたちが持つあどけなさ、じっとしていないところ、いたずら好きなところなどの性向は、ここの子どもだちからもはっきりと見て取ることができる、ということです。たとえば日本のドラえもんのようなアニメは、きっとこの地球上のすべての地域で子どもたちの知的好奇心を呼び起こすはずです。だからこそ先生は、すべての子どもたちに学習意欲を起こさせる要素を持ったテーマで授業を作り上げることができるのでしょう。

「何を学ぶか」という点についていえば、生徒たちの授業作りや教材選びの指針は、前述したように、彼らが何の目的でその言語を使うかによります。日本の地で日本語を使うコミュニティとコミュニケーションをとっていくために学習する必要があるのなら、子どもたちが学ぶ基本語彙は今の日本での日常生活を反映した語彙で占められるべきで、その他の語彙は不要です。

さてここで筆をおかなければなりません。しかし善元幸夫先生という人物とその授業から受けた魅力的で新鮮な印象は、私の中で決して消えることはないでしょう。大きな友人と手をつなぐことができた幸せを感じています。私は、私たちは一つの道を一緒に歩んでいると言ってもいいでしょう。それは、言葉を教える仕事という素晴らしい道なのです。

（翻訳：笠井弘美・那須 泉）

CÁC GIỜ DẠY CỦA THẦY YUKIO YOSHIMOTO TRONG ẤN TƯỢNG CỦA TÔI

TS.Nguyễn Thị Nhung

PGS Khoa Ngữ văn, Trường Đại học Sư phạm, Đại học Thái Nguyên

Được dự giờ của thầy Yukio Yoshimoto và tiếp xúc với thầy - một giáo viên dạy tiếng Nhật trong trường tiểu học Okubo thuộc huyện Shinjuku, Tokyo - là hạnh phúc lớn của tôi. Tài năng, nhiệt huyết và mấy chục năm kinh nghiệm trong nghề đã để lại dấu ấn sâu đậm qua những nguyên tắc, nội dung, phương pháp dạy tiếng cơ bản trong giờ dạy của thầy.

1. Về việc đảm bảo các nguyên tắc dạy học tiếng

Trong giờ dạy của mình, thầy Yukio Yoshimoto đã đảm bảo nhiều nguyên tắc dạy tiếng và dạy song ngữ, trong đó thể hiện rõ nhất là các nguyên tắc như nguyên tắc vừa trình độ, nguyên tắc chú ý đến mối quan hệ giữ ngôn ngữ mẹ đẻ và ngôn ngữ đối tượng, nguyên tắc phát huy tính tích cực, chủ động của học sinh, nguyên tắc trực quan và nguyên tắc hướng vào hoạt động giao tiếp

Thầy đã rất chú ý đến trình độ của học sinh khi dạy học tiếng. Thầy phân chia lớp học theo trình độ và hứng thú của các em. Thầy có một lớp riêng gồm các trò mà thầy gọi là " các em ghét tiếng Nhật", để dành vào đó một sự kiên nhẫn đặc biệt và những cách dạy riêng. Thầy cho học trò viết nhật ký để được biết cuộc sống, tâm tư, nguyện vọng của các em, đặng dựa vào đó mà soạn giáo trình và xác định phương pháp, hình thức dạy học cho phù hợp.

Thầy có nhiều nỗ lực trong việc chiếm lĩnh tiếng mẹ đẻ của học trò. Thầy đã tự học và nắm được tiếng Hàn Quốc, Trung Quốc và tiếng Thái. Nhờ vậy, khi dạy tiếng Nhật cho học sinh nước ngoài thầy đã có thể giúp.các em phân biệt các từ cùng nghĩa, các từ gần âm, đồng âm giữa tiếng Nhật và tiếng mẹ đẻ của các em. Như thế, thầy vừa mang đến cho học trò những ngôn từ và tri thức tiếng Nhật chính xác, vừa giúp các em đồng thời học tập, giữ gìn, bảo tồn ngôn ngữ văn hóa gốc của mình.

Trên lớp học, thầy Yukio Yushimoto thực sự là người thiết kế bài học, là người hướng dẫn, người trọng tài của học sinh. Thầy không áp đặt kiến thức, không ép buộc người học mà giúp các em trở thành những người chủ trong việc học tập. Để các em kém tiếng Nhật không e ngại khi bước vào lớp, thầy đã gọi tên lớp là Lớp học quốc tế tiếng Nhật. Điều đó có nghĩa là: Ở đây, các em có thể sử dụng tiếng mẹ đẻ của mình để học tiếng Nhật, được dùng tiếng Nhật để nghiên cứu, bảo tồn lịch sử, văn hóa, ngôn ngữ mẹ đẻ của mình. Thầy đã tạo ra một không khí hết sức thoải mái, vui vẻ trong giờ học. Học sinh được tham gia nhiều trò chơi học tập hấp dẫn, được tự do làm những công việc hay thể hiện những ý tưởng mới nảy sinh trong đầu mà các em cho là cần thiết. Chẳng hạn, các em có thể tự do đi gọt bút chì, đi tìm nước Việt Nam trên quả địa cầu khi nghe nói đoàn khách thăm lớp đến từ Việt Nam. Nếu ý tưởng của các em thật sự phù hợp, có thể được thầy và cả lớp nhiệt tình hưởng ứng. Chẳng hạn, việc tìm nước Việt Nam trên quả địa cầu của một cậu học trò đã được thầy và các bạn khác lập tức cùng tham gia. Nhờ được tôn trọng các ý tưởng riêng và luôn có tâm trạng vui vẻ nên các học trò của thầy rất hăng hái xung phong lên bảng và phát biểu ý kiến xây dựng bài

Để học trò có thể tích cực, chủ động học tập, cần phải tạo hứng thú cho các em. Thầy Yukio Yoshimoto làm rất tốt việc này. Thầy đã giành cho học trò nhiều tình cảm tốt đẹp, đã lên lớp với một nhiệt tình đặc biệt. Trước những trò nghịch ngợm thái quá của bọn trẻ, thầy không một lời la mắng, chỉ bước tới vỗ vỗ vào lưng và nhấc đặt những cậu quỷ con về chỗ cũ. Cái cách bọn trẻ ôm lưng, ôm chân thầy đã nói lên thứ tình cảm trong sáng tuyệt vời mà thầy giành được bằng chính những tình cảm chân thành của mình với tuổi thơ. Rồi bao giọt mồ hôi thầy đã nhỏ xuống vì các em, dù trời thu mát rượi. Thầy không chỉ giao tiếp với những học trò nhỏ của mình bằng ngôn từ mà bằng cả ngôn ngữ hấp dẫn của nụ cười, ánh mắt, khóe môi. Chú ý bảo tồn ngôn ngữ văn hóa của người học cũng là một cách để thầy làm được việc này. Thầy còn có nhiều sáng kiến để tăng hứng thú và hiệu quả học tập cho học sinh. Để chóng nhớ bài, thầy dạy các em đọc bài như kiểu đọc kinh. Để ôn từ, thầy có trò chơi với các quân bài. Thầy lần lượt đưa ra các quân bài vẽ hình biểu thị nghĩa của từ, học trò thi tìm thật nhanh các quân bài có từ đó. Ai nhặt được nhiều quân bài nhất sẽ là người chiến thắng. Những người tới dự cũng có thể cùng chơi. Tiếng reo hò thật vui vẻ.

Thầy đã rất chú ý tới việc đảm bảo nguyên tắc trực quan. Bởi điều này phù hợp với tâm lý tiếp nhận của trẻ và giúp tăng cường hiệu quả nhận thức. Thầy sử dụng rất nhiều tranh ảnh (kể cả những bức tranh nhỏ trong các con bài) để giảng nghĩa từ cho học sinh. Khuôn miệng của thầy cũng là một trực quan sinh động để các em quan sát học cách phát âm.

Nguyên tắc hướng vào hoạt động giao tiếp được thầy đặc biệt quan tâm. Mỗi đơn vị ngôn ngữ đều được thầy hướng dẫn đưa vào hoạt động hành chức của nó. Các từ được đưa vào câu, các câu được đưa vào văn bản. Nhờ vậy, người học dễ dàng nắm được cách sử dụng những đơn vị ngôn ngữ mới học. Thầy còn dành một số phút cuối giờ để tiến hành hoạt động đối thoại trực tiếp với trò về những vấn đề trong cuộc sống sinh hoạt của các em cũng như những vấn đề thời sự mới nảy sinh. Chẳng hạn thầy hỏi: Em dậy mấy giờ? Đã làm những gì? Ăn sáng chưa? Trò có thể dựa vào những câu đó để hỏi lại thầy. Bằng cách đó các em được luyện giao tiếp, thầy thêm hiểu trò và tình cảm thầy trò thêm gần gũi.

2. Về nội dung dạy học

Những chủ đề được nói tới trong các bài dạy của thầy thường liên quan đến cuộc sống của học sinh. Thầy đã dựa vào nhật ký của các em để soạn lên những bài dạy này. Nhờ vậy, các từ, câu được thầy đưa ra đều gần gũi thiết thực với học trò, được các em hào hứng tiếp nhận. Một chủ đề nữa cũng rất được các em thích thú là những bài dạy về lịch sử, văn hoá của dân tộc các em. Nhờ những bài dạy này, thầy vừa dạy được tiếng Nhật, vừa giúp các em củng cố niềm tự hào dân tộc, tang niềm hung phấn học tập và những tình cảm tích cực giữa các cộng đồng dân tộc trên đất nước Nhật.

Thầy thường phối hợp rèn luyện các kỹ năng nghe, đọc, nói, viết trong mỗi giờ học. Học trò được luyện nghe cách phát âm tiếng Nhật từng từ, từng câu, được luyện nghe - hiểu những câu nói của thầy. Các em được luyện đọc đúng theo các từ, các câu, luyện đọc - hiểu ở các bài. Việc luyện đọc - hiểu được phối hợp với luyện viết khi thầy yêu cầu viết tóm tắt hai văn bản thành một văn bản. Các em còn được luyện viết đúng các từ, sử dụng các từ để viết thành các câu vào vở và trên bảng. Việc yêu cầu trò viết nhật ký cũng là một cách để thầy Yukio Yoshimoto giúp các em luyện viết. Cụ thể là luyện dùng từ, đặt câu, luyện trình bày những sự kiện, diễn đạt những cảm xúc suy nghĩ của mình. Kỹ năng nói được rèn luyện khi thầy bắt đầu cuộc trò chuyện, trao đổi với các em về đề tài cuộc sống thường nhật. Những câu hỏi của thầy là mẫu để học trò có thể học theo, những câu trả lời hóm hỉnh của thầy làm không khí thật vui và thân mật, kích thích sự tự tin, niềm hào hứng giao tiếp của học trò.

3. Về phương pháp

Qua quan sát các giờ dạy của thầy, chúng tôi cho rằng thầy đã sử dụng một số phương pháp dạy ngoại ngữ và dạy tiếng chính như phương pháp dịch, phương pháp trực tiếp, phương pháp giao tiếp tích cực.

Phương pháp dịch (bao gồm cả ngữ pháp - dịch và văn bản - dịch) được thầy sử dụng phổ biến hơn cả, nhất là khi dạy học sinh Hàn Quốc, Trung Quốc, Thái Lan , bởi thầy biết tiếng mẹ đẻ của ba đối tượng này. Từ dạy cách từ câu đơn lẻ để minh hoạt cho các hiện tượng ngữ pháp đối với việc tìm hiểu một văn bản, thầy đều giúp các em hiểu nghĩa bằng cách chờ cùng dịch ra tiếng mẹ đẻ của các em. Phương pháp này rất phù hợp với giai đoạn đầu của quá trình dạy - học ngoại ngữ. Nó không chỉ giúp so sánh hai hệ thống ngôn ngữ (tiếng mẹ đẻ và ngoại ngữ) mà còn giúp truyền tải các dạng thức ngữ pháp, từ vựng của ngoại ngữ dễ dàng bằng các dạng thức của tiếng mẹ đẻ.

Bên cạnh các từ ngữ và hiện tượng ngữ pháp chính được đưa đến cho học sinh qua phương pháp dịch, thầy còn đem đến một số từ ngữ và hiện tượng ngữ pháp khác nhau qua phương pháp trực tiếp. Đó là phương pháp dạy học đòi hỏi người học liên tưởng trực tiếp các từ và các dạng thức ngữ pháp của ngoại ngữ với nghĩa của chúng không thông qua tiếng mẹ đẻ. Phương pháp này thuận lợi cho việc hình thành kỹ năng và thói quen tư duy bằng ngôn ngữ mới, kích thích giao tiếp trực tiếp, hạn chế những ảnh hưởng tiêu cực của tiếng mẹ đẻ. Đây là phương pháp có thể sử dụng phối hợp cùng phương pháp dịch ở giai đoạn đầu và sử dụng phổ biến hơn ở giai đoạn sau của quá trình dạy ngoại ngữ, khi người học đã có một vốn từ nhất định. Dạy tiếng Nhật cho những học sinh thuộc các dân tộc mà thầy chưa biết tiếng, có lẽ thầy Yukio Yoshimoto buộc phải dùng phương pháp này ngay từ đầu, và do vậy mà thầy thấy rằng việc dạy tiếng Nhật cho các đối tượng này còn nhiều khó khăn.

Phương pháp giao tiếp tích cực cũng được thầy vận dụng rất có ý thức. Đó là khi thầy dạy hoạt động lời nói qua những lời trò chuyện trực tiếp với trò trong một phần của bài giảng.

Ngoài ra, chắc chắn học trò của thầy Yukio Yoshimoto cũng được học tiếng Nhật qua phương pháp tự nhiên, tức phương pháp học tiếng giống như quá trình hình thành ngôn ngữ ở trẻ em. Bởi học trò của thầy được sống giữa cộng đồng những người nói tiếng Nhật được học các môn khác và sinh hoạt ở trường cùng những người bạn Nhật.

4. Về đôi điều trao đổi

Trong ý nghĩ của tôi, thầy Yukio Yoshimoto là tiêu biểu cho những người con đáng tự hào của đất nước Nhật bản, những con người cần cù, nghiêm túc, giỏi giang, giàu nhiệt huyết mà rất đỗi giản dị, khiêm nhường. Sự lao động, những tình cảm, hay cả những băn khoăn của thầy đều làm dấy lên trong tôi những nỗi xúc động và cảm phục. Tôi muốn được thầy coi như một người bạn nhỏ và muốn mạnh dạn chia sẻ cùng thầy một số vấn đề mà thầy còn băn khoăn.

Thầy đang gặp khó khăn về việc dạy học cho những đối tượng học sinh mà thầy chưa biết tiếng mẹ đẻ của các em. Tôi nghĩ rằng thầy có thể tìm trợ giảng cho mình là những sinh viên người nước ngoài đã biết tiếng Nhật. Dạy cho học sinh nước nào, thầy nhờ trợ giảng là sinh viên người nước đó. Các sinh viên ngoại quốc này hẳn không thiếu ở Tokyo. Các bạn ấy có thể giúp thầy dạy theo phương pháp dịch khi cần thiết và hỗ trợ để thầy phần nào học được tiếng của họ.

Thầy lo rằng các học trò ngoại quốc đến trường, được học tiếng Nhật, có thể quay lại coi thường cha mẹ, bởi cha mẹ các em không có điều kiện đi học, kém tiếng Nhật hơn các em. Điều này có thể được giải tỏa khi thầy bàn bạc với nhà trường hoặc các nhà quản lý giáo dục nào đó cùng những đồng nghiệp dạy tiếng Nhật để mở lớp học buổi tối cho cha mẹ các em và bao người nước ngoài khác – những người có nhu cầu học tiếng Nhật nhưng đang phải lao động kiếm sống vào ban ngày.

Ở trường hợp này, rất cần chú trọng việc dạy tiếng theo mục đích sử dụng của người học. Có thể chia các lớp học theo những đối tượng có mục đích học khác nhau. Lớp học cho người chỉ học tiếng Nhật để sử dụng trong sinh hoạt hằng ngày của những người buôn bán hay nội trợ khác với lớp học cho người cần sử dụng tiếng Nhật trong một lĩnh vực xã hội, nghề nghiệp nào đó, khác với lớp học cho những người định nghiên cứu sâu về tiếng Nhật hay cần sử dụng tiếng Nhật bài bản và có văn hóa (những người nghiên cứu, những sinh viên).

Điều này phần nào khiến tôi liên tưởng tới nội dung vốn từ ngữ và những kỹ năng giao tiếp được thầy chọn dạy cho các học trò tiểu học của mình. Tôi được biết thầy rất tâm đắc với việc dạy tiếng mẹ đẻ và văn hóa gốc của học trò. Bởi có như thế mới nuôi dưỡng được hứng thú tới trường, mới có cơ sở để giáo dục một đứa trẻ và để các em có thể học một ngôn ngữ mới. Tôi rất hiểu và thật sự thấm thía những cảm xúc của thầy trước một em bé Hàn Quốc thích mùi kim chi, một em bé Thái đã cảm thấy rất tuyệt vời khi được chào hỏi bạn bằng tiếng Thái. Và tôi hoàn toàn đồng ý với thầy về những điều đó.

Tuy vậy, nếu xét từ góc độ cách tạo hứng thú cho học trò và cách lựa chọn nội dung dạy học thì tôi muốn có một số bổ sung nhỏ.

Theo tôi, để tạo hứng thú cho học trò, bên cạnh việc nói về văn hóa của dân tộc các em còn có thể nói tới một số chủ đề khác phù hợp sở thích, nguyện vọng của tuổi thơ. Chẳng hạn thầy có thể chọn chủ đề bài dạy của mình là những trò chơi, những bài hát, những cuốn truyện mà các em ưa thích. Tôi tin rằng với tài năng sư phạm của mình, thầy hoàn toàn có thể khiến học trò cũng hăng hái phát biểu ý kiến tham gia xây dựng bài như chú bé người Thái trong bộ phim tư liệu "Shinfuku tương lai". Có một sự thú vị là, đến đây chúng tôi càng thấy rõ một điều: trẻ con thì ở đâu cũng là trẻ con. Những nét ngây thơ, hiếu động, nghịch ngợm thấy ở trẻ em Việt Nam chúng tôi cũng nhận thấy rất rõ trẻ em nơi đây. Một bộ truyện tranh như Đôrêmon của Nhật Bản chẳng hạn, chắc chắn là niềm hứng thú khôn nguôi của trẻ em mọi miền trên trái đất. Như vậy, thầy có thể xây dựng được một bộ phận chủ đề chung có khả năng khơi gợi hứng thú học tập của mọi trẻ em.

Còn xét về nội dung học tập thì tôi cho rằng một cơ sở để chọn lựa và xây dựng bài dạy cho học sinh chính là mục đích sử dụng của họ như trên đã nói. Nếu các em cần học để giao tiếp với cộng đồng những người sử dụng tiếng Nhật trên đất Nhật bản thì những từ ngữ cơ bản các em cần chiếm lĩnh hẳn là những từ ngữ phản ánh cuộc sống, sinh hoạt trên đất nước Nhật Bản hiện đại, chứ không phải bộ phận nào khác.

Đã đến lúc tối cần kết thúc bài viết của mình. Nhưng trong tôi, những dư âm mới mẻ, hấp dẫn từ con người và giờ giảng của thầy Yukio Yoshimoto thì có lẽ không bao giờ kết thúc. Tôi như có hạnh phúc được cầm tay một người bạn lớn. Tôi hình dung rằng chúng tôi đang cùng hướng về một con đường. Đó là con đường đi thật sự tốt đẹp cho sự nghiệp dạy tiếng của chúngtôi.

第 7 章

マイノリティの尊厳から考える教育課題
—ベトナムと沖縄の交流の意義

村上呂里

本章では2014年９月28日、ベトナム・ハノイ師範大学で開催されたシンポジウム 'Reform of Learning, School and Society' で村上呂里が発表した報告を掲載する。

はじめに

以下は、2014年9月28・29日ベトナム・ハノイ師範大学にて行われた教育育成省・ハノイ師範大学共催 'Reform of Learning, School and Society' で筆者が口頭発表した記録である。このシンポジウムは、齋藤英介氏（シンガポール大学）を研究代表とする研究グループによって企画され、トヨタ財団助成のもとに行われた。「学びの共同体」論により、アジア各地で大きな影響を与えている佐藤学氏（東京大学名誉教授、学習院大学）が基調講演を行い、ベトナムの小学校教員、教育委員会関係者、大学教員で会場はあふれ、日本側からの参加者、オーストラリアからの参加者も加えて、ベトナム教育改革の熱気にあふれるシンポジウムであった。タイグェン師範大学からも7名が参加した。

このシンポジウムでは、まずバックザン省の小学校を中心とした地域ぐるみの授業改革に関する実践についてバックザン省教育委員会関係者や小学校教員によって報告された。さらに国際開発センター研究員の津久井純氏と村瀬公胤氏（沖縄県名護市教育委員会特任アドバイザー）が、この改革における教師の子どもを語る語りの変容に焦点を当て、発表した。この報告内容の詳細については、津久井純「ドイモイを謳歌する教材の群像――ベトナムにおける教育の社会化・標準化・新教育運動」（上野正道他編『東アジアの未来をひらく学校改革　展望と挑戦』北大路書房、2014年）にまとめられている。

沖縄の名護市からは、岸本琴恵氏（名護市教育委員会）が特別支援教育に関わってきた立場から「子ども中心主義」をどうとらえるかについて、地道な実践に基づき、実証的に発表した。岸本氏の発表は、基地問題や貧困問題で今まさに非常に厳しい環境に置かれた名護市に根ざし、村瀬公胤氏とともに学校現場に関わり、「ケア」（心をこめて他者を思いやり、世話する）の思想を学校教育の根底に据えることによって、荒れる中学校で不登校の生徒を減少させた報告であった。

筆者村上は、バックザン省の報告と沖縄県名護市の報告をつないでその意義を明らかにするという役割を与えられた。「ベトナムと沖縄をつなぐ」という立場から、これまでのタイグェン師範大学との共同研究で求めたこと、学んだこと、伝えたいことのエッセンスを織り込んだ。なお当日はパワーポイント（日本語版、ベトナム語版）に基づき、発表した。資料のベトナム語翻訳は斎藤氏の連れ合いであるKhong Thi Dien Hang氏が、通訳はNguyen Ngoc Thu氏が担当してくださった。優れた翻訳者、通訳者のおかげで、当日発表が可能となった。また、当日はベトナム人参加者の方々が、沖縄の教育に深い共感や関心を寄せてくださった。この記録の本書への掲載については、齋藤英介氏、村瀬公胤氏、岸本琴恵氏が快く許可してくださった。皆様のご厚意に、心より感謝申し上げたい。

報告「マイノリティの尊厳から考える教育課題——ベトナムと沖縄の交流の意義」

Xin Chao、cac qui vi. 皆さん、こんにちは。私は、二つの発表の意義についい考えたいと思います。

津久井純先生、村瀬公胤先生の発表は、貧困をはじめとし、さまざまな困難を抱えた少数民族が多くを占めるバックザン省の小学校での事例報告でした。教師の語りの分析を通して、教師の子どもに対するまなざしの変革を浮き彫りにし、教師のまなざしの変革を通して子どもの内側から確かな学びを生成し、学び合いを効果的に生み出すことができることを明らかにしています。岸本琴恵先生の発表は、学びの場に「ケア」という思想を根底に据え、地域と学校とが連携して行った改革の感動的な報告でした。すべての子どもたちが排除されない、すべての子どもにとってあたたかく居心地の良い教室とすることによって、不登校や問題行動を減少させた感動的な事例です。岸本先生の住む地域も僻地であり、貧困をはじめとした深刻な課題を有します。岸本先生は、この実践の核心を「この子の世界をこの子から学ぶ」と端的に表現し、教師が子どもの〈声〉を聴き、困り感に対応し、応答する関係へ組み替えることの重要性を提起されています。たとえば算数の教材を、教科書のまま与えるのではなく、地域の生活に密着した教材（たとえば名護の特産物であるパイナップル）に組み替えることによって、困難を抱えた子どもの学びへの参加を保障しています。

二つの発表は、いずれも教師の子どもへのまなざしの変革を訴えるものでした。岸本先生の「この子の世界をこの子から学ぶ」という提起は、実に奥深い意義を持っています。この提起の意義を、ベトナムや沖縄の歴史的背景を踏まえ、さらに掘り下げてみたいと思います。

1　アジアにおける沖縄

まず、岸本先生、村瀬先生、そして私が住む沖縄の紹介をします。沖縄はアジアに開かれた位置にあります。地理的には、アジアの〈中心〉に位置しています。しかしながら、日本の中では〈周縁〉として位置づけられてきました。沖縄は青い空と美しい海で知られる観光地です。一方、もう一つの顔があります。それは日本の中での差別の象徴としての米軍基地の存在です。日本の米軍基地の74%が沖縄にあります。岸本氏の住む名護市には新たな基地建設が強行されようとし、市民による、魂を賭けた抗議行動が続けられています。

国連は、今年８月に、沖縄の人びとを「先住民族」とし、その権利を保護するように勧告しました（国連の日本政府に対する勧告、2014年８月29日）。そこでは、「琉球・沖縄の言語や歴史、文化について、学校教育においても教科書に盛り込むなどして保護するように」と勧告されています。しかし、日本政府は耳を傾けようとしません。沖縄は、未だに構造的な差別に苦しめられ、貧困率も全国で最も高くなっています。

2　ベトナムと沖縄の歴史的共通性

次に、二つの発表の背景として、ベトナムと沖縄の歴史的共通性についてお話しします。それは大国の支配と抵抗の歴史であるということです。沖縄は、かつて琉球王国という独立国家でした。ベトナムとは、中国冊封下の兄弟国でした。1609年、琉球は日本から侵攻を受けましたが、1879年まで中国と日本の二重支配下にありながら独立を維持しました。一方、琉球王国は、離島や僻地を支配下に置き、厳しく搾取しました。そこには支配の二重構造があります。

〈支配の二重構造〉

中国・日本　⇨　琉球王国　⇨　離島や僻地

（支配）　　（支配）

〈中央〉　⇨　〈周縁〉

〈中央〉　⇨　〈周縁〉

岸本先生の発表も津久井先生の発表も、いずれも〈周縁〉に置かれた地域に根ざした実践であるということをおさえておきたいと思います。

近代になって、ベトナムでも沖縄でも、帝国による支配との対峙が切実な課題となりました。1879年、琉球王国は滅亡し、沖縄は「琉球処分」という名のもとにモノのように処分され、日本の一県になりました。以降、日本の言語・文化・習慣への同化が強力に推し進められました。これは子どもたちが首にかけさせられた罰札です（当日は写真を提示した）。母語を学校で用いると、この札をかけさせられたのです。

3 〈国民統合の場〉としての近代教育システム

沖縄の人びとは、近代学校を何と呼んだでしょうか。ある離島では「オーセ（仰せ）」と呼びました。つまり、為政者の仰せ言＝命令を忠実に一方的に聞く場として学校がありました。またある村では「ヤマトヤ（大和屋）」と呼びました。ヤマトとは日本帝国を指します。つまり、学校は、地域の生活とはかけ離れた、支配者である日本の言語・文化を学ぶ場であったのです[1]。教員の多くはヤマトンチュ（日本人）が占め、沖縄の人びとは校長にはなかなかなれませんでした[2]。

沖縄における近代教育システムは次のようです。

〈沖縄における近代教育システム〉＝「国民統合の場」	
（教育内容）	支配者の言語・文化・思想・習慣
（教師像）	権威主義的・よそよそしい
（教育方法）	一方通行・一斉注入式
（学習者）	受動的・沈黙 真実の学びから疎外される。 ⇨　子どもたちは、自らを無力な存在と感じ、沈黙させられる。

教育内容は、支配者の言語・文化・思想であり、教師像は権威主義的です。教育方法は一方通行、学習者は受動的で沈黙を強いられ、真実の学びから疎外されました。沖縄の人びとは、〈中央〉への同化を基準として、自分たちを無力な存在と感じる教育を強いられました。

このことは、フランス植民地教育を批判したベトナム独立の父、Ho Chi Minhの「愚民化政策」という論文が指摘していることとぴったり重なり合います(3)。この論考は、フランス植民地下の学校では、学べば学ぶほど「就学者の性格を腐らせ、うその忠誠心を植えつけ、自分より力のある者を崇拝するよう教え込」む、すなわち侵略者を崇拝し、侵略者の価値観を内面化し、自ら進んで侵略者がつくった制度の従順な手下となるようにされ、自己の尊厳や「祖国」に対する愛情まで奪われてしまう、と鋭く指摘しています。授業では、「生徒たちが自分自身で考えることや物事を分析することを知る」ことをさせません。学校とは支配者が生んだ制度に沿ったものでしかなかったのです。

日本でも、未だにこうした〈中央〉の施策に従順で権威主義的な教師像や、中央集権的な一方通行的教育方法は見られます。この教育方法の変革が未だに大きな課題なのです。

4　教育システムの変革

さて、ベトナムに独立の父Ho Chi Minhがいたように、沖縄にも自立を願ったリーダー伊波普猷がいました。Ho Chi Minhは植民地教育を克服するために、識字教育運動に取り組みました。このアピールでは、独立を勝ち取るためにベトナム語の文字を互いに教え合い、学び合うよう、呼びかけられています。皆で教え合い、学び合うことを尊ぶ教育思想が提唱されています[4]。

伊波普猷もまた、母語によって民衆への啓蒙活動を行いました。しかしながら日本の強力な同化圧力により、苦悩と葛藤を余儀なくされました。

そうした知識人や人びとの痛切な苦悩を経て、結果、沖縄は日本の「捨て石」とされ、先の戦争では地上戦が行われ、住民の４人に１人が亡くなりました。そしてベトナムが独立を勝ち取った1945年には、米軍占領下に置かれます。ベトナムと沖縄の関係史として忘れられない出来事として、ベトナム抗米戦争のとき、沖縄の米軍基地からベトナムへ連日B52爆撃機が飛び立ったという悲しい事実があります。沖縄の人たちは、ベトナム反戦運動を熱心に行いました。私たちの世代は、この不幸な歴史を、教育交流によって平和的なものへ反転させなければなりません。

ベトナムは独立を勝ち取り、ベトナム語を学校言語としてとりもどしました。さらに少数民族の言語と文化の権利を憲法で保障しました。世界で誇るべき画期的な条項です。

一方、沖縄では戦後も米軍占領下にあって、「日本国民」と同等の権利を勝ち取るための「祖国復帰」を悲願とするなか、「共通語励行」の一環として「方言札」は引き続き一部の地域で用いられていました。地域に根ざした言語と文化の権利は戦後も保障されませんでした。

しかし、2006年自分たちの言語の日「しまくとぅばの日」が制定され、アイデンティティ復興をめざす運動が盛んになっています。そうした一連の動き中で、「学びの共同体」論への共感が広がりつつあるのは、たいへん興味深い動向です。「学びの共同体」論は、ケアの思想により、学びから疎外された子どもをエンパワーし、学力格差を克服しようとします。

私が関わっているある離島の小学校の教頭先生は次のように語りました。

うちなーんちゅに、学び合いは合っている。うちなーんちゅは、助け合って生きてきたのだ。

抑圧と抵抗の歴史の中で、沖縄の人びとが培ってきた互いに助け合う思想と、「学びの共同体」論への共感は深くつながりあっていると考えられます。

5 〈中央〉－〈周縁〉という関係性の脱構築 ――マイノリティの〈声〉を聴く

二つの発表は、教師像や教育方法を対話的・応答的なものに組み替えることを提起しています。岸本先生は、このことを端的に「この子の世界をこの子から学ぶ」と表現しました。「できない子、だめな子」とみなされた子どもを、かけがえのない尊厳を持った「学びの主人公」としてまなざすことが、あたたかな居心地の良い教室をつくります。そのことが、学力格差やひいては経済克服の根幹となるのです。

〈教育格差・学力格差克服のための教育システム〉

（教師像）	対話的・親しみ深い
（教育方法）	双方向的・対話的
（学習者）	積極的・主体的
（マイノリティ）	「周縁人」ではなく、「学びの主人公」としてまなざされる
（教室）	あたたかい協同学習の場 すべての子どもたちにとって居心地が良い
（学力）	格差が縮小される

二つの発表は、〈周縁〉に根ざし、〈周縁〉からの発信でした。〈周縁〉とは、すなわち貧富や学力などの〈格差の最前線〉に置かれているということです。〈格差の最前線〉からの発信に耳を傾け、学び合い、つながり合いをつくることこそ、グローバル化時代の格差を克服する出発点となるでしょう。

〈周縁〉に根ざし、〈周縁〉からの発信であること

〈中央〉 ⇨ **〈周縁〉**
↓ （一方通行的まなざし）
〈中央〉 ⇨ **〈周縁〉＝「格差の最前線」**
（学びからの疎外）

➡ 一方通行的まなざしを〈周縁〉に位置づけられた側の尊厳から問い返し、対話的に組み替える
➡ グローバル化社会における教育格差克服へ

写真１は、フモン族の１年生の子どもの姿です。言葉がわからないためにずっと学びに参加できず、寝たふりをするしかありません。この子は、昼休みもぽつんと淋しそうにしていました。いっしょにいるのは、フモン族の子どもだけです。校庭の真ん中で遊ぶ輪の中に入っていけません。

写真２は、次の年の同じ子どもの写真です。同じフモン族の学生が教育実習生として寄り添い、教えています。そしてキン族、フモン族の子どもが共に学び合っています。この子の学ぶ表情をごらんください。学ぶ人としての尊厳が存分に発揮されていることを感じられるでしょう。彼は決して「できない、だめな子」ではないのです。教師のケアの思想と子ども同士の学び合いによって、この子は本来の尊厳を発揮できるのです。同じフモン族の先生が寄り添

写真１●2009年12月の教室で（1年生）

写真２●2010年9月の教室で（2年生）

い、教えてくれる安心感を、この子の姿から感じることができます。

岸本氏の述べる「この子の世界をこの子から学ぶ」とは、沖縄やベトナム、さらには少数民族の〈声〉に学ぶということに他なりません。フモン族の学生の学校体験を綴った作文をお読みください（本書第４章172ページ）。そこには貧困の実態や奇異なまなざしで見られた苦しみがありのままに綴られています。「この子の世界をこの子から学ぶ」ための一つの教材としてお読みいただければと思います。この作文は、教師がケアの思想を持ち、さまざまな困難を抱えた子どもたちに関わることがいかに大切か、鋭く問いを投げかけます。

おわりに

ベトナムと沖縄は、深刻な植民地化や戦争の困難を体験しました。そこから生まれた、多様性を認め合い、共に生きるケアの思想と知恵を持っています。〈格差の最前線〉である二つの〈周縁〉に位置づけられた地域からの発信が、このベトナムの地で行われたことは、21世紀を戦争や格差から解放し、平和で共に生きる世界へと変革していく上で核心的な意義を担うでしょう。これからも手を取り合い世界の子どもたちの平和と幸せを求め、各々の地域に根ざした教育研究交流を進展させたいと願っています。

[注]

（1）近藤健一郎『近代沖縄における教育と国民統合』（北海道大学出版会、2006年）を参照されたい。
（2）同前。
（3）拙著『日本・ベトナム比較言語教育史――沖縄から多言語社会をのぞむ』（明石書店、2008年）の第Ⅱ部281～283頁を参照されたい。
（4）同前277～278頁を参照されたい。

終　　章

共同授業研究の成果と課題

村上呂里

最後に、2009年～2012年の共同授業研究の歩みを踏まえ、その成果と課題をまとめる。

1　少数民族の〈声〉を聴くことこそ、教育格差をこえる根幹となる

筆者らは、北部山岳少数民族地域をフィールドとし、タイグェン師範大学との共同研究を約10年間にわたって継続してきた。その共同研究の歴史において初めて、少数民族の中でもより深い困難を抱えたフモン族学生の内なる〈声〉と出会い、最も深く学ぶことができた。この〈声〉に、グローバル化時代の世界が抱える教育格差の矛盾が凝縮されている。フモン族の学生が自らの教育体験から発した〈声〉の表現こそが、本研究の最大の成果である。今後、この〈声〉をどう聴き、受けとめ、対話し、それぞれの地域の教育に具体的に活かし、グローバルな視野で教育格差を克服していくか、課題として厳しく問われつづけるであろう。

フモン族の学生Ａさんは、小学生の自分を次のように振り返る。

> 私は村の小学校へ行きました。当時、私の鞄の中には鉛筆とノートしか入っておらず、教科書がなかったので他の級友たちと一緒に勉強していくのは大変でした。しかしいちばん辛かったのは心の中の寂寞感でした。

片道２時間をかけて登校しなければならなかった中学のときの思いについては、次のように書かれている。

> 何度か大雨の日がありましたが、それでも私は学校へ行きました。そんな日ほど普段より早く登校するようにし、結局私は一度も遅刻はしませんでした。しかし雨の日は道が泥でぐちゃぐちゃになり、足をとられて転ぶこともありました。全身どろんこのまま学校へ行くのですが、椅子に座ると椅子が濡れて泥で汚れるので、立ったまま授業を受けました。友達は家に帰るように薦めましたが、両親にお願いしてやっと学校に行かせてもらっている手前、絶対に家に帰ることなんてできませんでした。学校を途中

で切り上げて帰宅するのは、どうしても両親の手伝いをしなければならないときや、家にお金がなくなってお米を手に入れるために家財を売ってお金に換えに行くときだけでした。それ以外は途中で下校したことはありませんでした。学校から帰宅すると、水場へ行って桶に水を汲んで天秤棒で担いで帰り、炊事の手伝いをしました。

そんな生活でしたから、お風呂に入ったり、服を洗ったり、髪の毛を洗ったり、きちんとした服を着たりすることは私にとっては決して当たり前のことではなく、他の人たちからはずいぶん変わった暮らしをしていると奇異な目で見られていました。そんな視線を小学校、中学校の間ずっと浴びていたので、私は口数が少なくなり、沈黙の中に自分を押し込み、誰とも遊ばなくなり、放課後は一人でぽつんと教室の椅子に座ったっきりでした。

厳しい生活を背景に「奇異な目」を向けられ、教室の中で沈黙と孤独を強いられ、「心の中の寂寞」に苦しみ、葛藤する様がありのままに綴られている。

そのＡさんは、新宿区立大久保小学校のビデオを視聴した感想を次のように綴っている。

（ベトナムのように）それぞれの生徒たちがそれぞれの言葉を持っていても理解し合えるのですね。自分が将来教師になったとき、どこで教えようとも、どんな環境下にあろうとも、生徒たちに寄り添って親身になれる人間でありたいと希望します。

今日の授業で、星さんと同じ心情である自分がいまだにいることに気づき、いつか自分も（星さんと同じように）皆と一緒に仲良くなれたらいいなと思いました。

ビデオに登場する星さんに自分を重ねている。こうした星さんとの出会い、ワークショップの学習材で出会ったアイヌ民族や沖縄の人びとの思いとの出会いが、Ａさんに自ら少数民族として抱えてきた思い（それは現在進行中の思いでもある）を〈声〉として表現させたのであろう。しかしながら、その〈声〉は

「書き言葉」として綴られるにとどまり、キン族やタイー族など他の学生がいる場で、「話し言葉」として発せられることはなかった。「ありのままの思い」を表現するには、自分の存在がまるごと受けとめられる安心感がなければならない。そうした安心感を、異なる民族間の関係性や教室・学校という場においていかにつくりだすか。すなわちどの子どもにとっても安心で居心地良く、自らの尊厳が尊重されていると実感できる場へと教室や学校をつくり変えていくか、日本においてもベトナムにおいても同様のことが問われつづける。

「子ども中心主義」の中心に位置するのは、子どもの〈声〉である。教員には、その〈声〉に耳を傾け、全人格的に対話する姿勢が求められる。「この子の世界をこの子から学ぶ」（岸本琴恵）という姿勢こそが、「子ども中心主義」の核心となる。マイノリティの子どもたちが、自らの尊厳が尊重されていると実感できる関係性を育み、その〈声〉を安心して表現でき、その〈声〉を聴き合い、相互理解を深めてこそ、自己や他者を尊重する姿勢や学ぶ意欲は生まれる。こうした関係性を、教室や学校でつくりだすことこそが、教育格差、学力格差をこえる根幹といえよう。

大学の教員養成課程においても、少数民族学生の〈声〉（内なる思い）と出会い、互いに対話するカリキュラムを位置づけることが重要となるだろう。Aさんは、自らの教育体験を踏まえ「自分が将来教師になったとき、どこで教えようとも、どんな環境下にあろうとも、生徒たちに寄り添って親身になれる人間でありたいと希望します」と述べている。こうした願いを支え合うカリキュラムを、ぜひ双方の地域に根ざしつつ、今後とも共に探究していきたい。

さて、lay hoc sinh lam trung tamという概念について、筆者らは「子どもの〈声〉」を中心に据え、「子どもの尊厳」を尊重する教育思想と教授方法が一体化したものととらえ、「子ども中心主義」という訳語を選んだ。ベトナム語のlay hoc sinh lam trung tamと「子ども中心主義」という概念の揺れについて、ベトナム側研究者と共に、今後とも対話をつづけたい。

2　教育困難地域における教育実習の重要性
――「子ども理解」こそ教育改革の質を高める

今回、「子ども理解」から授業づくりを出発させることを大切に考え、僻地のトゥオンヌン小学校での観察実習（9月）を位置づけ、そこでの体験をもとに12月、学生による研究授業を行うこととした。観察実習では、子どもに寄り添い、熱心に学習を支援したり、フモン族の学生がフモン族の子どもに自らの体験を伝え、自分の道を切り拓くよう励ましたりする感動的な場面がたくさん生まれた。子どもたちも、同じ民族の大学生が教えてくれたり、励ましたりしてくれることに自ずと笑みがこぼれ、学習意欲が増し、別れる際には離れがたくて互いに涙を流す姿も多く見られた。また、12月の研究授業のための訪問の際には、再会を喜び合う姿が見られた。

その研究授業（授業者：Pham Thi Thuy, Bui Hai Men）は、両者とも筆者が見てきた日本の大学生の教育実習における研究授業を上回る、質の高いものであった。Thuyさんは、地球儀を用いてグローバルな視野から次第に自らの住む地域へと焦点化し、「故郷の良いところや特色を伝える観光ガイドになろう」と呼びかけて、グループでその内容を画用紙に書きながら練り合い、発表する学習を行った。地域への自尊心を育み、地域を探究する姿勢を育てる学習活動である。児童との対話的姿勢に満ち、つぶやきを丁寧にひろい、活かしていた。こうした教員の親しみやすく積極的な姿勢を支えに、活発な討論が行われた。子ども自身が地球儀に手を触れながら自分の地域やベトナム、世界を確認していったり、仲間のフモン族学生をゲストティーチャーとして招き、民族楽器についてその由来を語ってもらったりするなどの工夫に満ちていた。

Menさんは、少数民族児童に馴染み深い「刺繍」をテーマとした授業を行い、その発想に感心させられた。道中のバスの中で、到着するまで仲間とともにお手本となる「刺繍」をしている熱心な姿が見られた。フモン族の学生とキン族学生、タイー族学生が協力し合い、ゲストティーチャーとしてその特性を活かすなどの工夫をし、一つの授業をつくりあげる様子にも感銘を受けた。

こうした僻地の小学校での実習は、学生、子どもたち双方にとってかけがえのない体験となり、将来、少数民族地域の教員となる学生にとっては教員生活の原点となるだろう。この報告を受け、タイグェン師範大学のQuang学長は、カリキュラムにおいて山岳少数民族地域での教育実習を今後位置づける方針を明言した。このことが、第2の成果である。

> 僻地小学校における現職教員と研究者による共同授業研究会 → 教員養成課程における集中講義とワークショップ → 僻地小学校における観察実習 → 僻地小学校における実習生による研究授業と授業研究会 → 現職教員による実習生への指導

という一連のサイクルをさらに積み重ね、ベトナムの教員養成カリキュラムに僻地における子ども理解の観点がどのように反映可能か見守りたい。

写真1 ● 2012年9月、教育実習にて、フモン族の子どもに語りかける

写真２●教育実習にて――学生と子どもたち

3　教育格差をこえる実践知の共有

共同授業研究会では、日本の小学校教員・善元幸夫が自ら培ってきたマイノリティの子どもたちを中心に据える教育の実践知を総動員し、クックドゥオン小学校にて授業を行った。また西岡尚也は、開発教育の研究会で使われてきた教具を活用し、その知見を踏まえた授業を行った。最初、Loan校長から替わったばかりで私たちと初めて出会うOanh校長、副校長は、僻地にいる自分たちにはこうしたさまざまな教材を自主編成した授業は難しいと、どこか乗り気ではない様子で共同授業研究会に参加していた（日本からの訪問者にとまどうのは当然であろう）。しかし、授業研究会終了間際に、突然、校長は言いたいことがあると、突然次のように語った。

……私が一つ確信したのは、善元先生が長い教員生活を通して、日本も最初はいわゆる知識を一方的に注入する授業だったと。それを反省して、子ども中心主義に見直したということを聞きました。それを聞くと、私たちもこれからできるんじゃないかという確信が、今、少しあります。

すなわち、日本の教員も知識注入型授業観を反省しながら、授業観の変革を行っていったということを聞いて、「私たちもこれからできるんじゃないか」

との確信が生まれていったのである。感動的な場面であった。タイグェン師範大学Nguyen Thi Nhung先生が、実に的確にそれぞれの授業を詳細に分析したことも、校長や先生方を勇気づけた。

このようなこともあった。新宿区立大久保小学校日本語国際学級のドキュメンタリービデオを見たトゥオンヌン小学校Loan校長は、さっそくそれに学び、多文化の豊かさを感じられるように、その地域に居住する民族の衣食住に関わる教室掲示を行った。また地理の授業では、筆者らがお土産として持って行った沖縄の絵はがきの写真をすぐに教材として活用し、ベトナムと沖縄の文化の共通性を子どもたちに視覚的に伝えていた。筆者らがいる場で、世界の個性的な文化の一つとして沖縄の文化が紹介され、共通性が伝えられたことは感慨深い。Loan校長の培ってきた知見については、山岳地域における教師としてのライフヒストリーに関するインタビューを行うなどし、今後ぜひ深めたいところである。

また、大学の集中講義での西岡尚也や善元幸夫の講義に学び、12月の学生による研究授業では、先述したように地球儀が活用されたり、自らの民族の民族衣装を着た学生や民族音楽を演奏する学生をゲストティーチャーとして位置づけ、「ほんものの文化」の豊かさに触れながら、多文化を感じさせる工夫をこらしていた。

実践知は、人と人との交流を通して伝播し、共有される。そのことを実感する場面がたくさんあった。このことが第3の成果である。今後とも、「授業」を具体的に共有し、実践知の伝え合いを積み重ねていきたい。授業分析の方法論については、日本の授業研究の成果を活かせていなかった点が反省点として残る。今後さらに探究し、授業研究会の質的向上をめざしたい。

4　マイノリティの〈声〉を社会的メッセージへと転化するための教育方法の開発

今回のワークショップにおいては、日本の教育において、貧困を切実な課題とする地域で生まれた生活綴方的教育方法を提案した。すなわち、自らの困難を抱えた生活や思いを綴り、そこに学び合い、課題解決を共同で探究する教育方法である。生活綴方的教育方法においては、「教科書を読む」ことではなく、互いの生活で学んだことを書き、「本を作る」学習が重んじられる。外から与えられた知識を学ぶのではなく、お互いの生活こそが貴重な学習材料となるのである。そして「本」にして発信することが、自らの地域への自尊感情を育み、他地域との相互理解を深めることとなる。

コウサカワタル氏といっしょに民族楽器ケーンを演奏し、実習先で出会った中学生に「がんばれば、必ず道は拓ける」と励ましたフモン族のMa Mi Vuさんは、ケーンの由来を綴った後、次のようなメッセージを書いている。

> ケーンはフモン族にとって誇れる独特の文化の一つなのです。寂しいときも嬉しいときも、ケーンは自分の傍らにいてくれる"友達"なのです。
>
> 上の物語を通して僕は子どもたち全員に次のメッセージを送りたい。
>
> 「僕たちは普段から自分たちの独特な文化と共生していくことで、文化を守り誇りに思うことができるのです。フモン族にも、他の民族と同じように平等に自由の権利があります。だから臆することなく自らの文化を大切にしていきましょう。

フモン族の文化の誇りを拠り所に、少数民族の権利を伝えている。実際、このメッセージを12月の研究授業で子どもたちに語りかけた。AさんやVuさんをはじめとする学生たちの〈声〉は、その〈場〉に立ち会った参加者の心を揺るがすとともに、「書かれる」ことを通して、公共圏における社会的メッセージへと転化していく。筆者は、さっそく沖縄の地元紙にVuさんの文章を紹介し、同じく民族楽器「三線（さんしん）」を誇る沖縄の人びとの共感を呼んだ。

写真３●Vuさんの演奏に聴きいる子どもたち

写真４●先輩としてフモン族中学生を励ます
Vuさん

「子ども中心主義」においては、生活に根ざし、発せられた〈声〉の表現が核となる。今回、その〈声〉が文字として綴られることよって記録され、多くの人が少数民族の内なる思いと出会い、そこに学ぶことが可能となった。経済格差や構造的差別に起因する教育格差を克服していくためには、マイノリティの〈声〉が社会的なメッセージへと転化していく道筋が必須である。そのために、戦前の日本の貧困地域から生まれた生活綴方的教育方法は有効であろう。

今後ともベトナム側に、日本の教育の独自の伝統として生活綴方的教育方法について伝えるとともに、ベトナムの子どもたちが書いたことを日本に紹介していきたい。ベトナム少数民族の思いを日本に住む人びとや子どもたちに伝えることも「グローバル化時代の世界が抱える教育格差をこえる」ための重要課題であろう。本書は、そうした意図も内包している。

一方で、〈声〉の表現方法は多様に保障されるべきである。今回は「綴る」のみならず、絵や布なども自由に用い、五感と認識とを総合的に表現する方法を採用した。どの民族も地域も、伝統的な手仕事として、布の文化（刺繡、織物など）が豊かである。学生による小学校での研究授業では、こうした布の文化（刺繡）を活かしたものも見られた。今後は、こうした民族や地域に根ざした伝統的な文化も活かし、自らの思いや葛藤、願いを表現し、相互理解を深めるワークショップをさらに提案していきたい。

「この子の世界をこの子から学ぶ」ために、マイノリティの〈声〉を社会的メッセージへと転化するための教育方法として、①生活綴方的教育方法を伝え、その有効性を明らかにしたこと、②伝統的な手仕事や民族文化を活用し、自らの尊厳と思いの表現へとつなぐ教育方法の開発が、少数民族地域では有効であることを提案したことが、第４の成果である。

5　地球市民教育の実践的提案

今回、西岡尚也の大学での講義が非常に好評であった。国境を越えて居住する少数民族をめぐる課題を、地球市民の視点から照らし出し、共に考え合う視点を投げかけたことは意義深い。今後、「地域に根ざすこと」と「グローバルな視点から展望すること」を、さらに統一的に探究していきたい。

おわりに——地域間共同による教育格差をこえる展望

ベトナムでは、lay hoc sinh lam trung tam（学習者中心主義）をキーワードとして教育改革が進められている。一方日本では、「教え」から「学び」への教育改革を経て、今日「子ども中心主義」的な教授法（イギリスの社会学者・バジル・バースティンにより「ラディカルな見えないペダゴジー」と名づけられる）は「格差」の固定化やさらなる拡大を招くという論調が興っている（小玉重夫『学力幻想』ちくま新書、2013年など）。こうした論調は、教育格差・学力格差を克服するために、評価規準が明確に可視化される教授法（「見えるペダゴジー」）の有効性を唱え、その基礎をもとに自らの〈声〉を社会的メッセージへと転化する市民的力量の育成を唱えている（本田伊克「〈強者／弱者〉を超えるペダゴジーの社会学」久冨善之他編『ペダゴジーの社会学』学文社、2013年所収）。マイノリティや「弱者」に位置づけられた側の〈声〉＝「ヴォイス化されないヴォイス」が表現され、社会的メッセージとして公共圏に位置づけられることを通してはじめて、「少数者」（マイノリティ）「多数者」（マジョリティ）あるいは「弱者」「強者」という関係性自体を組み換えることが可能となるという議論である。

これを踏まえ、本研究が明らかにした最重要点をもう一度振り返る。

○マイノリティの子どもたちが、自らの尊厳を尊重されていると実感できる関係性を育み、その〈声〉を安心して表現でき、その〈声〉を聴き合い、相互理解を深めてこそ、自己や他者を尊重する姿勢や学ぶ意欲は生まれる。こうした関係性を、教室や学校でつくりだすことこそが、教育格差、学力格差をこえる根幹である。
○そのために、マイノリティに位置づけられた側の〈声〉を社会的なメッセージへと転化する方法論の開発が必要である。
○その〈声〉を聴き、対話する場や道筋を、教員養成カリキュラムにおいて正式に位置づけることが求められる。

これらは「この子の世界をこの子から学ぶ」姿勢を根幹に据えた「子ども中心主義」（「ラディカルな見えないペダゴジー」）の教育思想によってこそ達成される。一方、今回もその〈声〉の表現は、「普通語」（日本における「共通語」）である「ベトナム語で書く」基礎学力の土台の上に成り立ち、本書においてその〈声〉は社会的メッセージとして公共圏に登場することが可能となった。公共圏への参加の保障こそが、教育格差を克服する要件となろう。こうした基礎学力を、身に付けてきた生活文化と親しみ深く、馴染みやすい形でいかにすべての子どもたちに保障していくかは、今日のベトナムにおいても日本においてもなお切実な課題である。

「教える」ことを重視する「見えるペダゴジー」か、生活に根ざすがゆえに必然として総合学習への志向を孕む「子ども中心主義」（＝「ラディカルな見えないペダゴジー」。善元幸夫はその代表的な実践家といえる）かという二元論的対立の止揚を志向する「第３のステージ」の論点をさらに深化させていくことが、これからの重要課題となろう。このことを踏まえつつ本書では、マイノリティの〈声〉＝「ヴォイス化されないヴォイス」がまず表現され、聴かれる〈場〉をつくり、公共圏に正当に登場させることこそが、教育格差をこえる出発点となることを明らかにしたのである。しかしながら最も大切なのは、その〈声〉をいかに聴き、相互的な対話を生成するかである。このことは、引きつづき重い課題として残された。

筆者を含む琉球大学チーム（代表：山口剛史）は、ベトナムの小学校との共同研究と併行して、学力問題で深刻な課題を抱えた沖縄県の離島のＡ小学校に６年間関わってきた。そして「この子の世界をこの子から学ぶ」姿勢を根幹に据えてこそ、子どもが〈生きる文脈〉において意味ある学びとなり、それがアチーブメント（達成）としての学力を確かに定着させるという道筋を明らかにした(1)。Ａ小学校では「子どもの暮らし向きの困難」を感じる教員が100％（ときどきある88％、よくある12％）を占め、学力格差問題、離島僻地が抱える困難、貧困問題など、ベトナム少数民族地域と共通の課題を抱えている。しかしながら、６年間の共同研究を経て、2014年度全国学力・学習状況調査平均正答率（とりわけＢ［活用］問題）において大きく改善が見られ、県平均のみならず全国平均をも上回るに至った（国語Ｂ／Ａ校：58.7［県平均：54.5、全国平均：55.5］、算数Ｂ／Ａ校：63.0［県平均：57.2、全国平均：58.2］）。2014年９月には、タイグェン師範大学教員をこの小学校に招き、この取り組みを伝え、「授業」の場を具体的に共有しながら、悩みや課題、実践知を交流した。

今後は引き続き、ベトナム教育改革の動向を注視しつつ、沖縄の離島僻地の小学校との実践交流によって、「第３のステージ」の論点をさらに深めるために対話的・相互的共同授業研究会を地道に継続していきたい。

本共同研究については、ベトナム語翻訳版も併行して作成している。地域間共同による「グローバル化時代の教育格差をこえる」授業研究は、本研究の２か国語での報告を新たな深化の出発点とする。

[注]

（1）村上呂里・望月道浩・辻雄二・上間陽子「沖縄から『学力格差』をこえるペダゴジーを探究する——小学校『国語』を中心に」日本臨床教育学会『臨床教育学会』第２巻、2014年、56～74頁

あとがきにかえて

本書は、平成23～27年度科学研究費補助金（基盤研究（B）・研究課題：「ベトナム教育改革の質的向上を支える授業研究――日越地域間共同」（課題番号23310184）を受託して行った研究の成果をまとめたものです。この研究は、琉球大学とタイグェン師範大学の学術交流協定に基づき行うことができました。

ベトナム・タイグェン師範大学 Pham Hong Quang 学長はじめ諸先生方、学生たち、クックドゥオン小学校やトゥオンヌン小学校の先生方、子どもたちはじめ本研究を進めるにあたりお世話になったベトナムの方々すべてに、心より感謝申し上げます。

本書の刊行に際しましては、平成26年度琉球大学研究成果公開（学術図書刊行）促進経費の補助を受けました。大城肇学長、西田睦理事はじめお世話になった方々に深く感謝申し上げます。

また明石書店の手嶋幸一氏には、前著に引き続きひとかたならぬお世話になりました。ありがとうございました。

本書が、ベトナムと沖縄の地域間教育研究交流の一つの証(あか)し＝足跡となることを心より願っております。（なお、ベトナム語でベトナムの先生方にも読んでいただけるよう、本書のベトナム語翻訳版作成も予定しております）

世界中の子どもたちの尊厳が尊重されることを願って……。

村上呂里

【執筆者紹介】

村上呂里（むらかみ ろり）
「編著者紹介」参照

那須 泉（なす いずみ）
琉球大学・沖縄大学・珊瑚舎スコーレ講師。 ベトナム語・アジア講座担当。主な論文として「沖縄発ベトナム語学習の試み」（『琉球大学大学教育センター報』第12号、2009年）など。

西岡尚也（にしおか なおや）
大阪商業大学教授、元琉球大学教授。主な著書・論文として『子どもたちへの開発教育――世界のリアルをどう教えるか』（ナカニシヤ出版 、2007年）、『開発教育のすすめ――南北共生時代の国際理解教育』（かもがわ出版、1996年）、「新旧教科書小学校社会６年下にみるアフリカ記述の課題――開発教育の視点から」（『新地理』53巻１号、2005年）など。

善元幸夫（よしもと ゆきお）
琉球大学・立教大学・目白大学講師。元新宿区立大久保小学校日本語国際学級教諭。主な著書・論文として『ぼく、いいもの いっぱい 日本語で学ぶ子どもたち』（子どもの未来社、2014年）、『いま、教師は何をすればいいのか――実践 子どもと創る授業ものがたり』（小学館、2003年）、「ニューカマーの子どもたちが日本語で語り始めるとき」（秋田喜代美編『ことばの教育と学力』明石書店、2006年）など。

Pham Hong Quang（ファン・ホン・クァン）
タイグェン師範大学学長。教育学博士。

Tu Quang Tan（トゥ・クァン・タン）
タイグェン師範大学教員。国際交流室研究員。

Nguyen Thi Nhung（グエン・ティ・ヌン）
タイグェン師範大学准教授。教育学博士。

コウサカワタル
弦楽士・民族楽器奏者。沖縄出身で今も沖縄を拠点に置き、日本・アジア・欧州各国のカフェやフェスティバル、プラネタリウムといったさまざまな会場で演奏キャリアを積む。

岩木桃子（いわき ももこ）
沖縄県小学校特別支援教育支援員。劇団「賞味期限」役者。

通訳・翻訳監修：那須 泉
翻訳：落合幸子・水町晶子・関 理絵
通訳：Dang Thai Minh・那須 泉

【編著者紹介】

村上呂里（むらかみ ろり）

琉球大学教授。教育学博士。主な著書・論文として『日本・ベトナム比較言語教育史——沖縄から多言語社会をのぞむ』（明石書店、2008年）、村上呂里・萩野敦子編『沖縄から考える「伝統的な言語文化」の学び論』（溪水社、2014年）、村上呂里・望月道浩・辻雄二・上間陽子「沖縄から『学力格差』をこえるペダゴジーを探究する——小学校『国語』を中心に」（日本臨床教育学会『臨床教育学研究』第2巻、2014年）など。

教育格差をこえる日本・ベトナム共同授業研究
「教え込み」教育から「子ども中心主義」の学びへ

2015年3月25日　初版第1刷発行

編著者　村 上 呂 里
発行者　石 井 昭 男
発行所　株式会社 明石書店
〒101-0021 東京都千代田区外神田6-9-5
電話　03（5818）1171
FAX　03（5818）1174
振替　00100-7-24505
http://www.akashi.co.jp

組版　朝日メディアインターナショナル株式会社
装丁　明石書店デザイン室
印刷　株式会社文化カラー印刷
製本　本間製本株式会社

（定価はカバーに表示してあります）　ISBN978-4-7503-4166-8

JCOPY 〈（社）出版者著作権管理機構 委託出版物〉
本書の無断複写は著作権法上での例外を除き禁じられています。複写される場合は、そのつど事前に、（社）出版者著作権管理機構（電話 03-3513-6969、FAX 03-3513-6979、e-mail: info@jcopy.or.jp）の許諾を得てください。

日本・ベトナム比較言語教育史 沖縄から多言語社会をのぞむ
村上呂里 ◉9000円

ベトナムにおける初等教育の普遍化政策
潮木守一 編著 ◉5600円

ベトナムの教育改革 「子ども中心主義」の教育は実現したのか
田中義隆 ◉4000円

沖縄超暴力思想がつくるオルタナティブ教育 琉球悲劇の根源
柳下 換 ◉6800円

沖縄の平和学習とオルタナティブ教育 沖縄における同化と交流のゆらぎ
柳下 換 ◉3600円

戦後沖縄の精神と思想
明石ライブラリー 130 比屋根照夫 ◉3300円

言語と貧困 負の連鎖の中で生きる世界の言語的マイノリティ
松原好次、山本忠行 編著 ◉4200円

言語と格差 差別・偏見と向き合う世界の言語的マイノリティ
杉野俊子、原 隆幸 編著 ◉4200円

ベトナム戦争を考える 戦争と平和の関係
遠藤 聡 ◉2400円

ベトナムの労働法と労働組合
斉藤善久 ◉4000円

立ち上がるベトナムの市民とNGO ストリートチルドレンのケア活動から
吉井美知子 ◉4000円

原発輸出の欺瞞 日本とベトナム、「友好」関係の舞台裏
伊藤正子、好井美知子 編著 ◉2500円

ベトナム経済 21世紀の新展開
明石ライブラリー 54 グエン・スアン・オアイン 著 白石昌也 監訳 那須川敏之、本多美樹 訳 ◉3000円

ベトナムの歴史 ベトナム中学校歴史教科書
世界の教科書シリーズ 21 ファン・ゴク・リエン 監修 今井昭夫 監訳 伊藤悦子、小川有子、坪井未来子 訳 ◉5800円

現代ベトナムの国家と社会 人々と国の関係性が生み出す〈ドイモイ〉のダイナミズム
寺本 実 編著 ◉3800円

現代ベトナムを知るための60章【第2版】
エリア・スタディーズ 39 今井昭夫、岩井美佐紀 編著 ◉2000円

〈価格は本体価格です〉

識字神話をよみとく 「識字率99%」の国・日本というイデオロギー
角 知行 ◉2700円

人間性尊重教育の思想と実践 ペスタロッチ研究序説
福田 弘 ◉6500円

共生・共育を求めて 関わりを見なおす
教育総研理論講座・21世紀を拓く教育 2
日高六郎、宮坂広作、原田三朗監修 嶺井正也、小沢牧子編 ◉2500円

近代公教育と民衆生活文化 柳田國男の〈教育〉思想に学びながら
森本芳生 ◉3000円

教育統制と競争教育で子どものしあわせは守れるか?
日本弁護士連合会 第55回人権擁護大会シンポジウム第1分科会実行委員会 編 ◉1800円

新版 学び合いで育つ未来への学力 中高一貫教育のチャレンジ
東京大学教育学部附属中等教育学校編著 南風原朝和、衛藤 隆、汐見稔幸、佐藤 学、浦野東洋一、酒井邦嘉、苅谷剛彦、市川伸一、今井康雄著 ◉1800円

ことばを味わい読みをひらく授業 子どもと教師の「学び合う学び」
石井順治 ◉1800円

国際理解教育 VOL.20
日本国際理解教育学会編集 ◉2500円

アイヌの四季 フチの伝えるこころ
計良智子 ◉2000円

アイヌの歴史 日本の先住民族を理解するための160話
平山裕人 ◉3000円

消滅の危機にあるハワイ語の復権をめざして 先住民族による言語と文化の再活性化運動
松原好次編著 ◉5000円

東アジア 講座 世界の先住民族―ファースト・ピープルズの現在―01
綾部恒雄監修 末成道男、曽 士才編 ◉4800円

東南アジア 講座 世界の先住民族―ファースト・ピープルズの現在―02
綾部恒雄監修 林 行夫、合田 濤編 ◉4800円

南アジア 講座 世界の先住民族―ファースト・ピープルズの現在―03
綾部恒雄監修 金 基淑編 ◉4800円

失われる文化・失われるアイデンティティ 講座 世界の先住民族―ファースト・ピープルズの現在―10
綾部恒雄監修・編 ◉4800円

図説 世界の先住民族
ジュリアン・バージャー著 綾部恒雄監修 ◉6000円

〈価格は本体価格です〉

希望をつむぐ学力
未来への学力と日本の教育1　久冨善之、田中孝彦編著　◉2400円

習熟度別授業で学力は育つか
未来への学力と日本の教育2　梅原利夫、小寺隆幸編著　◉2000円

フィンランドに学ぶ教育と学力
未来への学力と日本の教育3　庄井良信、中嶋 博編著　◉2800円

ことばの教育と学力
未来への学力と日本の教育4　秋田喜代美、石井順治編著　◉2400円

ニート・フリーターと学力
未来への学力と日本の教育5　佐藤洋作、平塚眞樹編著　◉2400円

学力を変える総合学習
未来への学力と日本の教育6　鬼沢真之、佐藤 隆編著　◉2600円

世界をひらく数学的リテラシー
未来への学力と日本の教育7　小寺隆幸、清水美憲編著　◉2500円

貧困と学力
未来への学力と日本の教育8　岩川直樹、伊田広行編著　◉2600円

世界の幼児教育・保育改革と学力
未来への学力と日本の教育9　泉 千勢、一見真理子、汐見稔幸編著　◉2600円

揺れる世界の学力マップ
未来への学力と日本の教育10　佐藤 学、澤野由紀子、北村友人編著　◉2600円

社会　授業づくりで変える高校の教室①
井ノ口貴史、子安 潤、山田 綾編著　◉1800円

国語　授業づくりで変える高校の教室②
竹内常一 編著　◉1800円

英語　授業づくりで変える高校の教室③
小島昌世編著　◉1400円

理科　授業づくりで変える高校の教室④
川勝 博編著　◉1800円

数学　授業づくりで変える高校の教室⑤
増島高敬編著　◉1800円

諸外国の教育動向 2013年度版
文部科学省編著　◉3600円

〈価格は本体価格です〉